praxis

Wirtschaft
Berufs- und Studien-
orientierung 1

Differenzierende Ausgabe Baden-Württemberg

Herausgeber

Franziska Birke

Hans Kaminski

Autoren

Franziska Birke

Hans Kaminski

Michael Koch

Michael Langenstein

Anna Pinzger

Ortrud Reuter-Kaminski

westermann

Zum Schülerband erscheinen:
Lehrerband, ISBN 978-3-14-116422-0

Vorbereiten. Organisieren. Durchführen.
BiBox ist das umfassende Digitalpaket zu diesem Lehrwerk mit zahlreichen Materialien und dem digitalen Schulbuch. Für Lehrkräfte und
für Schülerinnen und Schüler sind verschiedene Lizenzen verfügbar.
Nähere Informationen unter **www.bibox.schule**

© 2017 Bildungshaus Schulbuchverlage Westermann Schroedel Diesterweg Schöningh Winklers GmbH,
Georg-Westermann-Allee 66, 38104 Braunschweig
www.westermann.de

Druck A[6] / Jahr 2023
Alle Drucke der Serie A sind im Unterricht parallel verwendbar.

Redaktion: Sylvia Bock, Marion Martens
Umschlaggestaltung/Layout: Janssen Kahlert Design & Kommunikation, Hannover
Druck und Bindung: Westermann Druck GmbH, Georg-Westermann-Allee 66, 38104 Braunschweig

ISBN 978-3-14-**116420**-6

Der Konsument 10

Der Arbeitnehmer 64

Der Wirtschaftsbürger 102

Der Berufswähler I

Der Kreditnehmer

Der Berufswähler II   196

Wirtschaft überall

Menschen nehmen im wirtschaftlichen Leben viele Rollen gleichzeitig ein. Eine, die euch sicherlich am ehesten bewusst ist, ist die des **Konsumenten**, der Produkte erwirbt und Dienstleistungen in Anspruch nimmt. In manchen Situationen nehmen wir aber auch die Rolle des **Kreditnehmers** ein, oder die des Geldanlegers, der eine Altersvorsorge abschließt oder für eine spätere Anschaffung etwas spart. Als erwerbstätiger Bürger finden wir uns beispielsweise in der Rolle des **Berufswählers** oder **Arbeitnehmers** wieder. Der **Wirtschaftsbürger** kann in seiner Rolle als gestaltender Bürger wählen gehen, sich in Umweltverbänden oder in einer politischen Partei engagieren. Als Steuerzahler ermöglichen wir dem Staat, seine Aufgaben zu erfüllen, die auch uns selbst zu Gute kommen.

In der Geschichte von Phillip können wir erkennen, dass ein Individuum viele unterschiedliche Rollen einnehmen kann.

Phillip als Konsument

Phillip bummelt nach der Schule noch durch die Innenstadt …

Prima, jetzt habe ich gleich etwas zu lesen fürs Wochenende. Den ersten Teil fand ich super spannend. Mal sehen ob der zweite Band da mithalten kann.

Phillip als Kreditnehmer

… wie immer guckt er sich verschiedene Kameras an.

Diese Kamera möchte ich schon lange haben. Von meinem Ersparten kann ich sie mir aber nicht leisten. Verführerisch ist natürlich, dass sie auch als Ratenkauf angeboten wird – dann könnte ich sie sofort mitnehmen. Allerdings habe ich gehört, dass man mit 0%-Finanzierungskäufen vorsichtig sein sollte, außerdem möchte ich mich auch nicht verschulden.

Phillip als Berufswähler

Er hat sich mit seiner Berufswahl schon ausführlich befasst, Informationen gesammelt und in den Sommerferien auch bereits ein Praktikum gemacht.

Ich weiß schon jetzt genau, was ich später werden will: Fotograf und irgendwann ein eigenes Studio eröffnen.

Phillip als gestaltender Bürger

> Hauptsache, mir bleibt dann noch immer genug Zeit für meine Arbeit im Naturschutzverein – die ist mir nämlich wichtig.

In diesem Arbeitsbuch werden diese verschiedenen Lebenssituationen näher untersucht. Ihr werdet euch mit euren eigenen Interessen in den verschiedenen Lebenssituationen auseinandersetzen und mit den Interessen derer, mit denen ihr es dabei zu tun habt. Außerdem nehmt ihr in den Blick, welche Rolle der Staat dabei jeweils spielt.

Das Buch soll euch in den folgenden Schuljahren helfen, in den Lebenssituationen gute Entscheidungen zu treffen. In diesem Band beschäftigt ihr euch mit den folgenden Rollen:

A. Der Konsument
Dabei setzt ihr euch z. B. mit diesen Fragen auseinander:
- Wie treffe ich als Konsument/in gute Kaufentscheidungen und was beeinflusst mich?
- Kann das Unternehmen den Preis so festlegen, wie es will?
- Auf welche Weise werde ich als Konsument/in vom Staat geschützt?

B. Der Arbeitnehmer
Dabei setzt ihr euch z. B. mit diesen Fragen auseinander:
- Welche Bedeutung hat Arbeit für mich?
- Warum gehe ich arbeiten?
- Welche Interessen haben Arbeitgeber?

C. Der Wirtschaftsbürger
Dabei setzt ihr euch z. B. mit diesen Fragen auseinander:
- Welche Aufgaben haben Wirtschaftsordnungen?
- Wie ist die Wirtschaftsordnung der Bundesrepublik Deutschland ausgestaltet?
- Wie wirken sich gesamtwirtschaftliche Entwicklungen auf das Leben der Menschen aus?

D. Der Berufswähler
Dabei setzt ihr euch z. B. mit diesen Fragen auseinander:
- Welche Fähigkeiten und Interessen bringe ich mit?
- Welche Berufe passen zu mir?
- Welche Möglichkeiten habe ich?

E. Der Kreditnehmer
Dabei setzt ihr euch z. B. mit diesen Fragen auseinander:
- Wann lohnt es sich, einen Kredit aufzunehmen, und was muss dabei bedacht werden?
- Was sind die Interessen des Kreditnehmers und des Kreditgebers?
- Wie werden Kreditnehmer und -geber geschützt?

Der Aufbau der Kapitel

Ihr lernt in den kommenden Schuljahren grundlegende wirtschaftliche Sachverhalte zu analysieren. Auf der ersten Doppelseite eines jeden Kapitels findet ihr eine Grafik, die euch durch das jeweilige Thema leitet. Die Grafiken sollen euch auch dabei helfen, Gemeinsamkeiten und Unterschiede zwischen den Themen der verschiedenen Kapitel zu diskutieren.

Arbeitsaufträge
Die Arbeitsaufträge stehen immer unten auf der Seite und sind durchnummeriert.

Methoden und Arbeitstechniken
Auf extra gekennzeichneten Seiten findet ihr Methoden und Arbeitstechniken, die euch helfen sollen, die Aufgaben zu lösen. Ebenso wie ein Handwerker, der sein Arbeitswerkzeug für seine Arbeit kennen muss, um es gut einsetzen zu können, benötigt man auch im Wirtschaftsunterricht Werkzeuge, z. B.: Wie wird ein Konfliktfall untersucht? Wie funktioniert ein Rollenspiel? Im Anhang werden außerdem weitere wichtige Methoden und Arbeitstechniken erklärt.

Differenzierung
Alle Arbeitsaufträge sind einer Niveaustufe – G-, M- oder E-Niveau – zugeordnet. Vor jedem Arbeitsauftrag ist eine Ampel abgedruckt, auf der ihr das Niveau ablesen könnt. Orange steht für das G-Niveau, blau für das M-Niveau und grün für das E-Niveau.
Außerdem gibt es in den Kapiteln auch einzelne Seiten, die sich insgesamt auf das E-Niveau beziehen. Diese sind ebenso farblich gekennzeichnet wie die Ampeln.
Zu einigen Aufgaben findet ihr eine Starthilfe mit Hinweisen zur Lösung. Versucht aber erst, sie ohne die Hilfe zu beantworten.

Wirtschaftliches Handeln unter der Lupe
In manchen Fällen führt wirtschaftliches Handeln zu Konflikten. Es gibt mehrere mögliche Lösungen. In jedem Kapitel analysiert ihr einen solchen Konflikt und beurteilt mögliche Lösungen.

Praxis
In jedem Kapitel gibt es zwei Praxis-Seiten. Sie dienen dazu, das Kapitel noch einmal besser zu verstehen, die Inhalte auf ein konkretes Beispiel anzuwenden und Zusammenhänge mit anderen Kapiteln zu erläutern.

Kompetenzcheck
Am Ende eines jeden Kapitels findet ihr Seiten für den Kompetenzcheck, mit denen ihr den Inhalt des Kapitels noch einmal nachvollziehen könnt.

Beispiel- und Quellentexte
Auf den Kapitelseiten findet ihr manchmal ein **B**. Dieses markiert Texte, in denen alltägliche Situationen beispielhaft dargestellt werden.
Ein **Q** steht für Quellentexte, die bereits woanders veröffentlicht wurden. Die zugehörige Quellenangabe befindet sich immer in der Randspalte.

Viel Spaß und Erfolg mit dem Buch.

In diesem Kapitel setzt ihr euch u. a. mit den folgenden Fragen auseinander:

> Wie treffe ich als Konsument/in gute Kaufentscheidungen und welche Faktoren beeinflussen mich?
> Kann das Unternehmen den Preis so festlegen, wie es will?
> Auf welche Weise werde ich als Konsument/in vom Staat geschützt?

DER KONSUMENT

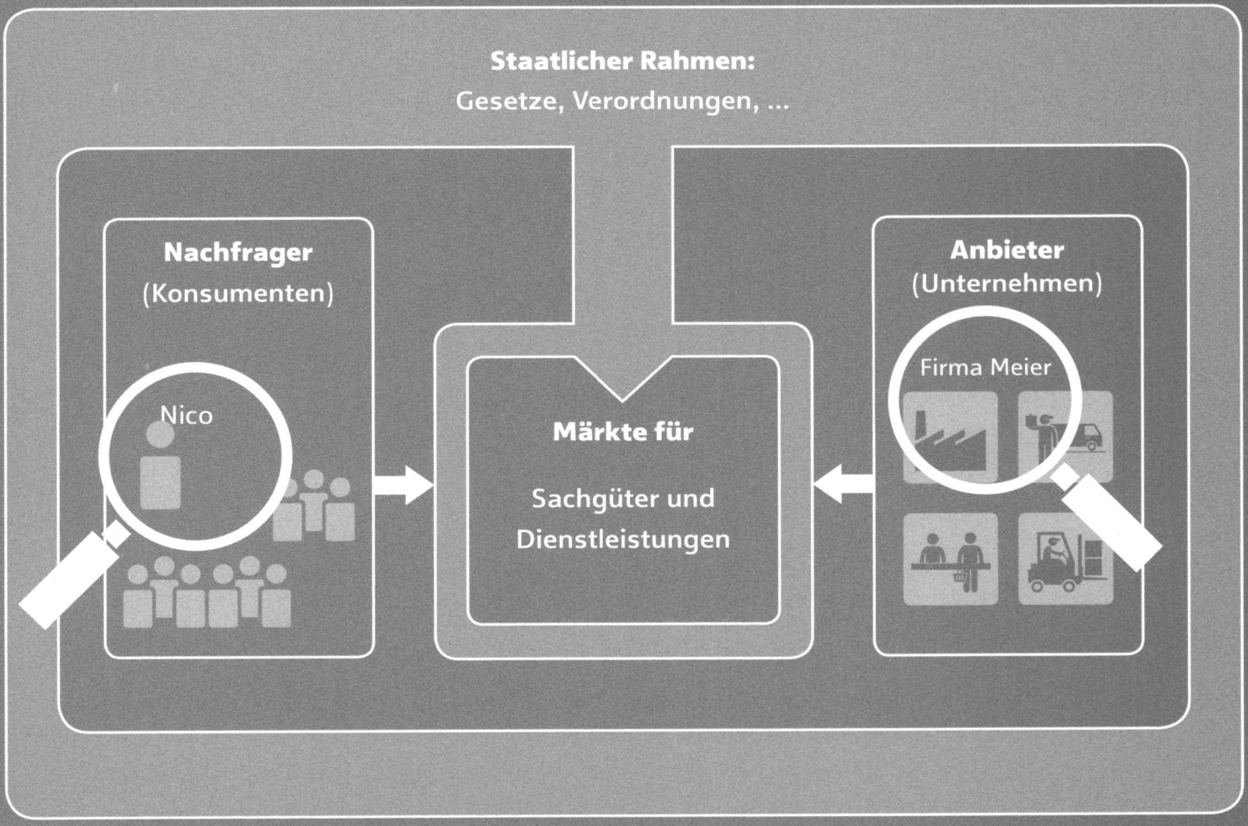

Staatlicher Rahmen:
Gesetze, Verordnungen, …

Nachfrager
(Konsumenten)

Nico

Märkte für

Sachgüter und
Dienstleistungen

Anbieter
(Unternehmen)

Firma Meier

Bedürfnisse stehen am Anfang von allem

Jeder Mensch hat Wünsche – ob jung oder alt, ob arm oder reich. Diese Wünsche nennt man auch **Bedürfnisse**. Es gibt viele Bedürfnisse, die ihr euch erfüllen möchtet. Im Folgenden werden zwei Möglichkeiten dargestellt, wie sich eure eigenen vielfältigen Bedürfnisse einteilen lassen.

Zum einen unterscheidet man **materielle** und **immaterielle** Bedürfnisse. Materielle Bedürfnisse kann man durch den Kauf von Waren (z. B. Kauf einer DVD) oder Dienstleistungen (z. B. Friseurbesuch) befriedigen.

Da unsere materiellen Bedürfnisse in der Regel größer sind als die vorhandenen Geldmittel, kommt es zu einer **Knappheit**. Durch diese Knappheit sind wir gezwungen, mit dem uns zur Verfügung stehenden Geld zu wirtschaften. D. h. ihr müsst genau überlegen, welche materiellen Bedürfnisse sich mit eurem Taschengeld befriedigen lassen und welche wichtiger sind als andere.

Es gibt aber auch Bedürfnisse nach Glück, Erfolg, Liebe, Zuneigung, Anerkennung usw. Diese heißen immaterielle Bedürfnisse. Sie sind für jeden Menschen ganz wichtig und nicht mit Geld zu befriedigen. Allerdings verstehen es Werbefachleute, diese Bedürfnisse zu nutzen. Sie versuchen uns einzureden, dass wir durch den Kauf eines bestimmten Produktes z. B. Erfolg im Sport, im Beruf oder in der Liebe hätten.

Bedürfnisse lassen sich noch in Grundbedürfnisse, Sicherheitsbedürfnisse, soziale Bedürfnisse, Ich-Bedürfnisse und das Bedürfnis nach Selbstverwirklichung (Entfaltung der eigenen Persönlichkeit) unterscheiden. Dies zeigt die Bedürfnispyramide, die von einem bekannten Psychologen entwickelt wurde.

▶ Bedürfnispyramide (nach Maslow)

1. ▪ Mit der Arbeitstechnik Brainstroming sollt ihr zum Thema „Bedürfnisse" gemeinsam möglichst viele Wünsche zusammentragen.
   – Schreibt für euch wichtige drei Wünsche (Bedürfnisse) groß und deutlich quer auf jeweils eine Karte.
   – Befestigt und ordnet eure Karten. Doppelbenennungen werden übereinander geheftet, damit man ihre Häufigkeit erkennt.
   – Versucht eine Rangfolge aufzustellen. Die Bedürfnispyramide kann euch dabei helfen.
2. ▪ Diskutiert die Schwierigkeit, Bedürfnisse genau zuzuordnen.

▶ Fahrradkauf ▶ Zärtlichkeit ▶ Spielekonsole

Urlaub oder Spielkonsole?

B Mark ist 14 Jahre alt, geht in die 8. Klasse und hat immer mit dem gleichen Problem zu kämpfen: Das Geld reicht vorne und hinten nicht! Und das, obwohl er neben seinen 30 Euro Taschengeld im Monat noch ein bisschen Geld in den Ferien verdient. Gerade im Moment ist es wieder ganz schlimm.

Eigentlich wollte er in drei Monaten mit seiner Clique auf große Fahrradtour gehen. Alles ist schon lange geplant, günstige Unterkünfte sind schon ausgeguckt, und das Gesparte vom letzten Geburtstag liegt zur Abhebung bereit. Da erzählt sein Klassenkamerad Mike ihm, dass aus der Parallelklasse jemand seine Spielkonsole günstig verkaufen will, inklusive einiger Top-Spieletitel. Auf so eine Gelegenheit wartet Mark schon lange.

Und nun? Beides geht nicht! Und selbst wenn er auf die Zähne beißt, seine Eltern um einen Vorschuss bittet und die Oma anbettelt, das wird kaum reichen. Und wenn doch, dann bleibt für die sonstigen Ausgaben rein gar nichts mehr. Über Monate kein neues Teil zum Anziehen, kein Kinobesuch ... Das kommt gar nicht infrage! Aber was soll er machen? Mark ist sauer. „Warum muss ich mich immer einschränken? Der ganze Stress in der Schule, und dann kann man sich nicht mal was leisten!" ■

Mark hat, wie alle anderen Menschen, unterschiedliche Bedürfnisse. Diese Bedürfnisse werden von verschiedenen Seiten beeinflusst. Jemand, der in einer kalten Region lebt, hat bei der Ausstattung der Wohnung und bei der Kleidung andere Bedürfnisse als jemand, der in einem heißen Land lebt. Auch beeinflussen Freunde, Familie und die Medien die Bedürfnisse.

Leider reichen Marks vorhandene Geldmittel nicht aus, um alle seine Bedürfnisse zu befriedigen. Ein Problem, das fast alle Menschen kennen. Wie bereits beschrieben, spricht man in diesem Fall von Knappheit. Das mag in einem Land wie Deutschland mit dem riesigen <u>Konsum</u>angebot überraschen. Man spricht immer dann von Knappheit, wenn die Bedürfnisse größer sind als die zu ihrer Befriedigung vorhandenen Mittel.

Konsum allgemein: Verbrauch von Gütern; im Bereich Wirtschaft: Kauf von Sachgütern und Dienstleistungen des privaten Gebrauchs

Gut ein Produkt oder eine Dienstleistung, die konsumiert wird

Konsument Verbraucher

Gesellschaft → Umwelt ← Familie → Bedürfnisse → Bedarf → Güter zur Bedürfnisbefriedigung

INFO Ein Bedürfnis, das zum Kauf von Gütern führt, nennt man Bedarf.

3. Nennt Beispiele, wo ihr Knappheit erlebt habt, d.h. eure Bedürfnisse größer als die vorhandenen Geldmittel waren.

4. Erläutert, wann Marks Bedürfnis nach einer Spielkonsole zu einem Bedarf wird.

▶ Arbeitseinkommen ▶ Unternehmenseinkommen ▶ Besitzeinkommen

Woher kommen die Einkommen?

Einkommensquellen privater Haushalte

Vieles von dem, was wir zum Leben brauchen, kostet Geld. Woher bekommen wir das Geld, das wir benötigen? Wie kann man Einkommen erzielen? Insbesondere vier Einkommensquellen kennen wir:

Einkommen aus unselbstständiger Arbeit

Dies sind die Löhne und Gehälter für die Arbeitsleistungen der Beschäftigten. Sie werden von den Unternehmen an die Arbeitnehmer gezahlt. Angestellte bekommen ein Gehalt, Arbeiter einen Lohn. Für die meisten Menschen ist dies die wichtigste Einkommensquelle.

Einkommen aus selbstständiger Tätigkeit

Hier sind es die Einkommen, die ein Unternehmer oder eine Unternehmerin mit einem Betrieb erzielt. Auch Ärzte und Rechtsanwälte erhalten dieses Einkommen. Sie sind selbstständige Freiberufler. Wenn eure Eltern eine Wohnung vermieten oder ein Stück Land

verpachten und dafür Miete bzw. Pacht erhalten, bekommen sie ebenfalls Einkommen aus Unternehmertätigkeit.

Einkommen aus Vermögen/Besitz

Nehmen wir an, ihr habt ein Sparkonto bei der Bank oder ihr besitzt sogar eine von eurer Oma geschenkte Aktie. Dann bekommt ihr dafür ein Einkommen, und zwar in Form von Zinsen oder einer <u>Dividende</u> für eure Aktie.

Transfereinkommen

Dieses Einkommen wird „transferiert", d.h. übertragen. Der Staat überträgt z.B. auf die Bürger Einkommen wie Renten und Kindergeld oder Sozialleistungen wie das Arbeitslosengeld, das Krankengeld usw. Die Zahlung des Transfereinkommens ist meistens zeitlich befristet, außer bei der Rente.

Einkommen von Kindern und Jugendlichen

Auch Kinder und Jugendliche verfügen über Einkommen; es ist abhängig vom Einkommen des Haushalts, in dem sie leben. Sie

---

Dividende
Gewinn aus Aktienbesitz

Gage
Bezahlung eines Künstlers, z.B. Schauspielers, Sängers

Honorar
Bezahlung eines Selbstständigen für eine bestimmte Leistung

---

1. ▌ Wer erhält welches Einkommen? Ordnet zu.

   Personen: Angestellter, Schauspieler, Arbeitsloser, Arzt, Arbeiter, Grundstücksverpächter, Vermieter, Angestellter/Arbeiter im Ruhestand, Geschäftsmann/frau.

   Einkommensarten: Lohn, Gehalt, Rente, Pacht, <u>Gage</u>, Arbeitslosengeld, Miete, <u>Honorar</u>, Unternehmerlohn.

2. ▌ Erkundigt euch, welche Einkommensarten es in eurer Familie gibt.

| ► Transfereinkommen | ► Mark trägt Zeitungen aus | ► Jan bekommt Taschengeld |

erhalten Taschengeld, Geldgeschenke zum Geburtstag und zu Weihnachten und verfügen über Sparguthaben. Einige verdienen sich nebenbei etwas Geld. Rechnet man das Einkommen aller Kinder und Jugendlichen in Deutschland zusammen, kommt man auf einige Milliarden Euro. Kein Wunder, dass Kinder und Jugendliche für die Werbung eine besonders interessante Zielgruppe sind und eine wichtige Rolle für die Wirtschaft spielen.

Taschengeld: mal so – mal so

B Evelins Eltern geben ein festes Taschengeld und wenn sie es ausgegeben hat, gibt's Neues. Evelin: „Einmal bin ich sogar drei Wochen damit ausgekommen."

Natalies Eltern geben einen festen Betrag pro Monat, nicht zu viel, nicht zu knapp. Natalie:

„Für größere Anschaffungen muss ich allerdings sparen, das kann ganz schön hart sein."

Jans Eltern geben kein festes Taschengeld. Wenn er Geld braucht, meldet er sich bei ihnen. Jan: „Und ich melde mich oft." ■

	6 bis 9 Jahre	10 bis 13 Jahre
monatlich verfügbares Taschengeld	18,13	33,34
Geburtstag	63,00	84,00
Weihnachten	76,00	96,00
Ostern	25,00	30,00

Quelle: KidsVA 2015

(durchschnittliche Angaben in Euro)

Die 6- bis 13-Jährigen hatten insgesamt eine Summe von 2,77 Milliarden Euro auf ihren Sparbüchern. Durchschnittlich hatten sie auf dem Sparbuch: 738 Euro.

3. Stellt dar, mit welchen Jobs Kinder und Jugendliche schon Einkommen erwerben können.

4. Nennt Gründe, weshalb das Taschengeld selbst bei Schülerinnen und Schülern der gleichen Altersstufe unterschiedlich hoch sein kann.

5. Führt in eurer Klasse/Schule eine <u>anonyme</u> Befragung durch:
a) Wie hoch ist euer monatliches Taschengeld?
b) Wie hoch ist euer monatliches zusätzliches Einkommen, z.B. durch Jobs?
c) Wie hoch sind durchschnittlich die einmaligen Zuwendungen, z.B. Geld zum Geburtstag?
d) Vergleicht eure Angaben mit der Statistik.

6. Beurteilt die Situationen im Text „Taschengeld: mal so – mal so". Wie sollte eurer Meinung nach Taschengeld gezahlt werden? Begründet eure Meinung.

→ Starthilfe zu 3:

Denkt auch an eure älteren Geschwister oder andere Kinder, die ihr kennt.

anonym
geheim; ohne Namensnennung

→ Starthilfe zu 5:

Lies dazu die Seiten 226-227.

▶ Miete   ▶ Einkaufen   ▶ Fahrkarte kaufen

Wofür wird das Einkommen verwendet?

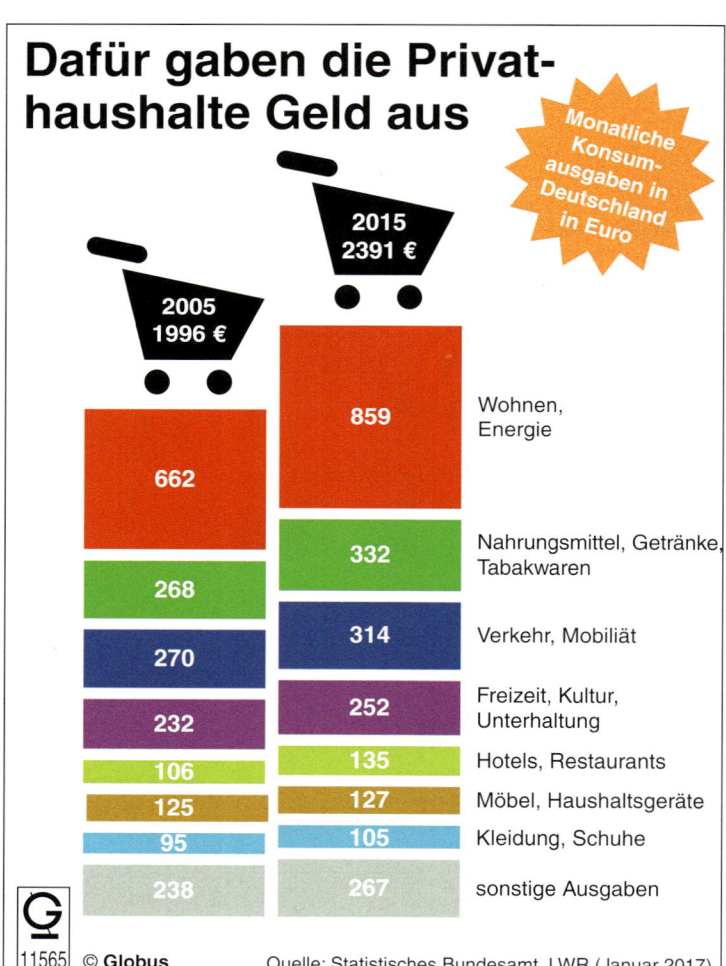

Dafür gaben die Privathaushalte Geld aus

Monatliche Konsumausgaben in Deutschland in Euro

2005
1996 €

2015
2391 €

	2005	2015	
Wohnen, Energie	662	859	
Nahrungsmittel, Getränke, Tabakwaren	268	332	
Verkehr, Mobiliät	270	314	
Freizeit, Kultur, Unterhaltung	232	252	
Hotels, Restaurants	106	135	
Möbel, Haushaltsgeräte	125	127	
Kleidung, Schuhe	95	105	
sonstige Ausgaben	238	267	

11565 © **Globus**   Quelle: Statistisches Bundesamt, LWR (Januar 2017)

Konsumausgaben der Verbraucher

Das grundlegende Problem allen Wirtschaftens ist die Knappheit (siehe Seite 12). Alle Haushalte stehen vor der Aufgabe, wie sie mit ihrem Einkommen auskommen und trotzdem möglichst viele Bedürfnisse befriedigen können. Dies hängt natürlich von der Höhe des Einkommens ab. Da gibt es Leute, die sich ein Luxusauto anschaffen können, und andere, die von Arbeitslosigkeit betroffen sind und die nicht wissen, wovon sie für die Kinder neue Schuhe kaufen können.

Wir erkennen, dass die Wünsche, also die Bedürfnisse der Menschen, unterschiedlich sind. Welche erfüllt werden können, hängt vom Einkommen ab. Es stehen aber alle vor der Entscheidung: Wie soll das zur Verfügung stehende Einkommen verwendet werden? Das heißt: Was soll für den Konsum, z. B. von Nahrungsmitteln, für Bekleidung, Wohnung usw. ausgegeben werden?

1. Ordne die monatlichen Aufwendungen in der Grafik den verschiedenen Bedürfnisarten der Bedürfnispyramide (S. 12) zu und erstelle eine entsprechende Rangfolge.

Das <u>ökonomische</u> Prinzip

Schon jetzt ist klar: Das Geld, das wir zur Verfügung haben, reicht nie aus, um alles davon zu kaufen, was wir uns vorstellen können. Je nachdem, wie hoch das Einkommen ist und wie groß die Wünsche sind, fällt die Auswahl schwerer. Solche Entscheidungen gehören auch heute schon zu eurem Leben: Ihr müsst ganz genau auswählen, was ihr euch von eurem Taschengeld kauft. Wenn ihr den Wunsch habt, mit eurem Geld möglichst sorgfältig umzugehen, hilft euch die folgende wichtige ökonomische Grundüberlegung.

ökonomisch
Mittel sollen sparsam und wirkungsvoll eingesetzt werden

Maximalprinzip

B Anne bekommt pro Monat 20 Euro Taschengeld. Um das Geld so gut wie möglich für sich zu nutzen, überlegt sie sich immer ganz genau, was sie sich am meisten wünscht und vergleicht kritisch die Preise. ■

Die Situation sieht so aus:

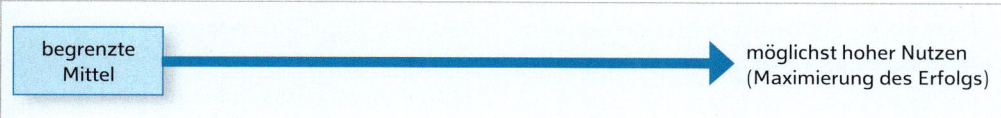

begrenzte Mittel → möglichst hoher Nutzen (Maximierung des Erfolgs)

Minimalprinzip

B Tobias möchte sich einen MP3-Player kaufen. Er erkundigt sich in allen Elektrogeschäften seines Wohnortes. Außerdem sucht er im Internet und im Katalog eines großen Versandgeschäftes, um das günstigste Angebot zu ermitteln. ■

Die Entscheidungssituation sieht so aus:

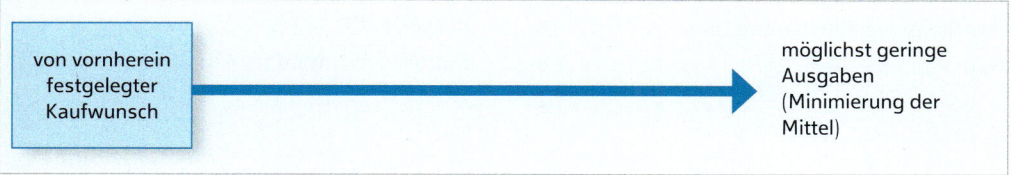

von vornherein festgelegter Kaufwunsch → möglichst geringe Ausgaben (Minimierung der Mittel)

---

1. Franka hat zum Geburtstag 400 Euro an Geldgeschenken erhalten, um sich davon besondere Wünsche zu erfüllen. Sie überlegt, ob sie sich davon das lang ersehnte Smartphone kauft und mit Freundinnen in den Sommerferien eine preiswerte Fahrradtour mit Zelten macht oder lieber mit der Jugendgruppe davon eine Reise nach England finanziert. Was wäre für Franka nach dem ökonomischen Prinzip besser? Begründe.

2. Du möchtest dir von deinem Taschengeld ein Skateboard kaufen. Wie gehst du nach dem Maximalprinzip vor und wie nach dem Minimalprinzip?

3. Sammle weitere Beispiele aus deinem Leben, bei denen du das ökonomische Prinzip anwenden kannst.

Einkommensverwendung von Kindern und Jugendlichen

Wenn man das Einkommen und die Ersparnisse von Kindern und Jugendlichen im Alter von sechs bis 13 Jahren betrachtet, dann ergeben sich hier ganz erstaunliche Summen (vgl. S . 15). Die Zahlen verdeutlichen die Bedeutung dieser Gruppe für die anbietende Wirtschaft.

Nicht nur ausgeben, sondern auch sparen

Viele Jugendliche überlegen genau, wie sie das zur Verfügung stehende Geld ausgeben. Sie wägen ab, was sie sofort haben wollen und was sie für große Anschaffungen sparen wollen. Dazu muss man genau planen.

Jugendlicher (10–13 Jahre) spart auf (in %)	
Handy/Smartphone	27,0
Spielzeug/Spiele	12,3
Spiele/Games für Handheld/Spielkonsole	14,9
Bekleidung/Schmuck	17,0
Computer, Laptop, Tablet	16,1
Fahrrad	9,7
Spielkonsolen oder Handhelds	8,6
Sport/Sportbekleidung	8,6
anderes	11,4

Die Anschaffungswünsche der Jugendlichen liegen vor allem in den Bereichen Bekleidung und Elektronik.

B So stellt Lara für sich zunächst eine Liste ihrer Sparziele zusammen, die ihr die Entscheidung erleichtern soll. Dann rechnet sie aus, mit welchen Einnahmen sie im nächsten Monat rechnen kann. Lara beschließt: „Ich werde erst die Jeans und die DVDs kaufen, die CD wünsche ich mir von meinen Freunden zum Geburtstag. Den Rest spare ich für den Fotoapparat. Was ich in den nächsten Monaten beim Babysitting verdiene, spare ich ebenfalls." ■

Laras Einnahmen im nächsten Monat:
20,00 € Taschengeld
100,00 € zum Geburtstag von Patentanten
5,00 € für eine Eins in Mathe von den Eltern
20,00 € für Babysitting bei Familie Raub
25,00 € von Oma
170,00 € insgesamt

Laras Sparliste
1. Digitaler Fotoapparat, 269,00 €
2. Jeans, schmal geschnitten 99,90 €
3. DVDs 27,95 €
4. Musik-CD 13,95 €
Summe: mindestens 410,80 €

Jugendlicher (10–13 Jahre) spart von seinem Geld (in %)	
alles	2,7
einen Teil	61,2
nichts, gibt alles aus	36,1

1. ▊ Führt eine Umfrage unter anderen Schülerinnen und Schülern in eurer Jahrgangsstufe durch. Fragt, wer sein Geld spart und worauf gespart wird.

2. ▊ Vergleicht die Ergebnisse eurer Umfrage mit denen in den Tabellen oben.

3. ▊ Diskutiert, ob Jugendliche in eurem Alter bei der Verwendung ihres Taschengeldes dem ökonomischen Prinzip folgen.

Markenware ist Trumpf

Auch wenn Jugendliche oft sehr sorgsam mit ihrem Geld planen, treibt es manche Eltern zur Verzweiflung: Wenn Teenager einkaufen, dann darf es nicht jede x-beliebige Jeans sein. Ist die Jugend von heute besinnungslos dem Konsumrausch verfallen? Oder haben sie einfach nur einen eigenwilligen Geschmack?

▶ Markenware kaufen

Schüler im Markenwahn

**Ein Turnschuh wird erst durch seine Marke cool.
Viele Jugendliche scheinen so zu denken.**

Apple, Nike, Beats – immer häufiger sieht man Jugendliche, die von oben bis unten mit Markenprodukten ausgestattet sind. Nach Ergebnissen der Kids Verbraucheranalyse (KVA) finden 63,9 Prozent der 10- bis 13-Jährigen Marken bei Bekleidung wichtig. Durch Werbeträger wie Sängerin Lena Meyer-Landrut oder Nationaltorwart Manuel Neuer beeinflussen die Hersteller immer jüngere Generationen.

Das Taschengeld reicht für die Produkte jedoch in der Regel nicht aus. In Deutschland bekommen Jugendliche zwischen 10 und 13 Jahren laut KVA etwa 34 Euro im Monat. Den Rest legen viele Eltern oben drauf. Doch was ist mit Familien, die sich diesen Markenwahn nicht leisten können? Einige Kinder verdienen selbst Geld dazu. Zum Teil wird der Druck, Markenklamotten zu tragen, aber auch so groß, dass sogar Diebstahl zu einer Option wird. [...]

Warum gibt es eigentlich diesen Markenwahn? Ist es die Qualität, die überzeugt? Oder sind der angebissene Apfel am Tablet und die drei Streifen am Schuh doch nur Statussymbole? Vor allem junge Schüler fühlen sich durch die Marken stark und denken, damit würden die anderen sie mehr beachten. Teilweise ist aber gerade das Gegenteil der Fall. Wer sich zu offensichtlich in Markenlabels hüllt, wird von älteren Schülern sogar eher belächelt.

Quelle:
Handelsblatt Newcomer Ausgabe 36
Nov./Dez. 2015
Emma Jensen,
Hanna Sczesny

---

1. ▮ Arbeitet aus dem Zeitungsartikel mögliche Ursachen für den „Markenwahn" heraus.

2. ▮ Erörtert, welche Auswirkungen die Markenbindung auf Jugendliche und Erwachsene haben kann.

3. ▮ Welche Aussage trifft eher auf dich zu? Begründe deine Meinung.
   „Ich ziehe an, was mir gefällt. Was die anderen sagen, ist mir egal."
   „Ich gehöre zu den Konsum-Kids, die den Marken verfallen sind."

Einflüsse auf das Kaufverhalten

B Lena bekommt zu ihrem 16. Geburtstag ein neues Handy geschenkt. Gemeinsam mit ihrem Vater darf sie sich eins im Internet aussuchen: „Oh, schau mal, dieses hier möchte ich haben. Das ist total gut, das habe ich neulich in der Werbung gesehen. Außerdem ist es schick, Maike hat das auch!" ■

Warum wollt ihr überhaupt die Dinge haben, die ihr euch wünscht? Ist das wirklich einfach euer eigener Wunsch, oder hat euch jemand beeinflusst?

Kinder und Jugendliche in Deutschland verfügen insgesamt über eine erhebliche Geldsumme. Kinder und Jugendliche geben das Geld nicht nur aus, sondern beeinflussen auch die Kaufentscheidungen von Erwachsenen. Sie informieren über neue Produkte und sie versuchen, ihre eigenen Wünsche besonders bei den Eltern durchzusetzen. Das gilt natürlich zunächst für Sachen für sie selbst: Es müssen Markenjeans sein, Turnschuhe von Edelherstellern, das neueste Handymodell, bestimmte Rucksäcke, coole Musik usw.

Aber Jugendliche reden auch ein Wörtchen mit, wenn es um Anschaffungen der Eltern geht. Mädchen beeinflussen dabei ihre Eltern mehr als Jungen. Dies gilt besonders bei Mode, Kosmetik und Körperpflegeprodukten. Einen besonders hohen Einfluss haben Jungen beim Kauf von Mofas, Motorrädern, Taschenrechnern, Computern und Sportgeräten.

Viele Erwachsene lassen sich von den Modetrends der Jugendlichen beeinflussen, weil sie selbst gerne jugendlich aussehen möchten. Auch Unternehmen wissen das und versuchen daher, Kinder und Jugendliche durch Werbung anzusprechen.

Ihr seht, die gigantischen Ausgaben der Industrie für Werbung, die sich an Jugendliche richtet, lohnen sich durchaus. Das ist auch der Grund dafür, dass in der Autowerbung Kinder auftauchen oder auch bei Handywerbung deutlich zu erkennen ist, dass Jugendliche angesprochen werden, denn kaufen und bezahlen werden die Eltern.

Aber Kinder und Jugendliche werden in ihren Wünschen auch ganz stark von ihren Freunden und anderen Gleichaltrigen beeinflusst.

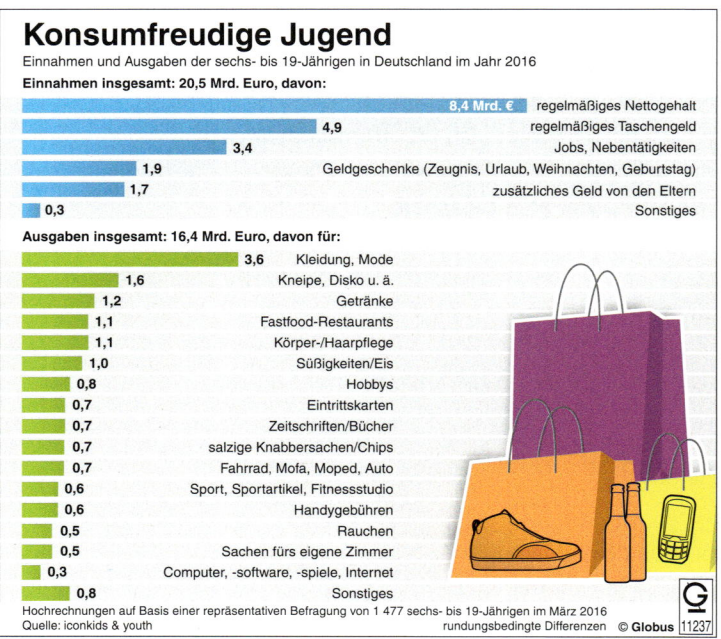

Konsumfreudige Jugend

Einnahmen und Ausgaben der sechs- bis 19-Jährigen in Deutschland im Jahr 2016

Einnahmen insgesamt: 20,5 Mrd. Euro, davon:

8,4 Mrd. €	regelmäßiges Nettogehalt
4,9	regelmäßiges Taschengeld
3,4	Jobs, Nebentätigkeiten
1,9	Geldgeschenke (Zeugnis, Urlaub, Weihnachten, Geburtstag)
1,7	zusätzliches Geld von den Eltern
0,3	Sonstiges

Ausgaben insgesamt: 16,4 Mrd. Euro, davon für:

3,6	Kleidung, Mode
1,6	Kneipe, Disko u. ä.
1,2	Getränke
1,1	Fastfood-Restaurants
1,1	Körper-/Haarpflege
1,0	Süßigkeiten/Eis
0,8	Hobbys
0,7	Eintrittskarten
0,7	Zeitschriften/Bücher
0,7	salzige Knabbersachen/Chips
0,7	Fahrrad, Mofa, Moped, Auto
0,6	Sport, Sportartikel, Fitnessstudio
0,6	Handygebühren
0,5	Rauchen
0,5	Sachen fürs eigene Zimmer
0,3	Computer, -software, -spiele, Internet
0,8	Sonstiges

Hochrechnungen auf Basis einer repräsentativen Befragung von 1 477 sechs- bis 19-Jährigen im März 2016
Quelle: iconkids & youth — rundungsbedingte Differenzen — © Globus 11237

► Kinder und Jugendliche beeinflussen die Kaufentscheidungen von Erwachsenen

▶ Freundinnen beim Shoppen

Zwang zum Konsum?

B Frau Bohn hat sich über Sabrinas Freundin Silke schon oft geärgert, weil sie ihrer Tochter dauernd Flausen über Kleidung, die „in" ist, in den Kopf setzt. Wie schafft diese Silke das nur? ■

Personen wie Silke, die in ihrem Freundes- und Bekanntenkreis solch eine Vorreiterrolle spielen, werden in der Fachsprache als **Meinungsführer** bezeichnet.

Meinungsführer sind Leute, die gegenüber neuen Dingen besonders aufgeschlossen sind. Sie informieren sich, kennen sich aus, wissen, was „in" ist und kaufen das Aktuellste. Andererseits sind sie selbst auch sehr leicht durch Massenmedien oder durch andere Meinungsführer, z. B. Popstars, beeinflussbar.
Meinungsführer sind kontaktfreudig und geben ihr Wissen gern weiter. Sie werden als Persönlichkeit akzeptiert und ihr Verhalten und Aussehen werden oft kopiert. Sie sind Vorbilder vor allem für Personen, die eher passiv sind. Da sie ihre Mitmenschen persönlich ansprechen, ist ihr Einfluss stärker als der der Massenmedien.

Nicht nur einzelne Personen, sondern auch Gruppen – man sagt auch „**Bezugsgruppen**" – können versuchen, eure Wünsche und Kaufentscheidungen zu beeinflussen. Jeder Mensch, ob jung oder alt, ist in zahlreiche Gruppen eingebunden. Für Jugendliche hat z. B. die Clique eine große Bedeutung. Ihre Mitglieder vertreten die gleiche Meinung, verbringen ihre Freizeit zusammen, haben die gleichen Hobbys. Man spricht auch von sogenannten **Peergroups**. Das ist die Gruppe der Gleichaltrigen. Gerade für junge Menschen ist die Zugehörigkeit zu so einer Gruppe eine Zeit lang oft wichtiger als die Beziehungen zu Eltern und Geschwistern. Die Peergroup hat für den Jugendlichen die größte Bedeutung in Bezug auf Kleidung, Musik bis hin zu den Essgewohnheiten.

INFO

Ein Beispiel, wie man sich das Meinungsführer- und Bezugsgruppenmodell zunutze machen kann, bieten die Vereine der Fußballbundesliga. In den Vereinsfarben und mit dem Vereinssymbol versehen werden nicht nur Trikots, sondern auch Schals, Mützen, Fahnen, Bettwäsche, Kuscheltiere, Getränkedosen usw. angeboten. **Merchandising** nennt man diese Strategie.

1. Berichte, ob und bei welchen Kaufentscheidungen du deine Eltern beeinflusst.

2. Was versteht man unter Meinungsführern? Überlege, ob es in deiner Klasse/Schule/Clique Beispiele für Meinungsführer gibt. Auf welchem Gebiet sind sie für dich Meinungsführer?

3. Suche in der Werbung Beispiele, bei denen bekannte Persönlichkeiten als Meinungsführer für Produkte werben. Begründe, warum gerade sie ausgewählt wurden und welche Zielgruppe angesprochen wird.

4. „Schüler werden bei ihren Kaufwünschen durch ihre Bezugsgruppen (Peergroups) beeinflusst." Stimmt das aus deiner Sicht?

→ Starthilfe zu 3:

Betrachte Plakate, Anzeigen in Zeitungen, TV-Werbung usw.

Werbung beeinflusst das Verhalten von Verbrauchern

▶ Werbung mit Philipp Lahm

Image
Gesamteindruck

Ein Unternehmen, das Güter erstellt, möchte sie auch verkaufen. Dies ist ein grundlegendes Ziel eines jeden Unternehmens. Aber Konsumenten müssen auch wissen, dass es diese Produkte gibt. Werbung ist eine Möglichkeit.

Weshalb sind Jugendliche eine bevorzugte Zielgruppe der Werbenden? Gründe dafür sind u. a.:
– Sie besitzen noch keine festen Kaufgewohnheiten.
– Sie verhalten sich unkritischer als Erwachsene gegenüber Neuem, da die Lebenserfahrung oft fehlt.
– Sie beeinflussen das Kaufverhalten der Eltern und Freunde.
– Sie unterliegen sehr viel stärker sogenannten Gruppenzwängen, z. B. durch den Freundes- und Bekanntenkreis.
– Sie handeln spontaner.
– Sie bleiben einer Marke über einen längeren Lebenszeitraum treu.

– Sie hatten noch nie so viel Geld zur Verfügung wie heute.

Die Rolle der Werbung
Werbung ist deshalb zunächst ein Mittel, um:
– die Produkte und Dienstleistungen bekannt zu machen,
– über sie zu informieren,
– das Bedürfnis für sie zu wecken,
– ein positives Image aufzubauen und
– den Verbraucher zum Kauf anzuregen.

Deshalb wird Werbung auch stets die „Schokoladenseite" des Produktes darstellen, seinen Nutzen und seine Vorteile, aber nicht seine Schwachstellen. Das gelingt umso besser, wenn die Werbung neben den sachlichen Informationen auch Gefühle, Wertschätzungen und Einstellungen des Verbrauchers anspricht und zu beeinflussen versucht. Den Wirkungsablauf von Werbung beschreibt man mit der sogenannten AIDA-Formel:

A	= attention	= Aufmerksamkeit erregen
I	= interest	= Interesse auf das Produkt lenken
D	= desire of possession	= Besitzwunsch anregen
A	= action	= zum Handeln, Kaufen bringen

1. Schau dir einen TV-Werbespot und eine Werbeanzeige in einer Illustrierten an. Mit welchen Mitteln versucht die Werbung Aufmerksamkeit zu erregen?

2. Untersuche die Werbung oben mithilfe der 13 Fragen von S. 23.

▶ Formel 1-Weltmeister Sebastian Vettel

▶ Werbeplakat vor einem Baumarkt

13 Fragen für die Auseinandersetzung mit Werbung

1. Für welche Ware wird geworben?
2. Womit wird geworben (Plakat, Anzeige)?
   = **Werbemittel**
3. Wo wird geworben (Zeitung, Fernsehen)?
   = **Werbeträger**
4. An wen wendet sich die Werbung (Jugend-liche, Hausfrauen)? = **Zielgruppe**
5. Welche Informationen enthält die Wer-bung über Preis und Qualität?
6. Ist mit den Informationen ein Preis- und Qualitätsvergleich mit vergleichbaren Waren möglich?
7. Besteht die Werbung überwiegend aus Text oder Bildern?
8. Haben Texte und Bilder etwas miteinander zu tun?
9. Was ist neben der Ware noch abgebildet?
10. Wie lautet – falls vorhanden – der Wer-bespruch? = Slogan
11. Wendet sich die Werbung nur oder haupt-sächlich an Gefühle?
12. Wie versucht die Werbung, Aufmerksam-keit zu erzeugen?
13. Welche Informationen stellen für den Verbraucher tatsächlich eine Hilfe dar?

Werbung: Information oder Manipulation?

Welche Informationen der Werbung stellen für den Verbraucher tatsächlich eine Hilfe dar?

Für den Verbraucher ist Werbung vor allem dann nützlich, wenn sie ihm ermöglicht, Ver-gleiche mit anderen Angeboten anzustellen, und Angaben über den Preis, die Menge und die Qualität des angebotenen Produkts ent-hält. Solche informierende Werbung findet ihr überwiegend in Tageszeitungen, auf Handzetteln von Kaufhäusern, Supermärk-ten, Fachgeschäften und auf Plakaten.

Im Fernsehen, im Radio und in Illustrierten dagegen überwiegt Werbung, die das Gefühl des Verbrauchers anspricht und ihn zum Kauf überreden will. Genaue Aussagen über das Produkt oder eine Dienstleistung werden kaum gemacht, die Preisangaben fehlen dort meistens. Vielmehr wird mit Bildern und Stimmungen gearbeitet, die mit dem Kauf ein positives Gefühl in Verbindung bringen.

Manipulation Beeinflussung, Lenkung

Slogan einprägsamer Leitspruch

3. Erläutere, warum man Sportstars auch „lebende Werbeträger" nennt.

4. Sammle Werbung, die an Jugendliche gerichtet ist. Untersuche, wie diese damit besonders angesprochen werden.

5. Entwickelt in kleinen Gruppen nach dem Grundmodell der Werbung eine Werbe-strategie für einen neuen Schokoriegel o.Ä. Macht euch vorher Gedanken über Zielgruppe, Werbemittel und Werbeträger.

▶ Verkehr: Pkw, Flugzeug, Straßenbahn

Das ökonomische Prinzip und die Nachhaltigkeit

Das ökonomische Prinzip geht vom Einzelnen aus. Es fragt: Was ist für mich wirtschaftlicher? Allerdings gibt es Fälle, in denen das, was für den Einzelnen wirtschaftlich gesehen am besten ist, für die Erwerbstätigen, die an der Produktion der Sachgüter beteiligt sind, oder für die Umwelt und damit für die gesamte Gesellschaft mit großen Nachteilen verbunden ist. Man spricht dann davon, dass das, was wirtschaftlich gesehen am besten ist, nicht nachhaltig ist.

Nachhaltigkeit
Das bedeutet z. B. auch, dass man Mittel wie Wasser oder Bodenschätze so sparsam einsetzt, dass sie nicht erschöpft werden bzw. dass sie nachwachsen können. Man verhält sich so, dass auch zukünftige Generationen noch so leben können wie wir heute.

Nachhaltigkeit
Wenn man nachhaltig handeln will, will man so handeln, dass man die Umwelt und andere Personen nicht stark schädigt.

Nachhaltig konsumieren:
Wenn man nachhaltig konsumieren will, kauft man also nur solche Sachgüter bzw. nutzt nur solche Dienstleistungen, bei deren Produktion bzw. Bereitstellung die Umwelt nicht stark geschädigt wird und die Erwerbstätigen, die das Sachgut bzw. die Dienstleis-

tung erstellen, nicht schlecht behandelt werden (z. B. durch sehr niedrigen Lohn oder durch Gefahren bei der Herstellung).

So schadet der Verkehr dem Klima

Diese Treibhausgase verursachen die folgenden Verkehrsmittel pro Person und Kilometer bei durchschnittlicher Auslastung in Deutschland (in Gramm CO_2-Äquivalenten*)

Verkehrsmittel	g pro Person und Kilometer
Flugzeug	211 g pro Person und Kilometer
Pkw	142
Linienbus	76
Straßen-, Stadt- und U-Bahn	71
Eisenbahn (Nahverkehr)	67
Eisenbahn (Fernverkehr)	41
Reisebus	32

* Treibhausgase tragen in unterschiedlichem Maß zur globalen Erwärmung bei. Die Menge von Methan und Distickstoffoxid wird so umgerechnet, dass sie der Menge von Kohlendioxid entspricht, welche die gleiche klimaschädliche Wirkung hätte.

Stand 2014

Quelle: Umweltbundesamt, TREMOD (März 2016) © **Globus** 10972

1. ▪ Wie kommt man am besten nach Paris? Wie am besten nach Mallorca? Für welches Verkehrsmittel entscheidest du dich jeweils, wenn du
   a) dich nach dem ökonomischen Prinzip entscheidest?
   b) nachhaltig konsumieren möchtest?

2. ▪ Was für den Einzelnen wirtschaftlich „vernünftig" ist, kann für die Umwelt und damit auch für uns alle durchaus unvernünftig sein. Zeige dies anhand des Schaubildes auf.

▶ Smartphones und Handys

Jedes Jahr ein neues Handy – Ist das nötig?

Die Produktion von Gütern kann Umweltschäden hervorrufen oder die Arbeiter können bei ihrer Arbeit ausgebeutet werden oder beides. Selbst wenn dies vermieden wird, kann es ein weiteres Problem geben: Der Müll, der entsteht, wenn die Konsumenten das Produkt wieder wegwerfen, verursacht Umweltschäden.

▶ Müllteppich im Meer

[...] Wohlstand an der Zahl der weggeworfenen Handys ablesbar

Es ist vor allem der typische Wohlstandsmüll, der Ökologen die größten Sorgen bereitet. Kunststoffe etwa bilden in den Ozeanen gewaltige Müllstrudel, werden zu winzigen Partikeln zerrieben und dann von Fischen, Seevögeln, Schildkröten und anderen Meeresbewohnern geschluckt. Forscher hegen auch den Verdacht, dass die Kleinstteilchen das Wachstum von Algen hemmen, und die bilden die Basis für fast alles Leben im Wasser.

An Land sind Müllkippen eine Gefahr für das Grundwasser; und auch die Verbrennung des Abfalls macht Ärger. [...] Die Abgase könnten die Luft, die Asche den Boden belasten. [...]

„Den Wohlstand eines Landes", schreiben (Forscher), „kann man auch an der Zahl der weggeworfenen Handys ablesen."

Quelle:.
www.spiegel.de/
wissenschaft/natur/
abfall-prognose-die-
vermuellung-der-
welt-a-930919.html,
Zugriff 06.02.2017

1. ▪ „Kaufen oder verzichten?" Sammle Gründe für und gegen den Kauf eines neuen Handys.

Wirtschaftliches Handeln unter der Lupe
Einführung

Beispiele für moralische Probleme und Konflikte im Wirtschaftsgeschehen findet ihr auf den Seiten 28-29, 96-97, 114-115 und 186-187.

Überall dort, wo wirtschaftliche Entscheidungen getroffen oder Verhandlungen geführt werden, kann es zu Problemen kommen, bei denen Fragen der Moral bedeutsam sind. Zum Beispiel dienen Handlungen einzelner Personen ihren persönlichen Interessen und nicht immer der Gemeinschaft. Oder es streiten verschiedene Gruppen über den richtigen Weg. In den einzelnen Kapiteln dieses Buches werdet ihr immer wieder solche Fälle analysieren. Hier erfolgt erst einmal die Klärung wichtiger Begriffe.

„Schere zwischen Arm und Reich wird immer größer."

„Unternehmenspleite erhöht Arbeitslosigkeit in der Region"

„Das Plastiktüten-Problem"

Solche und vergleichbare Meldungen sorgen bei vielen Menschen für Unbehagen. Stets werden dann Stimmen laut, die beklagen, dass etwas als gerecht, ungerecht, als nicht moralisch empfunden wird.

Dies gilt insbesondere dann, wenn man selbst direkt betroffen ist, z. B. als Anwohner oder Arbeitnehmer, als Konsument oder Unternehmer.

Die Auseinandersetzung mit den Ursachen und Folgen solcher Probleme ist selten einfach. Zuweilen ist der erste Blick allein irreführend und man muss genauer hinsehen.

INFO

Moral

Der Begriff „Moral" beschreibt die Regeln und Normen (z. B. Vorschriften, Gesetze) sowie Handlungsempfehlungen (z. B. „Du sollst nicht stehlen!"), die das Handeln von einzelnen Menschen, Gruppen (z. B. Familien), von Unternehmen oder Gesellschaften (z. B. alle Bürger in Deutschland) bestimmen sollen. Verstößt also jemand gegen diese Regeln, so verstößt er gegen die von der Gesellschaft über Jahrzehnte, Jahrhunderte entwickelten bzw. geteilten Regeln und Werte.

1. Nenne weitere Beispiele für Meldungen, in denen solche Probleme aus dem Wirtschaftsgeschehen geschildert werden.

2. Diskutiert die folgende Aussage: „Ein Unternehmer, der Menschen entlässt, handelt stets unmoralisch."

Lösungsansätze auf unterschiedlichen Ebenen

Selbstverständlich gibt es Fälle, in denen sich Wirtschaftsakteure nicht so verhalten wie man es von ihnen erwarten muss. Dies gilt z.B., wenn Gesetze umgangen, wenn Steuern hinterzogen oder Mitarbeiter schlecht behandelt werden, um den eigenen Nutzen, den Gewinn zu erhöhen. Oftmals muss man sich einen Fall aber genau ansehen, um eine gute Lösung des auftretenden Problems finden zu können. Nehmen wir ein einfaches Beispiel, um dies zu verdeutlichen:

Viele Menschen fahren regelmäßig mit dem Auto, da es für sie bequemer ist, als den Bus oder die Bahn zu nutzen. Und sie tun es, obwohl sie wissen, dass dies der Umwelt schadet. Welche Lösungen gibt es?

Beim Einzelnen ansetzen

Ein Lösungsansatz kann darauf abzielen, die Menschen davon zu überzeugen, ihr Verhalten im Sinne des gemeinsamen Ziels der Gesellschaft zu ändern (z.B. hier: die Umwelt zu schützen). Dazu kann man z.B. Aufklärungskampagnen, Werbeanzeigen starten und Appelle an sie richten.

Veränderung der Rahmenbedingungen

Man kann mit politischen Entscheidungen die Rahmenbedingungen so verändern, dass es sich für die Autofahrer „lohnt"; ihr Verhalten darauf auszurichten. Man könnte z.B. das Fahren von Autos, die viele Schadstoffe ausstoßen, verteuern (z.B. über Steuern), oder aber Mautgebühren für die Nutzung von Straßen erheben. Auch der Ausbau des öffentlichen Nahverkehrs könnte sinnvoll sein, um diesen attraktiver zu machen.

Änderung des Verhaltens der Unternehmen

Die Produzenten können die von ihnen angebotenen Autos umweltgerechter bauen, müssen dabei aber auch die Kosten und weitere wirtschaftliche Ziele beachten.

Welche Lösungen sind nun sinnvoll?

Plakataktionen, strengere Abgasvorschriften, geringerer Benzinverbrauch durch die Entwicklung von sparsameren Motoren? Wir sehen: Es sind immer mehrere Aspekte zu beachten:

– Es gilt immer die Interessen der Einzelnen und der Gemeinschaft zu beachten. So geht z.B. ein Fahrverbot für den Einzelnen sehr weit, gänzlich fehlende Regelungen sind aber für die Gemeinschaft nicht sinnvoll.

– Was kann der Einzelne wirkungsvoll tun? Kann der Einzelne auch das, was er tun soll?

– Neue Regelungen erzeugen stets Interessenkonflikte.
So wollen z.B. die Umweltverbände strengere Abgasvorschriften für Autofahrer, während die Automobilhersteller diese eher vermeiden wollen. Sie wollen viele Autos verkaufen und weisen auch auf die große Zahl von Beschäftigten in ihren Unternehmen hin, deren Arbeitsplätze gefährdet würden.

Fazit

Moralische Probleme bedürfen einer genauen Analyse, um die Maßnahmen zur Lösung beurteilen zu können.

Wirtschaftsakteur
Person, die im Wirtschaftsleben handelt (z.B. Verbraucher, Unternehmer)

Interessenskonflikt
schwierige Situation wegen unterschiedlicher Interessen

Kampagne
große Medienaktion

Appell
Aufforderung

Analyse
Untersuchung

---

1. Diskutiert folgende Aussage: „Appelle funktionieren oft besser in Kleingruppen wie Familien und Freundeskreisen, und weniger gut in Großgruppen und Gesellschaften". Begründet eure Einschätzungen und arbeitet mögliche Gründe heraus.

▶ Diskussionsrunde

Wirtschaftliches Handeln unter der Lupe
Beispiel Konsument

Wir wenden uns nochmals dem Handybeispiel zu und analysieren verschiedene Handlungsmöglichkeiten.

Der Fall:

Q DER SMARTPHONE-KONSUM

Handys sind beinahe unverzichtbar geworden: auf 100 Jugendliche kommen 109 Handyverträge. Weltweit gibt es mehr als 4 Milliarden MobilfunknutzerInnen. 2012 existierten in Deutschland 114 Millionen Mobilfunkanschlüsse. Es werden zwischenzeitlich mehr Smartphones als „normale" Handys verkauft (rund 16 Millionen). Der Ressourcenverbrauch eines Smartphones ist jedoch dreimal höher als der eines herkömmlichen Handys. Durchschnittlich wird ein Mobiltelefon nur ca. 1,5 Jahre benützt – kein elektronisches Gerät wird so oft gewechselt wie das Handy. Denn ständig kommen neue Produkte und Angebote auf den Markt. ◼

Ressource
Mittel

recyceln
wieder verwerten

Quelle: KonsUmwelt
2013, S. 17

Eine Welt ohne Smartphones ist heute fast nicht mehr vorstellbar. Wer sich auf der Straße umsieht, erblickt zahlreiche Menschen, die gebannt auf ihren mobilen Bildschirm starren. Das Smartphone hilft uns, den richtigen Weg zu finden, schnell unsere E-Mails zu checken, die Fußballergebnisse im Blick zu behalten oder mit anderen ständig in Kontakt zu bleiben. Dabei muss es nicht nur ein Smartphone sein, sondern sogar immer wieder ein neueres, aktuelleres Smartphone sein.

Inzwischen wird immer mehr Konsumenten bewusst, dass der steigende Smartphone-Konsum zu großen Umwelt-Problemen führen kann und auch die Arbeitsbedingungen bei der Herstellung in vielen Fällen alles andere als fair sind.

Aber wie kann der Konflikt gelöst werden? Muss ich auf das neue Modell verzichten? Muss der Staat durch Gesetze und Verordnungen dafür sorgen, dass die Geräte nur unter fairen Bedingungen hergestellt werden und Rohstoffe recycelt werden? Oder müssen sich die Unternehmen um „ethisch korrekte" Smartphones zu bemühen?

Eine mögliche Lösung könnte das sogenannte „Fairphone" darstellen. Die Hersteller versprechen faire Arbeitsbedingungen, Rohstoffe aus konfliktfreien Ländern, Nachhaltigkeit durch Reparaturmöglichkeiten, längere Lebensdauer und Recycelfähigkeit des Gerätes bzw. der Materialien. Aber wie lässt sich das für den Verbraucher nachprüfen? Und ist das für den Hersteller selbst überhaupt einwandfrei nachvollziehbar? Wer ist bereit, den hohen Preis dafür zu zahlen?

Die Analyse

Manchmal erscheint die Lösung eines solchen Problems sehr einfach. Doch schon beim zweiten Blick merkt man, dass vieles oft komplizierter ist. Deshalb ist es notwendig, sich mit einem solchen Problemfall in mehreren Schritten auseinanderzusetzen. Dabei soll folgende Vorgehensweise helfen.

	**1. Welches Problem ist gegeben?** *Fragen, die helfen können ...:* – Was verursacht die Probleme, die zu lösen sind? – Warum muss nach einer Lösung gesucht werden? – Ist das Problem auf Deutschland begrenzt oder international bedeutsam? – ...
	2. Wer ist beteiligt oder betroffen? *Fragen, die helfen können ...:* – Wodurch oder durch wen wird das Problem verursacht? – Wer muss mit den Folgen des Problems umgehen? – Sind bestimmte Bevölkerungsgruppen besonders betroffen? – ...
	**3. Welche Ziele verfolgen die Beteiligten/Betroffenen?** *Fragen, die helfen können ...:* – Wem nutzt die derzeitige Situation? – Wer hat das Interesse, etwas zu ändern und warum? – Gibt es Ziele, die alle miteinander teilen? – Wo treten Konflikte auf und kommt es zu Streit? – ...
	**4. Welche Lösungsmöglichkeiten sind denkbar?** *Fragen, die helfen können ...:* – Müssen die Lösungen a) beim Einzelnen, b) beim Unternehmen oder c) beim Staat ansetzen? – Gibt es schon Lösungsansätze und was wird diskutiert? – Können die Beteiligten das Problem selbst lösen oder muss der Staat Regeln setzen? Wenn ja, warum? – Welche Lösung scheint euch am angemessensten und sinnvollsten zu sein? – ...

1. Analysiert den Problemfall „Smartphone-Konsum" mithilfe des Analyserasters und weiterer Informationsrecherchen in Kleingruppen.

2. Vergleicht anschließend eure Ergebnisse und diskutiert vor allem die von euch als sinnvoll erachteten Lösungsvorschläge.

3. Überprüft, ob es mittlerweile staatliche Regelungen gibt und wie diese aussehen.

Ausgaben müssen geplant werden

Bei einer Kaufentscheidung gibt es also viel zu bedenken. Um dabei den Überblick über eure Einnahmen und Ausgaben zu behalten, kann euch ein Haushaltsbuch helfen.

Der Haushaltsplan

„Wo ist nur das Geld geblieben?" Diesen Ausspruch habt ihr sicherlich schon alle einmal gehört. Meist sind die Wünsche größer als das zur Verfügung stehende Geld. Darum ist es wichtig, einen Ausgabenplan zu machen, damit man nicht für einige Dinge zu viel Geld ausgibt, das dann anderswo fehlt.

Da in jeder Familie eine andere Geldsumme verfügbar ist, aber auch die Wünsche und Interessen unterschiedlich sind, wird jeder Haushaltsplan anders aussehen. Bestimmte Ausgabengruppen wiederholen sich bei allen. Wenn eine Familie neben dem Haushaltsplan auch Buch führt über die festen Ausgaben und die täglichen, veränderlichen Ausgaben, kann sie jederzeit überprüfen, ob der Plan eingehalten werden kann oder in einigen Posten verändert werden muss.

Die Verbraucherberatungsstellen sind bei der Aufstellung von Haushaltsplänen behilflich. Eine weitere Hilfe sind vorgedruckte Haushaltsbücher, die die Kontrolle der Ausgaben erleichtern.

Beispiele für Einnahmen:
- Nettolöhne und -gehälter
- Kindergeld
- Sonderzuwendungen wie Urlaubs- und Weihnachtsgeld
- Zinsen aus Vermögen

Beispiele für feste Ausgaben:
- Miete mit Nebenkosten
- Strom, Gas, Wasser, Heizenergiekosten
- Versicherungen
- Beiträge, Gebühren
- Haushaltskosten (z. B. Taschengeld, Zeitung)
- monatliche Sparbeiträge

Beispiele für veränderliche Ausgaben:
- Ernährung, Getränke, Genussmittel
- Kleidung, Schuhe
- Wasch- und Putzmittel
- Körper- und Gesundheitspflege
- Bildung, Freizeit, Unterhaltung
- Autos
- Wohnen (Hausrat, Anschaffungen)

▶ Frau Meier rechnet ihre Ausgaben nach

→ Starthilfe zu 2:
Die örtlichen Sparkassen bieten kostenlos „Das Haushaltsbuch" an, für Jugendliche die Broschüre „Mein Taschengeldplaner"; auch Verbraucherzentralen bieten gegen ein Entgelt ein „Haushaltsbuch" als Planungshilfe an.

1. ▌ Nenne Gründe, warum es sinnvoll ist, einen Haushaltsplan aufzustellen und ein Haushaltsbuch zu führen.

2. ▌ Fertige für dich selbst ein „Haushaltsbuch" (Taschengeldplaner) an. Trage deine Einnahmen sowie feste und veränderliche Ausgaben für einen Monat ein. Die Schritte 1–3 auf der nächsten Seite erleichtern dir die Aufstellung.

Das Haushaltsbuch verrät's auf den Cent

Mit einem Haushaltsbuch kann man sich gut einen Überblick über Einnahmen und Ausgaben verschaffen. Musterbeispiele helfen, leichter eine Übersicht anzufertigen.

Schritt 1: Einnahmen ermitteln

Zu den Einnahmen zählen die Nettolöhne und -gehälter aller im Haushalt lebenden Personen, private Zahlungen sowie staatliche Zahlungen wie z. B. Kindergeld, Urlaubs- und Weihnachtsgeld, Steuerrückerstattungen und die Einkommen aus Vermögen wie Zinsen, Mieteinnahmen.

In einer Übersicht werden möglichst im Voraus die Einnahmen zusammengestellt, mit denen in den kommenden Monaten gerechnet werden kann. Mögliche Einkommensengpässe sind so auf einen Blick erkennbar.

Schritt 2: Feste Ausgaben erfassen

Es gibt feste und veränderliche Ausgaben. Die festen Ausgaben sind die regelmäßig wiederkehrenden Ausgaben wie Miete, Versicherungsbeiträge, Zeitungsabonnements, Rundfunk- und Fernsehgebühren etc. Sie sind nicht zu umgehen. Man kann hier keine Einsparungen vornehmen, es sei denn, man kündigt ein Abonnement oder eine Versicherung. Die entsprechenden Beiträge werden meist zu festgesetzten Terminen vom Girokonto abgebucht.

Aus den Einnahmen abzüglich der festen Ausgaben ergibt sich das Budget für die veränderlichen Ausgaben.

Schritt 3: Veränderliche Ausgaben erfassen

Zu den veränderlichen Ausgaben zählen unter anderem Lebensmittel, Kleidung, Kosmetik, Kino. Diese können je nach Bedürfnissen und finanziellen Mitteln sehr unterschiedlich sein und auch von Monat zu Monat schwanken. Da die Wünsche häufig größer sind als das zur Verfügung stehende Geld, müssen gerade die veränderlichen Ausgaben gut geplant werden, um festzustellen, welche Spielräume bei den Ausgaben vorhanden sind. Für die Haushaltsbuchführung bietet es sich an, Ausgabenbereiche festzulegen. „Mein Haushaltsbuch" schlägt die Bereiche Wohnen, Ernährung, Bekleidung, Gesundheit, Kommunikation, Freizeit, Bildung, Verkehrsmittel, Familie und Sonstiges vor. In einer rechten Summenspalte können die Tagesausgaben erfasst werden.

Für nahezu jede Ausgabe gibt es einen Beleg. Es ist sinnvoll, Kassenbons, Quittungen, Rechnungen z. B. in einem Umschlag zu sammeln und anhand der Belege in möglichst kurzen Abständen, am besten täglich, die Ausgaben in das Haushaltsbuch einzutragen. Belege über größere Anschaffungen sollten aufbewahrt werden, denn Garantieansprüche können in der Regel nur durch Vorlage von Kassenbons geltend gemacht werden.

Die Übersicht über Soll und Haben (Saldo) am Ende des Monats kann ermittelt werden, indem man vom Monatsbudget für veränderliche Ausgaben die tatsächlichen Ausgaben abzieht.

Budget
Geldbetrag, der monatlich zur Verfügung steht

Monatsübersicht für						
Einnahmen				**Feste Ausgaben**		
Art der Einnahme	Euro	Cent		Art der Ausgabe	Euro	Cent
Lohn/Gehalt (netto) von ...				Wohnen/Miete		
Lohn/Gehalt (netto) von ...				Energieverbrauch Heizen, Strom, Gas, Wasser		
Rente				Zahlungsverpflichtungen Gesamtpauschale (Übertrag von S. 77)		
Kindergeld/Bafög				Versicherungen		
Arbeitslosengeld/Sozialhilfe				Aus-/Weiterbildung Kurse, Musikschule, Nachhilfe		
Unterhalt				Fahrtkosten Monatsticket, BahnCard, Carsharing, u. a.		
Zinsen/Sparverträge				Rundfunkgebühren/Pay TV		
Urlaubs-/Weihnachtsgeld				Zeitungs- und Zeitschriftenabos		
Gratifikationen				Sparverträge (evtl. Übertrag von S. 76)		
Aufwandsentschädigungen: Pflegegeld/Kostgeld/Zuwendungen				Kredit- und Ratenverträge		
Sonstiges				Kontoführung/Kreditkarten		

▶ Ausschnitt aus einem Haushaltsplan

▶ Unterschiedliche Haushalte

Vergleich unterschiedlicher Haushaltspläne

Aus der Grafik „Konsumausgaben in Deutschland" auf S. 16 könnt ihr herauslesen, welchen Teil ihres Einkommens deutsche Haushalte im Durchschnitt für verschiedene Dinge ausgeben. Im Einzelnen unterscheiden sich aber Haushaltspläne je nach Einkommen und Zielen des Haushaltes. Dies zeigt die folgende Abbildung: Wie viel Geld Menschen für verschiedene Bereiche des Lebens ausgeben, hängt auch von ihrem Einkommen ab.

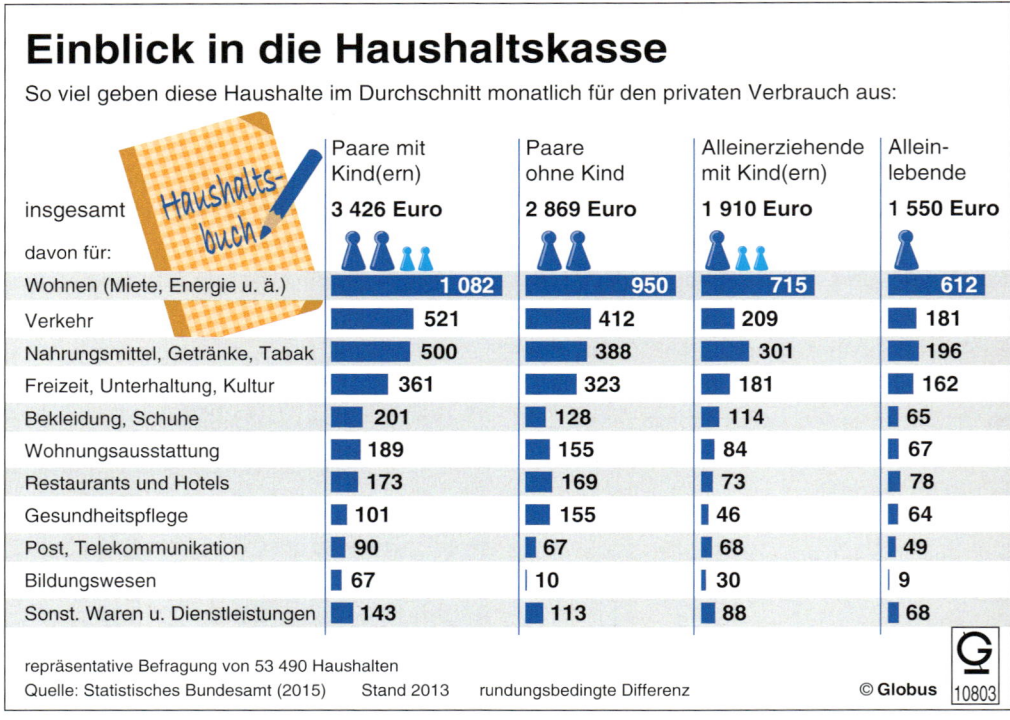

Einblick in die Haushaltskasse

So viel geben diese Haushalte im Durchschnitt monatlich für den privaten Verbrauch aus:

	Paare mit Kind(ern)	Paare ohne Kind	Alleinerziehende mit Kind(ern)	Alleinlebende
insgesamt	3 426 Euro	2 869 Euro	1 910 Euro	1 550 Euro
Wohnen (Miete, Energie u. ä.)	1 082	950	715	612
Verkehr	521	412	209	181
Nahrungsmittel, Getränke, Tabak	500	388	301	196
Freizeit, Unterhaltung, Kultur	361	323	181	162
Bekleidung, Schuhe	201	128	114	65
Wohnungsausstattung	189	155	84	67
Restaurants und Hotels	173	169	73	78
Gesundheitspflege	101	155	46	64
Post, Telekommunikation	90	67	68	49
Bildungswesen	67	10	30	9
Sonst. Waren u. Dienstleistungen	143	113	88	68

davon für:

repräsentative Befragung von 53 490 Haushalten
Quelle: Statistisches Bundesamt (2015)   Stand 2013   rundungsbedingte Differenz

© Globus 10803

1. Untersuche die Grafik „Einblick in die Haushaltskasse". Welche Anteile geben die unterschiedlichen Gruppen für Wohnen, Nahrungsmittel und Bildung aus?

2. Warum sind die Anteile unterschiedlich? Begründe.

Preisvergleiche bei Alltagskäufen

Beim Einkauf des täglichen Bedarfs könnte eine Menge Geld gespart werden, wenn die Verbraucher von zwei teuren Gewohnheiten Abschied nähmen: von der Bezugsquellentreue und der Markentreue.

Bezugsquellentreue meint, dass Verbraucher oft den täglichen Einkauf nur in „ihrem" Geschäft tätigen, also keine Preisvergleiche zwischen den Geschäften vornehmen. Manchmal kann es aber viel günstiger sein, die Marke zu wechseln und nicht das Geschäft, d.h. zwischen Produkten und nicht zwischen Märkten zu wechseln.

Markentreue bedeutet, dass Verbraucher in „ihrem" Geschäft eine weitere Einschränkung ihrer Wahlmöglichkeiten vornehmen, weil sie nur „ihre" Marke kaufen und nicht zwischen den verschiedenen Marken unterscheiden. Die Werbung zielt vielfach auf diese Markentreue ab. Hier gilt es, sorgfältig zu prüfen, ob unterschiedliche Marken die gleiche Qualität haben und dennoch preislich sehr unterschiedlich sind.

B Frau Müller geht immer im Supermarkt um die Ecke einkaufen. Hier bekommt sie alles, was sie braucht. Sie kümmert sich nicht um Sonderangebote anderer Geschäfte.

Wenn sie Milch kauft, muss sie von der Marke „Schmecktgut" sein. Andere Marken trinkt sie nicht gerne. ■

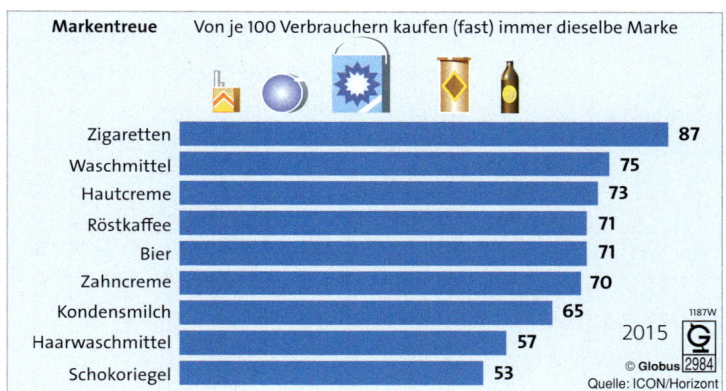

Markentreue — Von je 100 Verbrauchern kaufen (fast) immer dieselbe Marke

Produkt	Menge	Markenartikel	Preis	preisgünstigstes Angebot	Preis	Ersparnis
1 Paket Nudeln						
1 kl. Dose Erbsen, extra fein						
1 Glas Gewürzgurken						
1 Dose Bockwürste						
1 Glas Mayonnaise						
1 Becher Magerjoghurt						
Summe						

▶ Preisvergleich der Zutaten für einen Nudelsalat

3. Nenne Beispiele, wo du einer Bezugsquelle oder Marke treu bist, und begründe dein Verbraucherverhalten.

4. a) Lege eine Tabelle (siehe oben) an und führe den Preisvergleich in Geschäften deiner Wahl durch.

b) Vergleiche die Ergebnisse und formuliere daraus Regeln für einen preisbewussten Einkauf.

Beim Kauf von Gebrauchsgütern: Planmäßig vorgehen

Beim Kauf gibt es viel zu bedenken und abzuwägen (Bedürfnisse, Preis, Einkommen, Nachhaltigkeit, Einfluss von Werbung und Peergroup). Um gerade bei Gütern, die viel kosten, gut abzuwägen, kann der Plan auf den folgenden Seiten helfen.

Schritt ❶
Problemphase

Zunächst heißt es, zu analysieren, welche Fragen für euch selbst wichtig sind. Solche Fragen könnten sein:
- Wie viel Geld steht mir zur Verfügung und welches Geräteangebot gibt es in dieser Preislage?
- Welche Anforderungen stelle ich an das Gerät?
- Welche Ausstattung soll es haben?
- Gibt es Umweltaspekte und Aspekte der Arbeitsbedingungen zu bedenken?
- Welche Marken kommen infrage?
- Wo kann ich es kaufen?
- Welche Geräte sind besonders günstig?
- Welche Serviceleistungen bieten die Geschäfte oder Hersteller?

Schritt ❷
Die Informationsphase

Um die Fragen zur ersten Phase beantworten zu können, müsst ihr euch Informationen beschaffen.
Informationsquellen können sein:
- Prospektmaterial,
- persönliche Beratung in Fachgeschäften,
- sachkundige Bekannte,
- das Internet, z. B. Vergleichsportale,
- Informationsmaterial und persönliche Beratung in Verbraucherberatungsstellen,
- Testberichte der Stiftung Warentest,
- Radio- und TV-Sendungen, Berichte in Zeitschriften u. a.

Schritt ❸
Die Beurteilungsphase

Diese Phase ist die schwierigste bei der Kaufentscheidung, denn ihr müsst nun die Informationsquellen **beurteilen** und **auswerten**. Beurteilen heißt einfach ausgedrückt: Sind die Informationsquellen für eine Entscheidung brauchbar oder nicht? Sie sind dann brauchbar, wenn sie
- über die benötigten Informationen Auskunft geben,
- einen Überblick über das aktuelle Angebot verschaffen,
- den Kaufgegenstand anschaulich darstellen und
- die Handhabung des Gegenstandes ermöglichen.

Ferner sollten sie schnell verfügbar, kostenlos oder zumindest preiswert und allgemein verständlich sein.

▶ Bewerten

▶ Entscheiden

▶ Prüfen

Nun geht es an das Auswerten der Informationsquellen. Dazu ist es sinnvoll, zunächst Kriterien aufzustellen, die ihr miteinander vergleichen wollt. Für Hi-Fi-Anlagen könnten es z. B. folgende Kriterien sein:

Marke	System	umweltfreundliche Produktion, faire Arbeitsbedingungen	Ausstattung	Qualitätsmerkmale	Preis

Zu diesen Kriterien sucht ihr aus den Informationsquellen die entsprechenden Angaben heraus und vergleicht sie.

Schritt ❹
Die Entscheidungsphase

Ihr möchtet das Produkt wahrscheinlich dort kaufen, wo es am preiswertesten angeboten wird. Doch Vorsicht! Ihr solltet nicht nur auf den Preis achten, sondern auch Folgendes bedenken und erkunden:
– Welcher Beschaffungsaufwand (Weg, Zeit) ist mit dem Kauf verbunden? Lohnt sich eine weite Fahrt, wenn dort das Gerät z. B. fünf Euro billiger angeboten wird als an eurem Wohnort?
– Welche Serviceleistungen werden geboten? Ist z. B. das fachgerechte Aufstellen der Anlage im Preis enthalten? Oder: Hat die Firma einen Kundendienst, falls das Gerät einmal defekt ist?

Bevor ihr den Kaufvertrag abschließt, solltet ihr mit dem Händler auch einige rechtliche Fragen abklären, z. B. über
– Lieferbedingungen,
– Zahlungsbedingungen, Preisnachlässe,
– Garantiezeit und -umfang,
– Nachkauf, Ersatzteile u. Ä.

Schritt ❺
Die Kontrollphase

Ob eure Entscheidung für ein bestimmtes Gerät richtig war oder nicht, zeigt sich erst, wenn ihr es in Betrieb nehmt. Ihr solltet auf jeden Fall z. B. anhand der Betriebsanleitung überprüfen, ob alle Teile geliefert wurden und betriebsbereit sind.

Stellt ihr beim ersten Gebrauch Mängel fest, so solltet ihr es reklamieren. Die Verbraucherberatung kann euch dabei helfen.

Wenn ich ein Brötchen essen möchte, kann ich mir eins beim Bäcker kaufen. Wenn ich einen Kugelschreiber brauche, kaufe ich den in einem Schreibwarengeschäft oder im Kaufhaus. Wenn meine Eltern ein neues Auto haben möchten, gehen sie zu einem Autohaus; und das Autohaus kauft das Auto von einem Pkw-Hersteller.

Arbeitskraft
Konsumausgaben

Güter
Löhne/Gewinne

▶ Privater Haushalt

▶ Unternehmen

Die Unternehmen

Kann das Unternehmen den Preis so festlegen, wie es will?

Für die Konsumenten wäre es schön, wenn sie die Waren und Dienstleistungen, die sie haben möchten, für einen niedrigen Preis bekämen. Der Anbieter hingegen möchte gerne einen möglichst hohen Preis bekommen. Wer setzt denn nun den Preis fest? In diesem Teil des Kapitels beschäftigt ihr euch mit dieser Frage, um zu verstehen, wie Preise zustande kommen. Dann könnt ihr besser beurteilen, ob ein Preis wohl gerechtfertigt ist. Fragen wären solche:
– Ist der Preis für dieses Handy zu hoch?
– Ist der Preis für den Döner an der Ecke zu hoch?
– Ist der Preis für die Bahnfahrt zu hoch?

Auf den folgenden Seiten beschäftigt ihr euch mit den folgenden Themen:
– Was sind Aufgaben und Ziele von Unternehmen?
– Wie funktionieren Märkte?
– Wer legt die Höhe des Preises fest?
– Wer hat die Macht auf Märkten? Konsumenten oder Unternehmen?

Was ist ein Unternehmen?

Auf den vorhergegangenen Seiten habt ihr einen zentralen Akteur im wirtschaftlichen Geschehen kennengelernt: die privaten Haushalte. Die privaten Haushalte empfangen Einkommen für ihre Arbeit und kaufen hierfür Produkte und Dienstleistungen. Sie sind damit eng mit einem zweiten Akteur der Wirtschaft verbunden: den Unternehmen.

In Unternehmen werden Produkte hergestellt, wie z. B. Lebensmittel, Bekleidung, Autos, Maschinen. Oder sie bieten Dienstleistungen an, wie z. B. der Friseur, Banken oder eine Autowerkstatt. Mit den Produkten und Dienstleistungen sollen die vielfältigen Bedürfnisse der Bürger eines Landes befriedigt werden.

Unternehmen sind auf die Arbeitskraft ihrer Mitarbeiter angewiesen und bieten diesen damit gleichzeitig eine Einkommensquelle. Für seine Arbeit bekommt der Arbeitnehmer sein Einkommen und der Unternehmer will mit dem Unternehmen Erträge und Gewinne erzielen.

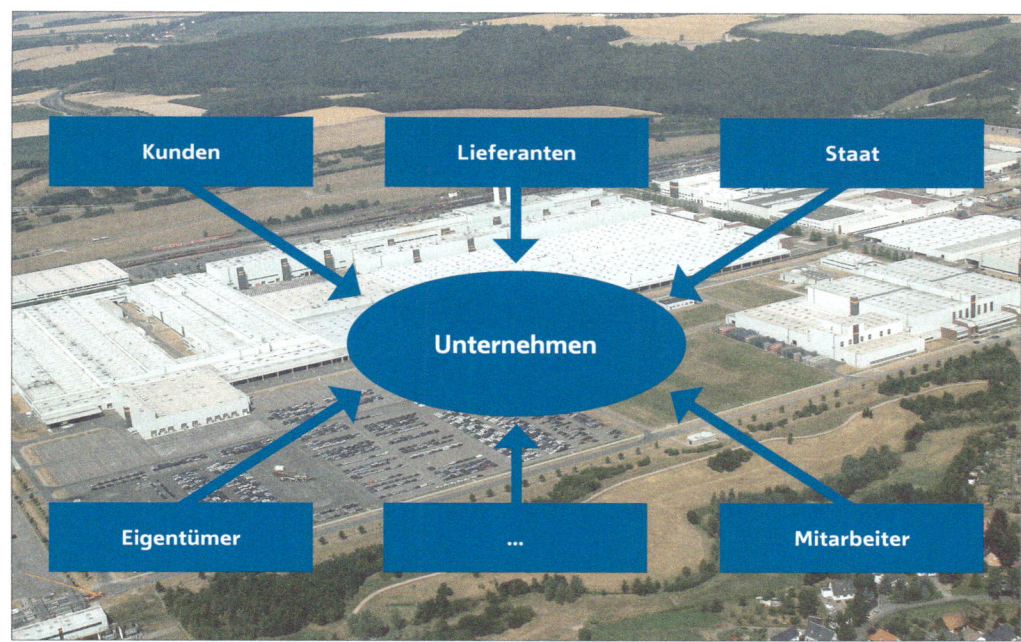

Aufgabe und Ziele von Unternehmen

Grundlegend können drei Zielsetzungen voneinander unterschieden werden:

1. Zunächst sind für ein Unternehmen **wirtschaftliche Ziele** wichtig. Es muss seine Produkte und Dienstleistungen an die Konsumenten verkaufen, seine Kosten decken und möglichst einen **Gewinn erzielen**, sodass z. B. Investitionen möglich sind. Ohne wirtschaftlichen Erfolg lassen sich andere Ziele nicht erreichen. Und wenn ein Unternehmen auf Dauer keinen Gewinn erwirtschaften kann, muss es letztlich schließen.

2. Neben den wirtschaftlichen Zielen kann ein Unternehmen **soziale Ziele** verfolgen. Dies sind z. B. sichere Arbeitsplätze, zufriedene Mitarbeiter oder ein hohes Ansehen in der Bevölkerung. Diese Ziele werden zunehmend wichtiger.

3. Außerdem gibt es **ökologische Ziele**. Dazu gehört der Schutz der Umwelt, beispielsweise durch eine überlegte Verwendung von Energie oder durch den Ausbau von neuen Energien wie Wind oder Sonne. Solche Maßnahmen werden inzwischen auch von vielen Kunden begrüßt, die Wert auf ökologische Aspekte legen.

Bei der Produktion von Sachgütern und der Erstellung von Dienstleistungen hat ein Unternehmen sich immer wieder mit den folgenden drei Aufgaben auseinanderzusetzen:
– Beschaffung der für die Produktion nötigen Mittel und Arbeitskraft
– Produktion der Sachgüter und Dienstleistungen
– Absatz = Verkauf der Sachgüter und Dienstleistungen

1. „Anbieter möchten einen möglichst hohen Preis erzielen." Erläutere und diskutiere diese Aussage mithilfe der drei Zielsetzungen von Unternehmen.

▶ Auf dem Wochenmarkt

1,90

1,90
1,50

Aufgaben von Märkten

Was sind Märkte?

Wie entsteht der Preis für Güter? Zwei wichtige Akteure habt ihr schon in den Blick genommen: das Unternehmen und die Konsumenten. Wichtig sind auch die Konkurrenten des Unternehmens. Das zeigt auch das folgende Beispiel.

B **SCHÖBERS AUF DEM WOCHENMARKT**

Eine Gemüsesuppe soll es heute bei Familie Schöber geben. Max geht mit seinem Vater auf den Wochenmarkt. Beim ersten Gemüsestand holt Herr Schöber den Einkaufszettel hervor. Für die Gemüsesuppe benötigen sie Möhren, Erbsen, Blumenkohl, Rosenkohl, Porree, Schnittlauch, Petersilie und Kohlrabi.

Ein Bund Möhren kostet 1,49 Euro. Das wird genommen und auch zwei Stangen Porree.

„Herrlicher Blumenkohl, heute im Angebot", hören sie. „Lass uns dort mal hingehen", meint Max zu seinem Vater.

An „Meiers Gemüsestand" entdeckt Herr Schöber, dass die Möhren nur 99 Cent kosten. „Das ist aber ärgerlich", denkt Herr Schöber. „Eigentlich kaufen wir dort immer, auch wenn Mutter mit über den Wochenmarkt geht."

Sie kommen zum Blumenkohlstand. „Sieh mal, Max, 1,90 Euro der Kopf. An dem anderen Stand kostete der Kopf, genauso groß und schön wie hier, nur 1,80 Euro. Und wie der die Leute durch sein Schreien anzieht! Aber der Kohl sieht wirklich nicht schlecht aus. Ich laufe nicht noch mal zurück wegen 10 Cent. Und den Rosenkohl und Schnittlauch nehmen wir auch gleich mit. Die frischen Erbsen sind zu teuer, da kaufen wir lieber ein paar Bohnen. Die Eier holen wir am Nachbarstand."

Kurz vor ein Uhr kommen sie auf dem Heimweg noch mal am Wochenmarkt vorbei. Nur noch wenige Käufer sind auf dem Markt. „Schau mal dort, der Stand, Max, die Marktfrau ändert gerade das Preisschild für den Blumenkohl." „Der Kopf jetzt für einen Euro fünfzig!", ruft sie. ■

ANGEBOT   NACHFRAGE

PREISBILDUNG

▶ Der Markt als Treffpunkt von Angebot und Nachfrage

▶ Austauschbare Güter

▶ Sich ergänzende Güter

Was Märkte gemeinsam haben

Wenn ihr die Geschichte aufmerksam gelesen habt, werdet ihr feststellen, dass ihr hier eine Fülle von Vorgängen beobachten könnt, die für viele andere Märkte gelten, die ihr auch kennt:
- Verkaufte Mengen und Preise hängen offenbar zusammen: So muss die Marktfrau, die ihren Blumenkohl nicht wieder mit nach Hause nehmen will, den Preis herabsetzen.
- Offenkundig gibt es auf dem Wochenmarkt unterschiedliche Märkte: einen für Blumenkohl, einen für Kartoffeln, einen für Erbsen usw.
- Die Nachfrager haben Preisvorstellungen. Entspricht das Angebot diesen nicht, werden sie vermutlich ein <u>Gut</u> durch ein andersartiges ersetzen – etwa Erbsen durch Bohnen.

- Die einzelnen Märkte hängen zusammen. Wenn andere Marktbesucher sich ähnlich wie Schöbers für Bohnen statt für Erbsen entscheiden, hat das Auswirkungen auf den Erbsenpreis. Der Preis für Erbsen wird fallen, da die Anbieter sonst auf ihrer Ware „sitzen bleiben".

Bei einer Gemüsesuppe kann man den einen oder anderen Bestandteil weglassen und trotzdem gelingt die Suppe. Das sind dann **austauschbare Güter**. Bei anderen Gütern sind zwei oder mehr notwendig miteinander verbunden, z.B. Zahnbürste und Zahnpasta oder Hardware und Software bei Computern (**sich ergänzende Güter**).

Wir halten fest: Überall, wo Anbieter auf Nachfrager treffen, spricht man von Märkten.

Gut
ein Produkt oder eine Dienstleistung, die konsumiert wird , (S. 13).

---

1. ▪ Erkläre an Beispielen, was man unter austauschbaren und sich ergänzenden Gütern versteht.

2. ▪ Wenn der Preis von Erbsen steigt, welche Auswirkung hat das auf dem Markt wahrscheinlich auf die Nachfrage nach Bohnen? Erläutere.

▶ Markt im Mittelalter

Einteilung von Märkten

Der Austausch von Sachgütern und Dienstleistungen gegen Geld ist heute nicht mehr allein an einen bestimmten Platz gebunden. Telefonverbindungen in alle Welt machen Absprachen, die sich auf Käufe und Verkäufe beziehen, in Minuten möglich. Dafür wurden früher häufig Wochen benötigt.
Hier handelt es sich oft um internationale Märkte. Durch neue Techniken entstanden ganz neue Märkte und Marktzugänge: So können z. B. über das Internet Angebote eingeholt und Bestellungen aufgegeben werden.

Auf dem heutigen Wochenmarkt werden hauptsächlich Obst, Gemüse und Blumen gehandelt. Auf Flohmärkten können altes Spielzeug, alte Möbel, Schallplatten oder Haushaltsgeräte erstanden werden; in vielen Städten gibt es in der Adventszeit Weihnachtsmärkte. Ebenso sind Kaufhäuser, Fachgeschäfte, Friseursalons oder Restaurants Märkte.

Alle Märkte, die bisher genannt wurden, könnt ihr besuchen. Es gibt sie als tatsächlichen Ort. Es gibt aber auch andere Märkte: Zum Beispiel sind im Anzeigenteil von Tageszeitungen Angebote und Nachfragen zu finden. In Kleinanzeigen werden Wohnungen genauso angeboten wie gebrauchte Skiausrüstungen. Ein Autohändler bietet einen Gebrauchtwagen an oder ein Partyservice seine Dienstleistungen. Es gibt also auch Wohnungsmärkte, Stellenmärkte, Gebrauchtwagenmärkte usw. Selbstverständlich gibt es auch Geld- und Kapitalmärkte, auf denen Geld angeboten und nachgefragt wird.
Meist werden nur die Märkte genannt, auf denen Konsumenten Güter nachfragen. Es gibt aber auch Märkte, die fast ausschließlich für Unternehmen interessant sind. Sie finden dort Vorprodukte, z. B. Papier und Druckfarbe für Druckereien, Grundstücke für Unternehmen, Arbeitskräfte und Kapital.

Grundsätzlich lassen sich Märkte nach den Sachgütern und Dienstleistungen unterscheiden, die auf ihnen gehandelt werden. Das bedeutet, es gibt also nicht den einen Markt, sondern viele verschiedene Märkte, z. B.:
– Konsumgüter- und Produktionsgütermärkte, z. B. Nahrungsmittelmärkte, Rohstoffmärkte,
– Dienstleistungsmärkte, z. B. für Gesundheitsdienstleistungen, Steuerberatung, Kosmetik, Tourismus,
– Arbeitsmarkt, z. B. Markt für Ingenieure, Lehrer, Heizungsmonteure,
– Immobilienmärkte, z. B. Wohnungsmarkt, Grundstücksmarkt,
– Geld- und Kapitalmärkte, z. B. Wertpapiermärkte, Kreditmärkte.

(1) VW Golf 1.4 comfortline
EZ 06/09, 6.250 km, 59 kW, TÜV/AU 06/14, Metallicsilber, 1. Hand, Garage, Scheckheft, s. gepfl.; 59 kw (80 PS); Benziner; neuwertiger TOP Zustand; 1. Hand; hatte einen Blechschaden hinten rechts, professionell und umfassend von Fachwerkstatt repariert, zu besichtigen in 70...; VB 11.600,– EUR

(2) 27-jähr. Fachinformatiker und Bürokaufmann mit MCSE/MCSA 2003 sucht ab sofort neuen Wirkungskreis, gerne auch branchenfremd. Tel.: ...

(3) Zuverl. Briefzusteller/in für den Bereich Freiburg in Vollzeit mit Erfahrung im Post-/Kurierdienst gesucht, Ortskenntnis und pol. Führungszeugnis erforderlich, PKW wird gestellt. ProJob GmbH Tel.: ...

(4) Vorgezogene Bescherung gewünscht! Junge Familie sucht zauberhaftes Eigenheim in und um Heilbronn mit mind. 100 m^2 Wohnfl. bis 350.000 €. Finanzierung gesichert. Albert Kecker Immobilien Tel.: ...

Funktion des Marktes

Trotz aller Unterschiede in der Art und der Größe haben alle Märkte Gemeinsamkeiten:
– Es gibt Anbieter, die Sachgüter und Dienstleistungen zum Kauf anbieten.
– Es gibt Nachfragende, die Sachgüter und Dienstleistungen kaufen wollen.
– Für diese Sachgüter und Dienstleistungen muss in der Regel Geld bezahlt oder anderes zum Tausch angeboten werden. Kommt der Tausch zustande, wechselt der Eigentümer.

Um erkennen zu können, was auf allen Märkten geschieht, wollen wir uns einen Einzelmarkt anschauen, einen Eiermarkt. An vielen Ständen auf einem Wochenmarkt bieten Markthändler Eier gleicher Güte an (z. B. Güteklasse A, Gewichtsklasse L). Die Marktbesucher haben schnell einen Überblick über das Angebot, die Anbieter können sich orientieren, zu welchen Preisen die Konkurrenten anbieten. Über die Menge, die eingekauft wird, entscheidet in diesem Fall also alleine der Preis. Häufig gibt es kompliziertere Fälle, weil die Güter sich auch noch in weiteren Punkten unterscheiden, z. B. der Qualität. Aber lasst uns diesen einfachen Fall weiter betrachten:

Die Interessenlage ist klar: Die Anbieter wollen einen Preis erzielen, der mindestens ihre Kosten deckt, möglichst aber Gewinn abwirft, die Käufer dagegen wollen so kostengünstig wie möglich einkaufen.

Welcher Preis nun entsteht, damit setzt ihr euch auf den folgenden Seiten auseinander.

1. Schau dir die Kleinanzeigen oben an. Notiere in einer Tabelle, ob es sich um ein Angebot oder eine Nachfrage handelt.

2. Stelle Vermutungen an, ob in den einzelnen Fällen das Angebot und die Nachfrage auf dem jeweiligen Markt insgesamt eher groß oder eher knapp ist.

3. Finde zu jeder Marktart Beispiele für Betriebe in deinem Ort/in deiner Region.

▶ Modellauto

▶ Stadtplanungsmodell

▶ Stadtplan

Exkurs: Modelle als Erkenntnishilfen

Um zu erklären, wie Märkte funktionieren, braucht man ein Modell.

Die drei Bilder stellen jeweils ein Modell dar. Vergleicht ihr das Modellauto mit einem tatsächlichen Auto, dem Original, dann stellt ihr fest, dass das Modell zwar eine Anschauung und Vorstellung von einem wirklichen Auto vermittelt, nicht aber das Original selbst ist. Das Modellauto ist beispielsweise sehr viel kleiner. Es hat nicht alle Apparaturen wie das Original usw. Dennoch erhaltet ihr durch das Modell eine Vorstellung von der Gestalt des Originalautos. Ähnliches gilt auch für die beiden anderen Bilder: Mithilfe des Stadtplanungsmodells können sich die Architekten ein Bild davon machen, wie ein neuer Stadtteil aussehen könnte. Ein Stadtplan ist nützlich, um sich in einer fremden Stadt orientieren zu können. Und ein Globus kann einem einen Überblick über alle Länder der Welt verschaffen.

Menschen schaffen sich oft Modelle, damit sie die Wirklichkeit besser erkennen und verstehen können. Diese Modelle beziehen sich nicht nur auf konkrete Gegenstände, sondern auch auf Gedanken und Vorstellungen. Mit solchen **Denkmodellen** versucht man, das komplizierte Wirtschaftsgeschehen in seinen wesentlichen Zusammenhängen besser zu begreifen.

Aber Vorsicht! Modelle haben auch ihre Tücken, da sie nämlich die Eigenschaft haben, nie die ganze Wirklichkeit zu erfassen. Sie werden nur für einen ganz bestimmten Zweck und unter einer ganz bestimmten Sichtweise konstruiert. Um ein Modell zu verstehen, ist es wichtig zu wissen, was durch das Modell deutlich gemacht werden soll und welche Annahmen gemacht werden, damit es funktioniert.

In den nachfolgenden Abschnitten lernt ihr solch ein wichtiges Denkmodell kennen, das immer wieder für das Untersuchen von wirtschaftlichen Vorgängen verwendet wird.

1. ▤ In den drei Abbildungen auf dieser Seite werden Modelle vorgestellt. Beschreibe, wofür sie benutzt werden könnten.

2. ▤ Nenne Aspekte, die sich mit diesen Modellen nicht erklären lassen.

3. ▤ Stelle dar, warum ein Stadtplaner auf die Verwendung von Modellen nicht verzichten kann.

Preisbildung am Markt

Das Unternehmen verkauft seinen Kundinnen und Kunden Waren und Dienstleistungen zu einem bestimmten Preis. Die Höhe der Preise hat Einfluss darauf, in welchem Maße die privaten Haushalte mit ihren Mitteln ihre Bedürfnisse befriedigen können. Wie kommt nun dieser Preis zustande?

Man kann generell davon ausgehen, dass die Nachfrager gerne einen möglichst niedrigen Preis zahlen möchten und das Unternehmen gerne einen möglichst hohen Preis setzen möchte. Wer kann sich durchsetzen? Kann das Unternehmen den Preis setzen, der für ihn am attraktivsten ist?

Mit diesen Fragen beschäftigst du dich auf den folgenden Seiten. Erste Überlegungen dazu kannst du dir jetzt schon machen:

B **Fall 1**: Stell dir vor, du bist der einzige Döner-Verkäufer bzw. die einzige Döner-Verkäuferin in einem Dorf. Der Döner kostet bei dir 4,00 €.
Fall 2: Nun bekommst du Konkurrenz, weil ein weiterer Dönerverkäufer einen Laden eröffnet. Er bietet Döner für 3,50 € an.

Aufgabe: Beschreibe, was du erwartest:
In Fall 1: Wie entscheiden die Kundinnen und Kunden?
In Fall 2: Wie reagieren die Kundinnen und Kunden auf die Konkurrenz? Was machst du darauf hin? Wie reagiert die Konkurrenz dann wieder? Wie reagierst du dann wieder? Etc.

Fasse zusammen: Bis zu welchem Preis gehst du im ersten Fall ‚runter'? Bis zu welchem Preis gehst du im zweiten Fall ‚runter'? Erläutere jeweils die Beweggründe. Gehe dabei jeweils darauf ein, wie die Kunden reagieren.

■

► Döner

Im ersten Fall können wir von einem Monopol sprechen, im zweiten Fall von einem Polypol. Dies sind schon die wichtigsten Grundüberlegungen. Jetzt geht es an die Detailarbeit. Dafür setzt du dich auf den folgenden Seiten genauer damit auseinander, wie man erklären kann, wie Preis auf Märkten gebildet werden.

Monopol
auf dem Markt gibt es nur einen Anbieter; die Verbraucher können nicht zwischen mehreren Anbietern wählen.

Polypol
auf einem Markt gibt es sehr viele Anbieter, zwischen denen die Verbraucher wählen können.

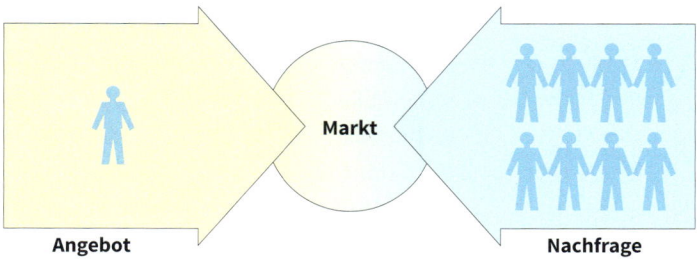
1328WX

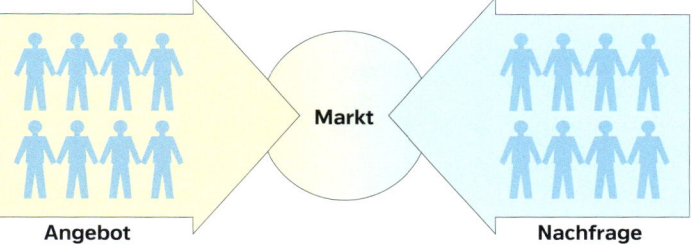
1329WX

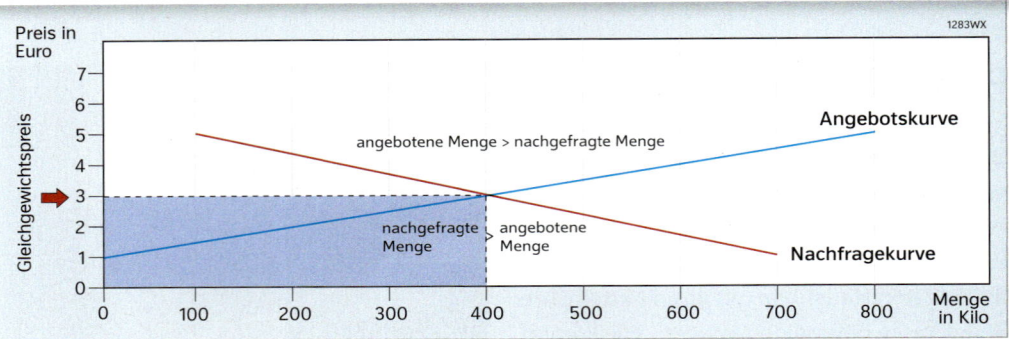

Gleichgewichtspreis
‚angebotene' und ‚nachgefragte' Menge halten sich die Waage. Man sagt: Zu diesem Preis wird der Markt geräumt.
Angebot
= angebotene Menge
Nachfrage
= nachgefragte Menge

Preis in Euro	Ange-botene Menge	Nachge-fragte Menge
1,00	0	700
2,00	200	550
3,00	400	400
4,00	600	250
5,00	800	100

Preisbildung bei Wettbewerb: Das Modell

Grundannahmen

Ein Modell soll deutlich machen, wie im Idealfall die Preisbildung am Markt erfolgt:

1. In unserem Modell gibt es viele Anbieter, die sich Konkurrenz machen, also im Wettbewerb miteinander stehen. Es gibt aber auch viele Nachfrager. **Keiner** kann deshalb den Markt **allein beherrschen**.
2. Die Nachfrager wollen zum günstigsten Preis kaufen, die Anbieter einen möglichst hohen Gewinn erzielen.
3. Sowohl die Anbieter als auch die Nachfrager wissen genau, zu welchen Preisen auf dem Markt Produkte angeboten werden. Für alle Marktteilnehmer herrscht also **vollkommene Marktübersicht**.
4. Die auf dem Markt angebotenen Produkte haben alle die **gleiche Qualität**. Deshalb wählen die Nachfrager die Produkte allein nach der Höhe des Preises aus.
5. Weder Anbieter noch Nachfrager bevorzugen aus persönlichen, räumlichen oder zeitlichen Gründen einen Marktpartner. Freundschaften, Ortsnähe und Zeitdruck spielen also für die Wahl des Anbieters oder des Nachfragers keine Rolle (**keine Bevorzugung**).

Wenn diese Annahmen gelten, dann bestimmen **Angebot und Nachfrage den Preis**.

Preisbildung im Modell – Die Nachfrage

Wenn Konsumenten sich so verhalten, wie das Modell vorhersagt, welche Entscheidung treffen sie dann?

Allgemein sagt man: Hat ein Produkt einen hohen Preis, so wird wenig davon gekauft, bei einem niedrigen Preis dagegen viel.

Trägt man in einer Grafik (siehe oben) die Menge der Produkte und den Preis ein, dann ergibt sich die Nachfragekurve. Die Nachfragekurve zeigt ein wichtiges „Wirtschaftsgesetz", **das Gesetz der abnehmenden Nachfrage:** Je höher der Preis, desto geringer die nachgefragte Menge.

Welche weiteren Vorhersagen über die Nachfrage auf Märkten lassen sich in diesem Fall noch treffen?

– wenn das Einkommen steigt, steigt gewöhnlich die Nachfrage nach einem Gut.
– wenn die Bedürfnisse sich verändern, verändert sich die Nachfrage nach einem Gut.
– durch Werbung oder den Einfluss von Peergroups kann sich die Nachfrage nach dem beworbenen Gut erhöhen.

1. Diskutiere in Bezug auf folgende Sachgüter/Dienstleistungen, ob diese Vorhersagen für deine eigene Nachfrage stimmen: Smartphone, Schulhefte, Friseurbesuch.

2. Suche nach Gütern, für die du Preisvergleiche im Internet findest. Analysiere, wie solche Preisvergleiche dein Kaufverhalten verändern.

Preisbildung im Modell – das Angebot

Betrachten wir nun das Angebot. In dem Beispiel des Döner-Verkäufers (S. 43) habt ihr festgestellt: Das Unternehmen muss bedenken, dass es mit dem Preis, zu dem es seine Güter verkauft, zumindest auf Dauer seine Produktionskosten deckt.

Da die Kosten bei der Produktion steigen, je mehr produziert wird, gilt: Das Angebot steigt mit dem Preis. Die Angebotskurve ergibt sich aus der Kostensituation des Unternehmens. Jeder Anbieter ist bereit, für einen hohen Preis mehr Produkte anzubieten als für einen niedrigen.

Was sagt nun das Modell voraus: Welcher Preis wird enstehen? Nach dem Modell wird sich der Preis einstellen, zu dem genauso viel nachgefragt wie angeboten wird. Wenn man das grafisch darstellt: An dem Punkt, an dem sich die (fallende) Nachfragekurve und die (steigende) Angebotskurve schneiden, liegt der sog. Gleichgewichtspreis.

Wieso nennt man diesen Preis Gleichgewichtspreis? Weil er „stabil" ist. Zwar würden die Unternehmen gerne einen höheren Preis durchsetzen und die Konsumenten gerne einen niedrigeren, aber beides lässt sich nicht stabil durchsetzen. Denn:
Liegt der Preis oberhalb des Gleichgewichtspreises, würde mehr angeboten, aber weniger nachgefragt werden (Angebotsüberschuss). Der Preis würde also auf den Gleichgewichtspreis sinken. Ist dagegen der Preis niedriger als der Gleichgewichtspreis, würde mehr nachgefragt, aber weniger angeboten. Der Nachfrageüberhang würde den Preis nach oben drücken.

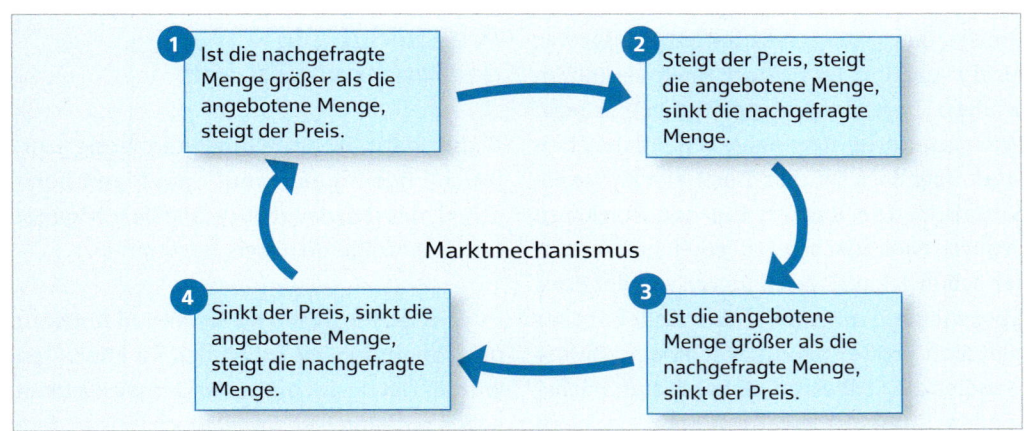

► Diesen Mechanismus kann man in vier Regeln fassen.

3. Beantworte mithilfe der Tabelle auf S. 44 und der Abbildung zum Marktmechanismus folgende Fragen:
  a) Wie kommt der Gleichgewichtspreis zustande?
  b) Was ist ein Angebotsüberschuss? Welche Folgen hat er für den Preis?
  c) Was ist ein Nachfrageüberhang? Welche Folgen hat er für den Preis?

4. Beantworte die Fragen aus Aufgabe 3 mithilfe des Preis-Mengen-Diagramms auf S. 44.

5. Begründe: Wer setzt nach dem Modell der Preisbildung bei Wettbewerb den Preis fest?

▶ Auf dem Wochenmarkt   ▶ Spargelernte   ▶ Fußballstadion

Wie der Marktmechanismus im Idealfall funktioniert

Dass es einen Preismechanismus gibt, kann man gelegentlich sogar an einem Tag beobachten:

B Als die ersten Erdbeeren im Frühsommer auf den Markt kamen, drängten sich die Käufer vor den Ständen. Alle versuchten, ein Körbchen zu bekommen. Die Marktverkäufer merkten, dass die Nachfrage trotz des hohen Preises, den sie angesetzt hatten, größer war als ihr Angebot. Da sie noch mehr verkaufen wollten, bestellten sie telefonisch frische Ware und erhöhten den Preis, nicht eben stark, aber doch spürbar. Doch jetzt kippte die Situation: Die Käufer, die den stärksten Wunsch nach frischen Erdbeeren hatten, hatten schon gekauft, den anderen war der Preis überwiegend zu hoch – das Angebot war plötzlich größer als die Nachfrage. Da die Händler die Erdbeeren nicht bis zum nächsten Markttag aufbewahren konnten, blieb ihnen nichts anderes übrig, als die Erdbeeren preiswerter anzubieten. ▪

Auch auf anderen Märkten kann man den Preismechanismus wirken sehen.

B Die Spargelernte ist in einer Region in einem Jahr wegen ständigem Regen schlecht ausgefallen. Von den regionalen Spargelbauern wird der Spargel teuer verkauft. ▪

B Der Fußballverein der Stadt steht kurz vor dem Aufstieg in die erste Bundesliga. Das entscheidende Spiel möchten auch Personen miterleben, die sich sonst nicht so sehr für Fußball interessieren. Der Preis für die Karten auf dem Schwarzmarkt steigt an. ▪

Preisbildung in der Marktwirklichkeit

Bisher habt ihr am Modell kennengelernt, welche Bedingungen auf dem Markt herrschen müssen, damit ausschließlich Angebot und Nachfrage den Preis bestimmen.

Es wäre schön, wenn die Regel von Angebot und Nachfrage wie im Modell funktionieren würde. Doch leider ist es in der Wirklichkeit selten so, denn hier spielen noch viele andere Dinge eine Rolle, die man berücksichtigen muss.
– Anbieter und Nachfrager haben oft persönliche Gründe, ihre Geschäfte mit dem einen oder anderen Partner zu machen.
– Oft sind örtliche Gegebenheiten wichtig, wie z. B. die Erreichbarkeit eines Geschäftes oder die Fahrtzeit dahin.

---

1. Erkläre mit eigenen Worten den Marktmechanismus.

2. Erläutere, wieso sich die Preise in den verschiedenen Beispielen verändern.

► Dorfladen ► Geschäfte unter Kegelbrüdern ► Riesige Auswahl

– Viele Menschen kaufen unter Zeitdruck und können so keine aufwendige Auswahl treffen.
– Es gibt nur einen oder wenige Anbieter auf dem Markt (siehe S. 48).
– Die Nachfrager haben eine mangelnde Übersicht über das Angebot.

Die Regel, dass Angebot und Nachfrage den Preis bestimmen, ist deshalb nicht die Regel, sondern häufig die Ausnahme.

Sie zeigt dennoch wichtige wirtschaftliche Zusammenhänge auf. Denn es gibt viele Fälle, in denen Unternehmen in ihren Entscheidungen beachten müssen, was die Konkurrenz macht und nicht einfach den hohen Preis setzen können, der für sie am besten wäre.

B Frau Berger will einen Kuchen backen, weil sich unerwartet Besuch angemeldet hat. Sie stellt fest, dass sie kein Mehl hat. Bergers wohnen auf dem Dorf. Im einzigen Geschäft am Ort ist das Mehl aber viel teurer als im Supermarkt in der zwölf Kilometer entfernten Kreisstadt. Frau Berger kauft trotzdem im Ort. ■

B Familie Hörster will sich zu Weihnachten einen neuen DVD-Spieler leisten. Kegelbruder Franz, ein Freund von Herrn Hörster, besitzt ein Elektrogeschäft. Bei ihm ist das Gerät, das sich Herr Hörster ausgesucht hat, aber 50 Euro teurer als bei der Konkurrenz. Frau Hörster möchte dieses Geld sparen. Dazu Herr Hörster: „Das kann ich doch nicht machen. Was meinst du wohl, wie Franz guckt, wenn er zu uns kommt?" ■

B Herr Steinmann möchte ein neues Fahrrad kaufen. Er steht ratlos beim Fahrradhändler. Die verschiedenen Marken, die technischen Besonderheiten, die unterschiedlichen Materialien, Ausstattung, Zubehör und die Preisspannen machen es ihm schwer, eine Wahl zu treffen. „Wer findet da noch durch?", stöhnt er und überlegt, was er tun kann. ■

3. ▮ Erläutere, welche Gründe Frau Berger für ihr Verhalten hat. Beschreibe, inwiefern Frau Berger sich anders verhält als das Modell es in seinen Grundannahmen (S. 44) vorhersieht.

4. ▮ Analysiere, ob das Modell der Preisbildung bei Wettbewerb auch diesen Fall beschreibt.

5. ▮ Analysiere auch die Beispiele mit Familie Hörster und Herrn Steinmann. Beschreibe, inwiefern jeweils die Grundannahmen des Modells (S. 44) verletzt sind und diskutiere, ob das Modell der Preisbildung bei Wettbewerb auch diese Fälle beschreibt.

Die Macht des Monopolisten

In den bisherigen Beispielen standen Unternehmen miteinander im Wettbewerb. Alle Unternehmen müssen dabei beachten, was die Konkurrenz macht. Sie versuchen, deren Preise zu unterbieten oder ihre Produkte so zu gestalten, dass die Konsumenten lieber bei ihnen kaufen als bei der Konkurrenz.

Solche Märkte sind angenehm für die Konsumenten, weil sie zwischen verschiedenen Angeboten auswählen können und weil dadurch die Preise auf einem niedrigen Niveau gehalten werden. Das heißt, dass die Unternehmen zu diesen Preisen zwar ihre Kosten decken können, aber keinen hohen Gewinn abschöpfen.

Unangenehmer für die Konsumenten sind Märkte, auf denen ein Unternehmen sich überhaupt nicht oder nicht so stark an der Konkurrenz orientieren muss. Im schlimmsten Fall, weil es nur ein Unternehmen am Markt gibt. Das nennt man ein Monopol.

In diesem Fall kann das Unternehmen einen hohen Preis durchsetzen, der ihm einen hohen Gewinn beschert. Die Konsumenten können sich nur entscheiden, ob sie bereit sind, diesen hohen Preis zu bezahlen, oder ob sie ganz auf den Kauf des Produktes verzichten.

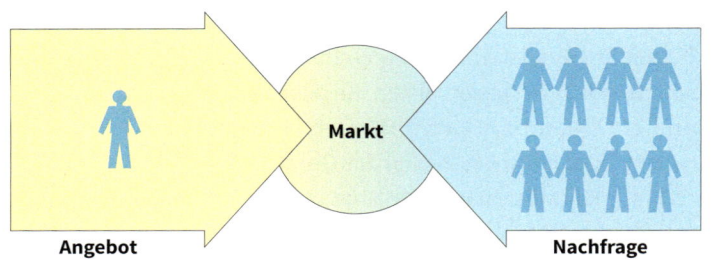

Angebot   Markt   Nachfrage

1328WX

Bahn rechnet mit 40 Millionen Euro Einbuße durch Fernbusse

Die Deutsche Bahn spürt die neue Konkurrenz durch Fernbusse. Der Konzern rechnet damit, dass ihm 2013 Fahrgeldeinnahmen in Höhe von 40 Millionen Euro entgingen, weil Bahnkunden auf den Bus umstiegen [...].
Ein Drittel der Fernbus-Jahreseinnahmen von rund 120 Millionen Euro komme von Kunden, die eigentlich mit dem Zug gefahren wären.
Der deutsche Fernbusmarkt war zum 1. Januar 2013 geöffnet worden. Seitdem dürfen private Anbieter im gesamten Bundesgebiet Linienverbindungen zwischen Städten anbieten. [...]

Quelle: www.faz.net/aktuell/wirtschaft/wettbewerb-bahn-rechnet-mit-40-millionen-euro-ein-busse-durch-fern-busse-12861535.html, Zugriff 06.02.2017

1. Nennt Märkte, an denen ihr selbst teilnehmt, auf denen Wettbewerb zwischen den Anbietern herrscht.

2. Fallen euch auch Beispiele für Monopolmärkte ein?

3. Welche Auswahlmöglichkeiten hatten Konsumenten vor der Öffnung des Marktes für Fernbusse zur Verfügung, welche nach der Öffnung? Welche Auswirkung hatte das auf die Deutsche Bahn?

4. Beschreibe, wer im Fall eines Monopols den Preis festsetzt.

Die Wirkung von Wettbewerb

Das Beispiel der Deutschen Bahn auf der vorhergehenden Seite zeigt: Es macht für Unternehmen einen Unterschied, ob sie mit anderen Unternehmen um Kunden konkurrieren müssen oder nicht. Wenn die Kunden zu anderen Anbietern wechseln können, muss das Unternehmen überlegen: Was kann ich tun, damit die Kunden am liebsten bei mir einkaufen?

Da gibt es verschiedene Möglichkeiten:
– Es kann sein Produkt, so verändern, dass die Kunden lieber dieses Produkt kaufen als das der Konkurrenz (z. B. mit schickerem Design).
– Sie können den Preis senken, sodass er niedriger ist als bei der Konkurrenz. Dafür müssen aber vielleicht die Kosten gesenkt werden.
– Es kann überlegen, ob es ganz andere Produkte herstellt, die die Konsumenten lieber haben wollen, oder die Produkte anders herstellt, sodass die Herstellung billiger wird.

Der Wettbewerb hat folglich mehrere Aufgaben:
– Anbieter orientieren sich bei ihren Produkten an den Wünschen der Konsumenten: Wer die Kunden am besten zufrieden stellt, ist im Vorteil.
– Wettbewerb verhindert, dass ein Anbieter zu hohe Preise durchsetzen kann: Einer passt auf den anderen auf.
– Die Arbeitskraft und die Mittel, die für die Produktion nötig sind, werden dort eingesetzt, wo sie am meisten gebraucht werden.
– Das Erfinden neuer Produkte wird angeregt: Jeder Wettbewerber versucht, mit neuen Ideen einen Vorsprung zu erlangen.

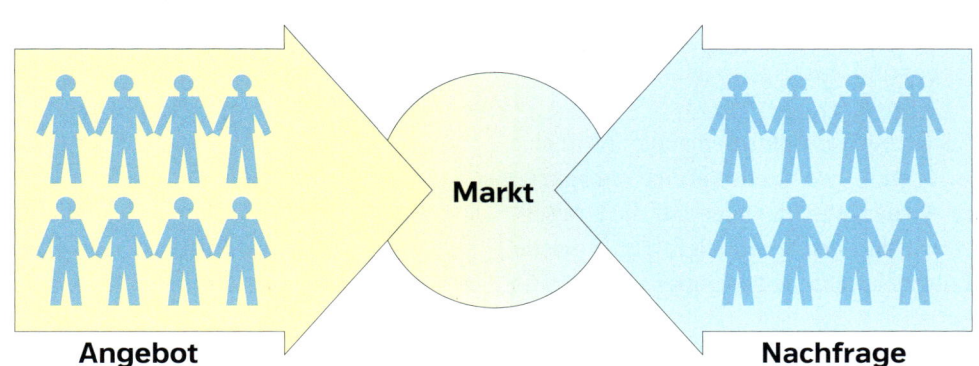

Angebot   Markt   Nachfrage

1329WX

1. Am 2. Januar 2013 verkündete der Vorstand der Deutschen Bahn AG, dass es Überlegungen gibt, den Service in den ICE-Zügen zu erweitern. Z. B. könnte in allen ICE-Zügen kostenloses W-LAN angeboten werden, und es gibt zukünftig noch mehr Sparangebote. Begründe, woran es liegt, dass die Deutsche Bahn diese Strategie entwickelt.

2. Diskutiert: Welche Macht haben Verbraucher bei Wettbewerb, welche bei einem Monopol?

▶ Straßenbeleuchtung

Wenn kein Markt zustande kommt

Wir haben bisher Märkte betrachtet, auf denen Nachfrage und Angebot aufeinandertreffen. So kommt der Preis zustande. Gut für die Konsumenten ist es, wenn die Unternehmen sich Mühe geben müssen, damit die Kunden bei ihnen kaufen. Dann ist der Preis am niedrigsten. Nicht so angenehm ist der Monopolfall, denn da ist der Preis deutlich höher.

Allerdings kann es auch sein, dass es nicht funktioniert, dass überhaupt ein Markt mit Angebot und Nachfrage zustande kommt.

B Stellt euch vor, eine Gemeinde würde sich überlegen, in welchem Bereich sie sparen kann. Bisher zahlt die Gemeinde die Straßenbeleuchtung. Jetzt kommt der Bürgermeister auf die Idee, dass die Bewohner einer Straße selber die Straßenbeleuchtung bezahlen sollen. Das wird so beschlossen.

Nun ist es mit der Straßenbeleuchtung so: Wenn die Lampe leuchtet, dann bringt sie Licht für jeden, der daran vorbei läuft – ob er dafür bezahlt hat oder nicht. Da jeder frei ist, durch die Straßen zu gehen, können also auch alle die, die nicht dafür bezahlt haben, durch die erleuchtete Straße gehen.

Vertreter der Gemeinde machen nun eine Umfrage, welche Einwohner sich an der Finanzierung der Straßenbeleuchtung beteiligen. Zu ihrer großen Verwunderung erklärt sich niemand bereit, für die Finanzierung zu bezahlen.

Alle sagen, dass ihnen die Straßenbeleuchtung sehr wichtig ist. Es ist aber niemand bereit, dafür zu zahlen, und die Straßen drohen nun nachts dunkel zu bleiben. ∎

INFO

Öffentliches Gut

In diesem Fall spricht man von einem ,öffentlichen Gut'. Ein öffentliches Gut liegt dann vor, wenn niemand von der Nutzung des Gutes ausgeschlossen werden kann und wenn es keinen Unterschied macht, ob eine Person oder mehrere Personen das Gut nutzen.

Weitere Beispiele: Das Licht eines Leuchtturms, die frische Luft in einer Stadt.

1. Nehmt das ökonomische Prinzip vom Anfang des Kapitels zu Hilfe: Könnt ihr euch erklären, warum die Einwohner nicht bereit sind, sich an der Finanzierung der Straßenbeleuchtung zu beteiligen, auch wenn dann die Straßen nachts dunkel bleiben?

2. Der Gemeinderat hat zwei Ideen: Er macht eine anonyme Umfrage, wer bereit ist, sich zu beteiligen. Wenn hier 50 % der Gemeinde zusagen, dann gibt der Gemeinderat eine Kontonummer an, auf der die Beträge von Freiwilligen bezahlt werden können. Oder sie erlassen einen Beschluss, dass jeder in der Gemeinde für die Straßenbeleuchtung zahlen muss.
Welche Lösung, glaubt ihr, wird funktionieren? Begründet eure Meinung.

3. Überlegt euch weitere Beispiele, die man als „öffentliche Güter" beschreiben kann.

▶ Im Tanzstudio   ▶ Wasserverschmutzung   ▶ Belästigung durch Rauch

Wenn der Markt nicht alle Kosten berücksichtigt

Auf der vorangehenden Seite habt ihr ein Beispiel bearbeitet, bei dem der Markt nicht zustande kommt, weil die Nachfrager nicht bereit sind, entsprechend ihren Wünschen auch zu bezahlen.

Es gibt weitere Fälle, bei denen der Markt nicht gut funktioniert: Stellt euch vor, ihr wollt auf einem Flohmarkt alte Bücher und DVDs verkaufen. Direkt neben euch steht eine Würstchenbude und der Qualm des Grills zieht die ganze Zeit direkt zu euch. Weil euer Stand so eingeräuchert wird, möchte niemand länger bei euch stehen bleiben und sich eure Auslage ansehen. Der andere Stand beeinträchtigt mit seiner Aktivität eure Ver-

kaufsmöglichkeiten, ohne dass er dafür zur Rechenschaft gezogen würde.

Solche Beispiele gibt es viele: Fabriken, die die Flüsse verschmutzen und so die Fischzüchter am gleichen Fluss belasten, ein Tanzstudio, in dem die Musik so laut läuft, dass sich die Kunden des Massagesalons nebenan gestört fühlen und lieber zu einem anderen Salon wechseln.

INFO

Negative Externalitäten

In diesem Fall spricht man von negativen Externalitäten: die Handlungen eines Anbieters haben einen negativen Einfluss auf den Verkauf eines anderen Anbieters, ohne dass er die Kosten dafür trägt.

extern
außerhalb

1. Fallen euch weitere Beispiele ein? Überlegt euch dabei jeweils: Was sind die Güter, die die beiden Anbieter verkaufen, und wie beeinträchtigt der eine den anderen?

2. Zurück zu dem Flohmarkt-Beispiel: Ihr habt zwei Ideen, wie ihr mit dem Problem umgehen könnt: Entweder ihr redet mit der Besitzerin der Würstchenbude und bittet sie, zumindest in der kommenden Woche einen Dunstabzug zu installieren. Dies wäre mit Kosten für die Besitzerin verbunden. Oder ihr wendet euch an die Organisatoren des Flohmarktes und ruft sie dazu auf, für eine Lösung des Problems zu sorgen.
Welche Lösung, glaubt ihr, wird funktionieren? Welche Möglichkeiten hätten die Flohmarkt-Organisatoren zur Lösung des Problems? Begründet eure Meinung.

▸ Supermarkt

▸ Gaststätte

▸ Straßenverkehr

▸ Autokauf

▸ Berufsausbildung

▸ Zeitschriftenkauf

Gesetzliche Regelungen beim Kauf

Dort, wo Menschen zusammenleben, werden Regeln für dieses Zusammenleben benötigt. Im wirtschaftlichen Bereich gibt es eine Fülle von rechtlichen Regelungen. Davon lernt ihr auf den folgenden Seiten einige kennen.

Von der Wiege bis zur Bahre – von der Geburt an und schon sogar vor der Geburt werden wir von rechtlichen Regelungen begleitet. Was dürfen wir tun, was nicht – welche Rechte, welche Pflichten haben wir dadurch, dass Menschen mit Menschen zusammenleben und es deshalb Regelungen geben muss, die dieses menschliche Zusammenleben unterstützen, vereinfachen. Manchmal glauben wir zwar, dass rechtliche Regelungen uns alle erdrücken, dennoch würden wir sehr schnell schmerzhaft erfahren, wie schutzlos ein jeder ohne eine solide Rechtsordnung wäre.

1. Erstellt in Gruppenarbeit eine Tabelle mit den euch bekannten rechtlichen Regelungen (Rechte und Pflichten), die sich auf folgende Lebenssituation beziehen:
   a) Einkauf im Supermarkt
   b) Besuch einer Gaststätte

▶ Linksverkehr in London

Regeln im Wirtschaftsleben

Überall gibt es Regeln

B In Großbritannien gibt es Linksverkehr. Auf dem europäischen Kontinent herrscht aber Rechtsverkehr. Ein Engländer muss sich in Berlin, Stuttgart usw. dem Rechtsverkehr anpassen, will er sich und andere nicht in Gefahr bringen. Ein Stuttgarter wiederum muss sich in London unbedingt an den Linksverkehr anpassen, da er, aber auch andere Verkehrsteilnehmer, nur so eine Chance haben, ohne gesundheitliche Schäden ihr Ziel zu erreichen. Der schlimmste Fall würde dann entstehen, wenn zugleich Rechts- und Linksverkehr zugelassen wäre. Chaos und Verkehrsstillstand wären das Ergebnis. ■

Jedes menschliche Zusammenleben in der Familie, im Sport, im Straßenverkehr usw. erfordern, dass gewisse Spielregeln eingehalten werden. Es muss also eine gewisse Ordnung herrschen, nur so kann sichergestellt werden, dass die Menschen ihre Ziele erreichen. Das gilt erst recht für die Wirtschaft. Viele Beispiele zeigen, wie hilfreich es für den wirtschaftlichen Alltag ist, dass es rechtliche Regelungen gibt. Gäbe es keine Regelungen, z. B. für das wirtschaftliche Geschehen, würde bei allen Beteiligten große Unsicherheit herrschen, denn keiner wüsste, woran er ist.

Nehmen wir Folgendes an: Ihr habt ein Produkt gekauft und stellt nach dem Kauf fest, dass es einen Schaden hat. Was jetzt? Gäbe es keine Rechtsvorschriften für diesen Fall, hättet ihr eben Pech gehabt. So gibt es aber eine Gewährleistungspflicht des Verkäufers. Sie gilt zwei Jahre: Ein fehlerhaftes Produkt muss entweder zurückgenommen oder ausgebessert werden. Mit diesem und anderen Beispielen rund um das Thema „Kauf" beschäftigt ihr euch auf den folgenden Seiten.

▶ Gewährleistung: Recht auf Rückgabe

Kaufvertrag: Rechte und Pflichten der Konsumenten

Was sind eure Rechte und Pflichten, wenn ihr etwas einkauft?

PETER UND DAS SMARTPHONE

Peter, 16 Jahre, möchte von seinem Weihnachtsgeld ein Smartphone kaufen. Im Handyladen wird er von dem Berater, Herrn Müller, prüfend angeschaut, ob er in seinem Alter das denn schon alles darf?

Mit seinen 16 Jahren wird er doch alt genug sein, um ein Smartphone für 70 Euro von seinem Taschengeld zu kaufen? Und gleichzeitig einen Handyvertrag abzuschließen, oder?

Ratlos schaut Peter Herrn Müller an. Dieser beruhigt ihn und erklärt ihm, dass er beim Kauf des Smartphones einen Kaufvertrag abschließen würde und was dabei zu beachten ist. ■

Was ist ein Kaufvertrag?

Beim Kaufvertrag gibt es zwei Partner, den Käufer (hier: Peter) und den Verkäufer (hier: Herr Müller).

Der Verkäufer (Herr Müller) stellt ein Angebot an den Käufer (Peter), ein Smartphone zu kaufen. Peter nimmt das Angebot an.

Peter und Herr Müller haben damit jeweils eine Willenserklärung abgegeben. Peter möchte ein Smartphone kaufen, Herr Müller möchte ein Smartphone verkaufen. Auf diese Weise sind zwei übereinstimmende Willenserklärungen abgegeben worden.

1. Phase des Kaufvertrages: Zwei übereinstimmende Willenserklärungen

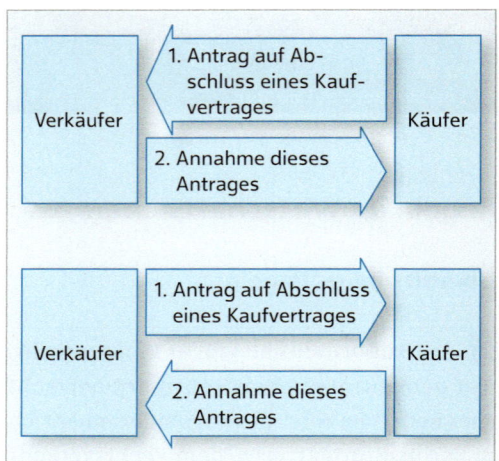

2. Phase des Kaufvertrages: Die Willenserklärungen müssen eingehalten werden.

Käufer (Peter) und Verkäufer (Herr Müller) haben den versprochenen Willen nun auch zu erfüllen. Das heißt, dass Herr Müller das Smartphone an Peter liefert. Peter hat die Pflicht, die Ware zu bezahlen. Dadurch ist ein Kaufvertrag zustande gekommen.

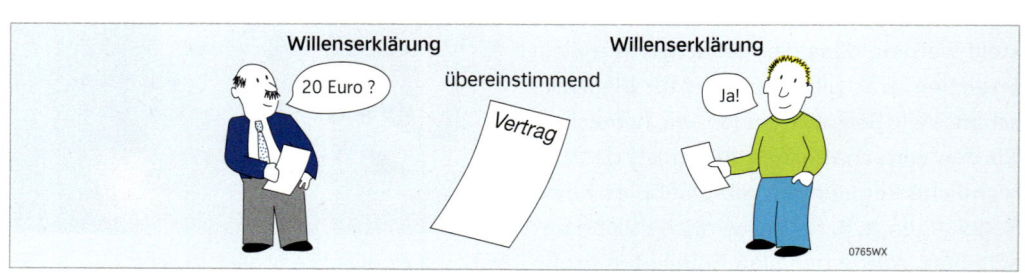

Rechtliche Regelungen von Verträgen

Damit er keine Überraschungen erlebt, schaut Peter sich auch den Kaufvertrag genau an. Ein Kaufvertrag hat folgende Merkmale:

– Vertragsfreiheit/Kauffreiheit:
  Es muss eine freie Entscheidung sein, ob eine Ware gekauft wird oder nicht.

– Form des Kaufvertrages:
  Der Vertrag kann mündlich, schriftlich oder formlos erfolgen.

Durch den Kaufvertrag erwirbt Peter auch Rechte, falls die Ware mangelhaft sein sollte. Besonders wichtig sind die Folgenden:

Gewährleistung
Durch eine Gewährleistung, die der Verkäufer durch den Kaufvertrag übernommen hat, muss Herr Müller für einen Mangel an der Ware einstehen. Die Gewährleistung beträgt in der Regel zwei Jahre.

Nacherfüllung
Peter hat das Recht auf Nacherfüllung. Ist das Smartphone z. B. defekt, kann er eine Neu- oder Ersatzlieferung verlangen. Oder Herr Müller beseitigt den Schaden oder repariert diesen (Nachbesserung).

Rücktritt vom Vertrag
Erst wenn die Nacherfüllung zweimal fehlgeschlagen ist, bzw. das Smartphone zweimal vergeblich repariert wurde, kann Peter vom Vertrag zurücktreten. Peter erhält dann den Kaufpreis zurück.

Minderung des Kaufvertrages
Alternativ kann Peter aber auch eine Minderung des Kaufvertrages verlangen, falls er das Smartphone selbst reparieren kann.

Garantie
Im Unterschied zur Gewährleistung, die gesetzlich vorgegeben ist, gibt es auch Verkäufer, die eine Garantie aussprechen. Eine **Garantie** ist eine freiwillige Leistung des Händlers, z. B. Sachmängel in einem benannten Zeitraum zu beheben. Die Garantiedauer bestimmt der Händler selbst.

Für den Fall, dass der Händler keine Garantie gewährt, gelten zumindest noch die Allgemeinen Geschäftsbedingungen (AGB).

INFO

AGB

Die Allgemeinen Geschäftsbedingungen, kurz AGB, sind vorformulierte Vertragsbedingungen, die allgemein für alle Verträge/Lieferungen und Leistungen gelten. In den AGB stehen Informationen zum Kaufvertrag, zu Preisen oder zum Datenschutz. Auch die Gewährleistung ist darin geregelt. Die AGB muss ein Käufer beim Kaufvertrag akzeptieren, bzw. akzeptiert diese automatisch, falls er Ware direkt in einem Geschäft kauft.

Widerrufsrecht
Für Käufe im Internet gibt es außerdem noch das 14-tägige Widerrufsrecht. Verbraucher können innerhalb von 14 Tagen den Kaufvertrag ohne Angabe von Gründen widerrufen. Ausnahmen sind z. B. Maßanfertigungen.

---

1. Benenne die beiden Phasen des Kaufvertrages. Erkläre mit eigenen Worten die Merkmale der beiden Phasen und stelle den Unterschied heraus.

2. Erkläre den Unterschied zwischen Gewährleistung und Garantie.

3. Zähle auf, welche Rechte der Käufer beim Kaufvertrag hat. Beschreibe die einzelnen Rechte.

Die Geschäftsfähigkeit

Peter fühlt sich gut informiert und ist sicher, die richtige Entscheidung zu treffen. Doch damit nicht genug. Er erfährt, dass man einen Kaufvertrag nur ab einem bestimmten Alter abschließen darf. Und hat er dafür schon das passende Alter?

Was ist in welchem Alter erlaubt?

Kinder und Jugendliche sind durch die gesetzlichen Regelungen des Jugendschutzes geschützt. Man spricht von „Geschäftsfähigkeit". Kinder unter 7 Jahren dürfen keine Geschäfte abschließen, von 7 bis 18 Jahren sind sie beschränkt geschäftsfähig. Erst mit dem 18. Geburtstag haben Personen die volle Geschäftsfähigkeit. Peter kann sich das Smartphone kaufen, denn er ist beschränkt geschäftsfähig. Für ihn gilt außerdem der sogenannte Taschengeldparagraf. Leider darf er den Mobilfunkvertrag für das Smartphone nicht selbst abschließen, dazu müsste er voll-

jährig sein. Er kann lediglich seine Eltern darum bitten.

INFO

Geschäftsfähigkeit

Die Geschäftsfähigkeit bezeichnet die Fähigkeit, Rechtsgeschäfte selbst vorzunehmen. Es sind verschiedene Arten von Geschäftsfähigkeiten zu unterscheiden (s. Grafik).

INFO

Taschengeldparagraf

Ein von Kindern und Jugendlichen getätigter Kauf ist auch ohne Zustimmung der Erziehungsberechtigten rechtswirksam, solange das Kind den Kaufpreis mit den Mitteln bezahlen kann, die ihm zur freien Verfügung von den Erziehungsberechtigten überlassen wurden.

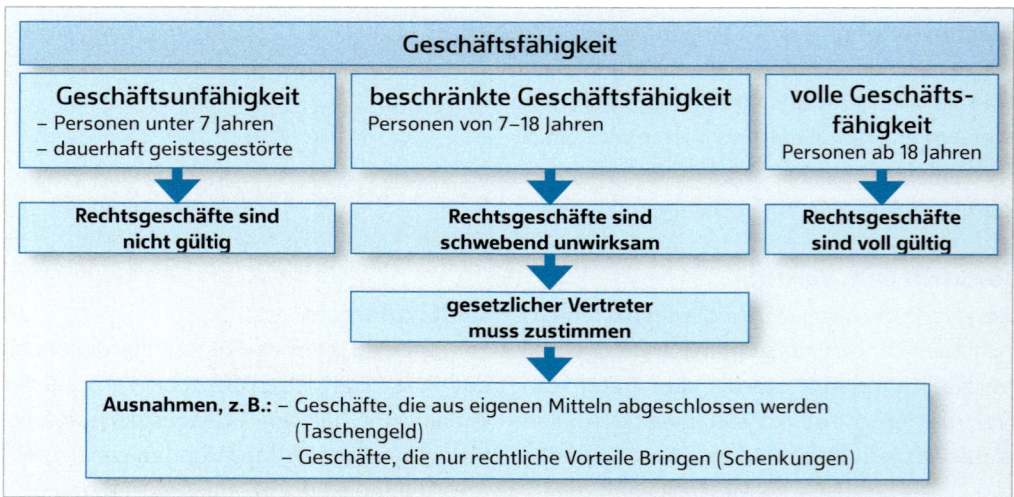

1. Benenne die verschiedenen Arten der Geschäftsfähigkeit.

2. Vergleiche die volle mit der beschränkten Geschäftsfähigkeit. Stelle den wesentlichen Unterschied heraus.

3. Erläutere: Können Kinder und Jugendliche dennoch mit ihrem Taschengeld eigenständig etwas einkaufen?

▶ Lilly erschrickt beim Spielen

Geschäftsfähigkeit im Internet

Im Internet gibt es viele Möglichkeiten, etwas zu kaufen. Da kann es passieren, dass Kinder und Jugendliche unüberlegt handeln. Was sind die Rechte und Pflichten?

B Lilly, 15, hat sich ein kostenloses Spiel auf ihr Handy geladen. Das Spiel macht richtig Spaß und in kurzer Zeit hat sie den nächsten Level erreicht. Nach einer Weile erscheint eine Nachricht:

> Spiele weiter für
> **9 Gold**

Da sie Feuer gefangen hat, klickt sie den ‚Spiele weiter für 9 Goldbarren'-Button. Sie erhält den Hinweis, dass über die Telefonrechnung abgerechnet wird.

Lilly tätigt während dem Spiel mehrmals solche In-Game-Käufe. Kurze Zeit später kommt das böse Erwachsen: Ihr Prepaid-Handy, auf das sie erst gestern ein Guthaben von 20 EUR geladen hat, ist leer. Weinend geht Lilly zu ihrem Vater: So viel Geld wollte sie gar nicht ausgeben. Kann er ihr helfen? ■

▶ Online-Shopping

1. ▦ Lillys Vater schickt eine SMS an die Firma des Free2play-Spiels und fordert sie auf, den Betrag sofort zu erstatten. Bewertet die Erfolgsaussichten. Seht euch dazu auch nochmal die vorangehenden Seiten an.

▶ Information über den Transport von Erdbeeren

▶ Telefonberatung der Verbraucherzentrale

Hilfen bei der Kaufentscheidung

Auf den vergangenen Seiten habt ihr euch mit Rechten und Pflichten beim Kauf beschäftigt. Darüber hinaus möchte der Staat Konsumenten helfen, eine für sie gute Kaufentscheidung zu treffen.

Niemand hat die Zeit, sich vor jedem Einkauf umfassend zu informieren. Dennoch sollte man auf jeden Fall mehrere Angebote vergleichen. Dabei könnt ihr unterschiedliche Informationsquellen nutzen. Ihr könnt sachkundige Bekannte fragen oder euch im Fachhandel beraten lassen. Eure Tageszeitung bietet besonders an Samstagen viele Werbebeilagen von Firmen.

Stiftung Warentest im Internet: www.test.de

Zwei weitere Info-Möglichkeiten sind: Ihr lest in der Zeitschrift „test" die entsprechenden Testergebnisse nach oder ihr lasst euch in einer Verbraucherberatungsstelle beraten.

Verbraucherberatungsstellen sind öffentliche Einrichtungen, bei denen sich jeder Verbraucher kostenlos oder gegen eine geringe Gebühr unparteiisch beraten lassen kann. In den Verbraucherberatungsstellen liegen auch die aktuellen Testergebnisse der Stiftung Warentest aus.

Zu Spezialthemen aus den verschiedenen Bereichen wie Wohnen, Ernährung, Versicherung, Sparen, Umwelt, Rechte des Konsumenten usw. erhält man bei den Verbraucherberatungsstellen Broschüren.

INFO

test

Die Zeitschrift „test" wird von der unabhängigen Stiftung Warentest herausgegeben. Stiftung Warentest lässt fortlaufend alle möglichen Produkte vom Waschmittel bis zum Fernseher durch unparteiische Fachleute und Prüfinstitute prüfen und veröffentlicht die Ergebnisse in „test".

1. ▮ Sammle Fälle aus dem täglichen Leben, in denen die verschiedenen Beratungsbereiche helfen können.

2. ▮ Ermittle die für deinen Wohnort zuständige Verbraucherberatungsstelle mit Anschrift, Telefonnummer und Internetadresse.

→ Starthilfe zu 3:

Geh dabei so planmäßig vor, wie auf S. 34/35 beschrieben.

3. ▮ Beschaffe dir für den Kauf eines Gebrauchsgutes deiner Wahl, z. B. ein Handy, Informationsmaterial und werte es als Entscheidungshilfe aus.

4. ▮ Beurteile: Helfen Verbraucherberatungsstellen dem Konsumenten?

Schutz des Konsumenten durch Produkthaftungs-Regeln

Neben den Verbraucherberatungsstellen gibt es noch andere Wege, wie der Staat die Konsumenten unterstützen möchte.

Zum Beispiel erlässt der Staat Gesetze zur Produkthaftung. Dieses Gesetz besagt, dass der Hersteller bei fehlerhaften Produkten haften muss.

B PRODUKTHAFTUNG

Herr Müller kauft ein Notebook eines bekannten Herstellers. Dieses funktioniert wie gewünscht, allerdings geht das gute Stück nach einer Woche in Flammen auf. Der Grund dafür ist, dass die Akkus fehlerbehaftet waren. Herr Müller geht zum Arzt, weil er Verbrennungen an den Händen und Unterarmen erlitten hat. Das Notebook kann nicht mehr repariert werden, der Schreibtisch ist beschädigt.

Weil Herr Müller vor Gericht beweisen kann, dass die Schuld beim Hersteller liegt, muss der Hersteller Herrn Müllers Schreibtisch ersetzen und ihm Schmerzensgeld zahlen. ▪

Der Konsument wird auch durch Wettbewerb auf dem Markt geschützt

In diesem Kapitel habt ihr euch damit beschäftigt, dass Konsumenten auf Märkten eine wichtige Rolle spielen: Wenn Anbieter im Wettbewerb mit anderen Anbietern die „Nase vorn haben" möchten, müssen sie besonders gut auf die Wünsche der Konsumenten eingehen. Auch dadurch werden die Konsumenten vor einem willkürlichen Verhalten der Unternehmen geschützt. Nun habt ihr noch Möglichkeiten kennengelernt, wie der Staat selbst die Konsumenten bei dieser Rolle unterstützen kann, z. B. indem er Informationen für die Wahl zwischen verschiedenen Anbietern bereitstellt.

---

1. Ist das Gesetz zur Produkthaftung nötig, um die Konsumenten zu schützen? Begründet eure Meinung.

2. Ihr habt gelernt, dass bei Wettbewerb auf den Märkten die Konsumenten eine gewisse Macht haben (S. 45, 49). Ebenfalls habt ihr gelernt, dass sie dafür vollkommene Marktübersicht benötigen (S. 44). Diskutiert vor diesem Hintergrund, welche Aufgaben die Verbraucherpolitik übernehmen soll.

▶ Frau Gröner

▶ Kaffeeplantage

B   Das Café ‚Bohne' liegt in der Fußgängerzone einer Kleinstadt. In der Umgebung gibt es noch weitere Cafés. Die Besitzerin der ‚Bohne', Frau Gröner, hat sich in letzter Zeit viel damit auseinandergesetzt, wie schlecht die Arbeitsbedingungen der Arbeiterinnen und Arbeiter auf vielen Kaffeeplantagen sind. Außerdem werden die Kaffeepflanzen häufig mit Pestiziden besprüht, um Schädlinge zu bekämpfen. Diese Pestizide sind aber für die Arbeiter/innen auf den Plantagen schädlich. Daher überlegt Frau Gröner, ob sie nicht ganz auf Fairtrade-Kaffee umstellt. ■

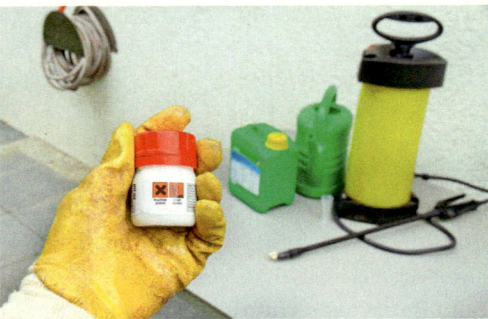

▶ Pestizide

▶ Kaffeebohnen in verschiedenen Röststufen

Preisliste Kaffeepulver

Zauber der Bohne	3,99
Fairtrade-Kaffee	6,99

1. Du berätst Frau Gröner. Überlege, unter welchen Bedingungen du ihr zu der Umstellung raten kannst. Welche Informationen muss sie dafür einholen?

2. Stelle die verschiedenen Stationen der Produktion dar, bis Konsumenten Kaffee in der „Bohne" trinken können. An welchen Stellen gibt es problematische Bedingungen?

3. Betrachte die Preisliste. Was bedeutet „Fairtrade"? Wieso ist dieser Kaffee teurer? Müsste Frau Gröner ihn auch teurer verkaufen?

4. Macht eine Umfrage unter euren Lehrkräften und Eltern, welchen Kaffee sie in der „Bohne" lieber trinken würden und welchen Preis sie dafür zu zahlen bereit wären.

5. Was rätst du Frau Gröner?

▶ tolle Jeans – hoher Preis

B Bernd kommt nach der Schule verärgert nach Hause. Er war noch mit seinen Kumpels in der Stadt bummeln. „ Mensch Papa, stell dir vor, die Jeans meiner Lieblingsmarke werden immer teurer – das sind doch wirklich Halsabschneider!"

Sein Vater entgegnet: „Was regst du dich auf? Du bist doch selbst schuld, wenn du da mitmachst. Du könntest ja auch eine andere Marke kaufen. Ich ärgere mich richtig darüber, dass die Post schon wieder die Tarife für Briefe erhöht hat – das sind richtige Halsabschneider!" ■

Noch ist die Deutsche Post der größte Anbieter auf dem deutschen Brief- und Paketmarkt. Aber es gibt immer mehr Alternativen.

Auf dem deutschen Jeansmarkt entscheiden die Kunden vor allem nach der Marke. Es gibt kaum ein Produkt, bei dem das Label wichtiger ist.

1. Kannst du beide Positionen erklären? Warum ärgert sich Bernd? Und woran liegt es, dass Bernds Vater die Preiserhöhung der Post als ärgerlicher ansieht als die Preiserhöhung bei Jeans?

2. Recherchiere: Wie viel Anbieter gibt es auf dem Markt für Jeans? Wie viele gibt es auf dem Markt für Briefzustellung? Fasse zusammen: Gibt es auf den Märkten Wettbewerb zwischen Anbietern?

3. Analysiere für beide Märkte: Was hat jeweils Auswirkungen auf den Preis? Gehe dabei jeweils ein auf
   - die Rolle der Konsumenten (Bedürfnisse),
   - die Rolle der Anbieter (Kosten),
   - die Rolle des Wettbewerbs (gibt es Wettbewerb?).
   Fasse zusammen: Welche Auswahlmöglichkeiten haben jeweils die Konsumenten? Wie beurteilst du daher die Höhe der Preise auf beiden Märkten?

4. Was würdest du Bernd und seinem Vater antworten?

Das Wichtigste in Kürze

Das Kaufverhalten der Konsumenten wird angetrieben von ihren Bedürfnissen und begrenzt von dem Geld, das sie zur Verfügung haben. Das ökonomische Prinzip kann ihnen dabei helfen zu überprüfen, ob sie mit ihrem Geld für sich gute Entscheidungen treffen. Allerdings hilft ihnen das ökonomische Prinzip nicht dabei zu beurteilen, ob sie in ihrem Konsum auch ökologische und soziale Aspekte ausreichend berücksichtigen. Außerdem müssen sie bedenken, dass sie in ihrer Entscheidung beeinflusst werden.

Unternehmen haben das Ziel, ihre Produkte zu verkaufen und dabei Gewinn zu erzielen. Dennoch können sie den Preis auf Märkten nicht einfach in der Höhe setzen, die für sie am gewinnträchtigsten ist. Denn wenn Wettbewerb zwischen Unternehmen herrscht, wird der Preis auf dem Markt von Angebot und Nachfrage bestimmt. Steht ein Unternehmen nicht im Wettbewerb, kann es jedoch einen deutlich höheren Preis setzen. Auch darüber hinaus gibt es Fälle, in denen Märkte nicht gut funktionieren. Um Konsumenten auf Märkten zu schützen, regelt der Staat Rechte und Pflichten von Konsumenten und Unternehmen im Rahmen von Kaufverträgen und schützt Konsumenten.

WICHTIGE BEGRIFFE			
	Einkommen	Preisbildung	Kaufvertrag
	ökonomisches Prinzip	Wettbewerb	Geschäftsfähigkeit
	nachhaltiger Konsum	Monopol	Produkthaftung
	Haushaltsplan	öffentliches Gut	
	Werbung	Externalitäten	

Kompetenzcheck

1. „Diese Jeans ist so schön und so preisgünstig!" Zeichne in die Abbildung verschiedene Stationen ein, die die Jeans von der Produktion bis zum Verkauf durchläuft. Sammle dann Gründe, warum es nach dem ökonomischen Prinzip vernünftig sein kann, die Jeans zu kaufen, und sammle dann Gründe, warum es dennoch vernünftig sein kann, auf den Kauf der Jeans zu verzichten.

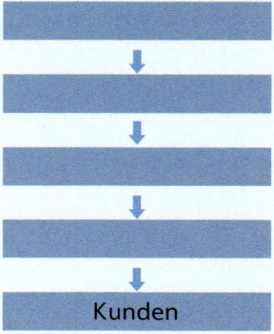

2. Die deutsche Fußballnationalmannschaft hat einmal für den Kauf von Nutella geworben. Erkläre: Was wurde damit bezweckt?

3. Wenn der Preis von Kinokarten steigt, welche Auswirkung hat das wahrscheinlich auf den Andrang an den Kinokassen?

4. Wenn der Preis von Waschmaschinen steigt, welche Auswirkung hat das wahrscheinlich auf die Menge, die der Anbieter verkaufen möchte?

5. Wenn der Preis von Waschmaschinen sinkt, ab welchem Preis wird der Anbieter nicht mehr bereit sein, noch Waschmaschinen anzubieten?

6. Der Preis für Konzertkarten zu einem Shakira-Konzert wurde erhöht. Zu dem neuen Preis werden mehr Konzertkarten angeboten als Fans sie kaufen wollen. Welche Auswirkung erwartest du auf den Preis?

7. Ein Bauer verkauft seine Kartoffeln auf einem Markt. Neben ihm sind weitere Stände, die Kartoffeln verkaufen und diese Kartoffeln schmecken den Verbrauchern genau so gut wie seine. Dies ist der Idealfall, der auch in dem Marktmodell beschrieben wird. Kann der Bauer in diesem Fall den Preis höher setzen als seine Konkurrenten?

8. Vergleiche zwischen Modell und Realität: Der Bauer merkt, dass er seine Kartoffeln doch ein wenig teurer verkaufen kann als seine Konkurrenten. Woran könnte das liegen?

9. Erst seit knapp zwanzig Jahren gibt es Wettbewerb zwischen den Anbietern eines Telefon-Festnetzanschlusses. Vorher war die Deutsche Telekom der einzige Anbieter. Was glaubt ihr, wie sich die Preise für Festnetzanschlüsse durch den Wettbewerb entwickelt haben? Begründet eure Meinung.

10. Mathilda, 15 Jahre alt, hat mithilfe der Kreditkarte einer älteren Freundin einen Flachbildschirm für 300 € bestellt. Ihre Mutter ist davon nicht begeistert und droht ihr damit, das Paket direkt zurück zur Post zu tragen. „Das kannst du nicht machen, ich habe ihn doch schon bezahlt, und er gehört mir!" „Doch, das kann ich machen. Der Kaufvertrag ist nicht gültig!" Wer hat Recht? Begründe deine Meinung.

In diesem Kapitel setzt ihr euch u. a. mit folgenden Fragen auseinander:

> Welche Bedeutung hat Arbeit für mich?
> Warum gehe ich arbeiten?
> Welche Interessen haben Arbeitgeber?
> Wie ist die Beziehung zwischen mir als Arbeitnehmer und meinem Arbeitgeber geregelt? Können Unternehmen alles selbst bestimmen?

DER ARBEITNEHMER

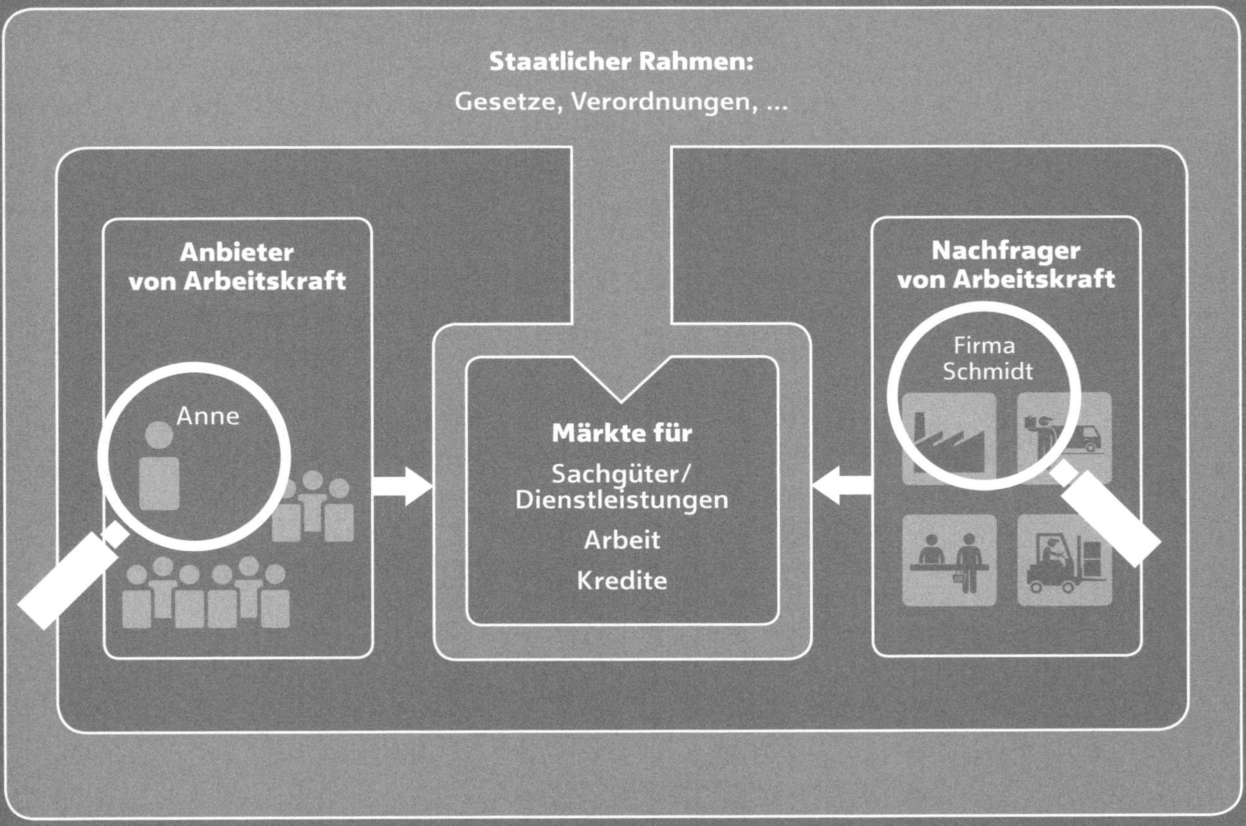

Staatlicher Rahmen:

Gesetze, Verordnungen, ...

Anbieter von Arbeitskraft

Anne

Märkte für

Sachgüter/ Dienstleistungen

Arbeit

Kredite

Nachfrager von Arbeitskraft

Firma Schmidt

► In der Schule | ► Frau Weber in der Bank | ► Elektrotechniker

Arbeit: Formen und Bedeutung

B   TOCHTER KARIN, 14 JAHRE

„Um 7.50 Uhr beginnt jeden Tag der Unterricht. Um 14.00 Uhr bin ich wieder zu Hause. Nach dem Mittagessen döse ich erst einmal ein bisschen rum, ich lese oder höre Musik. Dann mache ich meine Hausaufgaben und hinterher treffe ich mich mit Freunden oder gehe zum Sport. Zu meinen Aufgaben im Haushalt gehören Geschirrspülmaschine ein- und ausräumen, Müll rausbringen oder auch ein bisschen Gartenarbeit. Da ich gerade für ein Notebook spare, trage ich jeden Sonntag Zeitungen aus. Für immerhin 6 Euro die Stunde." ■

B   FRAU WEBER

„Seit einigen Jahren bin ich wieder berufstätig. Ich arbeite halbtags in der örtlichen Bank als Bankkauffrau. Wenn ich mittags nach Hause komme, koche ich Mittagessen für Karin und mich. Danach steht Hausarbeit auf dem Programm: Einkaufen, Waschen, Bügeln, Putzen, Aufräumen, Gartenarbeit … Da fast alle Hausarbeit an mir hängen bleibt, ist die Zeit eigentlich immer zu knapp. In meiner Freizeit bin ich noch ehrenamtlich für den Kinderschutzbund tätig." ■

> **INFO**
>
> #### Erwerbstätigkeit
>
> Erwerbstätigkeit ist die Tätigkeit, mit der der Lebensunterhalt bestritten werden kann, d. h. die meisten Kosten fürs Alltagsleben bezahlt werden können.

B   HERR WEBER

„Ich bin gelernter Elektrotechniker und angestellt bei der Firma „Kluge und Kluge". Das ist ein größerer Maschinenbaubetrieb, der Maschinen und Anlagen herstellt, zum Beispiel Melkmaschinen für die Landwirtschaft. Da ich 38,5 Stunden in dem Betrieb arbeite und täglich auch noch dreißig Kilometer zum Arbeitsplatz fahren muss, bleibt am Abend kaum Zeit für die Hausarbeit. Allerdings bin ich für das Staubsaugen und die Reparaturen zuständig. Außerdem engagiere ich mich als Schatzmeister im Schützenverein. Dadurch bleibt noch weniger Zeit für gemeinsame Wochenendaktivitäten mit der Familie. Und dann muss ich ja auch Fortbildungen machen, um im Beruf am Ball zu bleiben …" ■

Die berufliche Arbeit beeinflusst alle Lebensbereiche: das Familienleben, die Freizeit und den Freundeskreis.

Durch ihre Arbeit und den Beruf erhalten die Menschen das notwendige Geld für Nahrung, Kleidung, Wohnung usw. Der Beruf ist also die wichtigste Quelle für das Einkommen.

Aber er ist noch mehr. Der Beruf bestimmt das Ansehen eines Menschen. Viele Menschen sind stolz auf ihren Beruf. Andere sind mit der Arbeit, die sie im Beruf ausüben, unzufrieden.

▶ Hausarbeit ▶ Kindererziehung ▶ Freiwillige Feuerwehr

Es gibt aber, neben der Erwerbsarbeit, mit der man Geld verdient, auch noch andere Formen der Arbeit. Eine andere Form ist z. B. die Hausarbeit. Dabei handelt es sich um eine wichtige Tätigkeit, die aber viel zu wenig anerkannt wird. Für die eigene Arbeit im Haushalt erhält man kein Einkommen. Sie ist für die Versorgung der Familie, die Erziehung der Kinder und insgesamt für das Wohlbefinden allerdings von großer Bedeutung. In vielen Familien sind zudem beide Eltern berufstätig und müssen die Hausarbeit organisieren. Sie sind erwerbstätig, weil sie Freude am Beruf haben oder gezwungen sind, gemeinsam für den Unterhalt zu sorgen.

Für das Familienleben ist es wichtig, dass die Arbeiten im Haushalt sinnvoll und gerecht auf alle Familienmitglieder aufgeteilt werden. Wichtig ist, zu überlegen, wer was verantwortlich übernehmen kann und welche Arbeiten gemeinsam oder im Wechsel erledigt werden können. Bei der Aufgabenverteilung ist auch zu berücksichtigen, ob diese täglich anfallen oder nur einmal in der Woche oder sogar noch seltener.

1. Erläutere, warum Beruf und Arbeit so wichtig für den Menschen sind.

2. Übertrage die folgende Übersicht in dein Heft und ordne die Formen der Arbeit den Mitgliedern der Familie Weber zu. Lege dann eine Tabelle für deine eigene Familie an und beschreibe die Arbeitsteilung.

	Karin Weber	Frau Weber	Herr Weber
Hausarbeit			
Schule und Fortbildung			
Erwerbsarbeit/Beruf			
Ehrenamt			
...			

3. Werte die Tabelle danach aus, ob die Arbeit gerecht aufgeteilt ist und erkläre, wo es in der Familie vermutlich häufig zu Konflikten kommt und wie diese gelöst werden könnten.

4. Nimm Stellung zu der Aussage: „Auch Schularbeit ist Arbeit."

Ehrenamt:
Freiwilliges und meist unentgeltliches Engagement in der Gesellschaft

Wie arbeiten Menschen?

B **GESPRÄCH AM FRÜHSTÜCKSTISCH:**

Frau Weber: „Du, ich komme heute Abend etwas später nach Hause, ich habe noch ein Vorstellungsgespräch im Eiscafé an der Hauptstraße. Die suchen noch Aushilfen für die Wochenenden."

Herr Weber: „Zusätzlich zu deinem Job in der Bank möchtest du am Wochenende noch arbeiten. Bist du noch nicht ausgelastet?"

Frau Weber: „Doch, klar, die Familie, der Haushalt, mein Beruf und meine Tätigkeit beim Kinderschutzbund füllen mich schon gut aus. Aber es ist ja nur stundenweise an den Sommerwochenenden. Und du weißt, wir können das Geld gut gebrauchen, z. B. für die Zuschüsse zur Klassenfahrt bei Karin. Außerdem braucht das Auto bald neue Reifen und den Sommerurlaub wollen wir ja auch nicht ausfallen lassen, oder?" ■

Arbeiten bei nur einem Arbeitgeber ein ganzes Leben lang, 40 Stunden pro Woche, also **vollzeitbeschäftigt**, und das unbefristet – das ist bei vielen Arbeitnehmern nicht mehr üblich. Es gibt neue Arten von Beschäftigungsverhältnissen:

B Frau Neumann hat einen Arbeitsvertrag als Erzieherin im Kindergarten. Der Vertrag läuft nur ein Jahr, bis Frau Maier wieder aus der Elternzeit zurückkehrt und ihre Arbeit wieder aufnimmt. Dies ist eine **befristete Beschäftigung**, da die Beschäftigungszeit beispielsweise auf ein Jahr festgelegt ist. Es

kann auch sein, dass Frau Neumann nach Ablauf dieses Jahres weiterhin im Kindergarten beschäftigt wird, falls Bedarf besteht. ■

B Herr Müller arbeitet nur 25 Stunden pro Woche, da er mehr Zeit für seine Familie und Hobbies haben möchte. Seine Kollegen arbeiten als Vollzeitkräfte 41 Stunden pro Woche. Herr Müller ist somit **teilzeitbeschäftigt**, da seine wöchentliche Arbeitszeit kürzer ist als die einer vergleichbaren vollzeitbeschäftigten Arbeitskraft. ■

B Bei einer Immobilienagentur fielen wegen überraschenden, längeren Krankheiten zwei Mitarbeiter aus. Frau Verdi springt für vier Monate ein, bis die Mitarbeiter wieder gesund sind. Was sie anschließend arbeitet, weiß sie nicht – je nachdem, wohin sie ihre Zeitarbeitsfirma, bei der sie angestellt ist, schickt.

Bei Zeitarbeitsfirmen können Arbeitnehmer wie Frau Verdi an andere Unternehmen für eine bestimmte Zeit ausgeliehen werden. ■

B Diana B. (27 J.) verfügt über keine abgeschlossene Ausbildung und arbeitet als geringfügig Beschäftigte bei einer Bäckerei. Diese schließt demnächst, daher muss sie sich etwas Neues suchen. Bisher kamen aber nur Absagen! Gerne hätte sie Kinder. Weil ihr Freund ebenfalls nur einen Minijob hat, können sie sich eine Familie nicht leisten. Beide wohnen noch bei den Eltern. Manchmal denkt sie schon jetzt voller Angst ans Alter: Sie wird als Geringverdienerin kaum abgesichert sein. Ihr droht Altersarmut.

Minijob:
Eine geringfügig entlohnte Beschäftigung („Minijob") liegt vor, wenn das Arbeitsverhältnis nur von kurzer Dauer ist oder wenn das Entgelt aus dieser Beschäftigung regelmäßig pro Monat einen gewissen gesetzlich vorgeschrieben Betrag nicht übersteigt. Im Jahr 2017 sind dies z. B. 450 Euro.

1. Aus welchen Gründen wird Frau Weber mehreren Jobs nachgehen?

2. Lege eine Tabelle an. Unterscheide darin zwischen verschiedenen Beschäftigungsarten aus Arbeitnehmersicht: Was ist damit gemeint? Wo liegen die Vorteile dieser Beschäftigungsart? Welche Nachteile bringt die jeweilige Beschäftigungsart mit sich?

3. Erstelle eine Übersicht der Vor- und Nachteile der einzelnen Beschäftigungsverhältnisse für die Arbeitgeber.

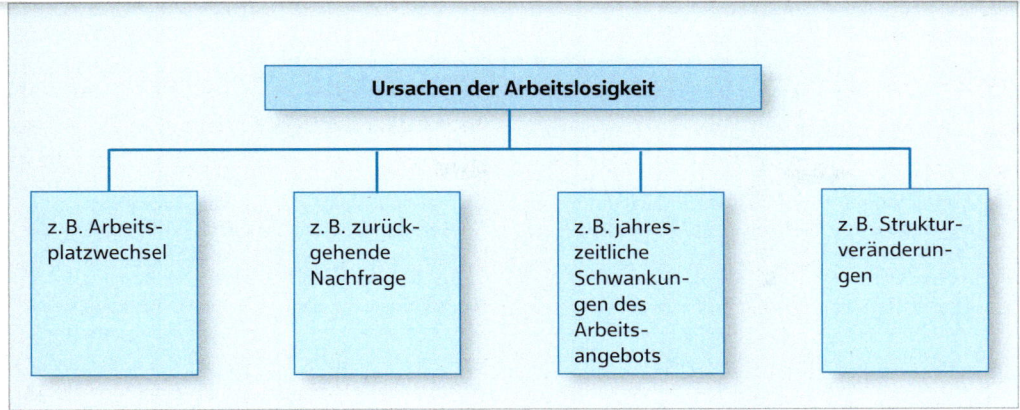

▶ Ursachen der Arbeitslosigkeit

Risiko Arbeitslosigkeit

Ursachen und Formen

Der Arbeitsmarkt wird wie jeder Markt gebildet durch Angebot und Nachfrage: Nachfrager sind die Unternehmen, sie benötigen Arbeitskräfte. Diejenigen Teile der Bevölkerung, die ihre Arbeitskraft gegen Lohn zur Verfügung stellen, sind die Anbieter. Je nach Beruf bzw. von technischen und gesellschaftlichen Entwicklungen abhängig, ist die Nachfrage unterschiedlich hoch. Ziel ist, dass der Arbeitsmarkt im Gleichgewicht ist, also weder Arbeitslosigkeit herrscht aufgrund Angebotsüberschusses, noch Arbeitskräftemangel wegen zu hoher Nachfrage, die nicht gestillt werden kann.
Welche Ursachen für Angebotsüberschuss gibt es?
Wie groß die Bedeutung von Arbeit für Menschen ist, wird dann so richtig deutlich, wenn Menschen keine Arbeit haben.

Wir wollen uns zunächst einige Fälle von Arbeitslosigkeit anschauen und dann die unterschiedlichen Formen benennen:

Q FALL 1:
Beate H. hat eine abgeschlossene Ausbildung als Schneiderin. Bis vor einem Jahr war sie bei einem Textilunternehmen beschäftigt. Weil die Produktionskosten in Asien deutlich niedriger sind als hier, wurde die gesamte Produktion dorthin verlagert. Jetzt hat sie keine Arbeit und muss sehen, wo sie bleibt, denn in Deutschland gibt es nicht mehr so viele Textilunternehmen.
Sie sagt: „Man liest ja überall, dass die Arbeitslosigkeit wieder zunimmt, nachdem sie ja eine ganze Zeit zurückgegangen ist." ■

Bei Beate H. handelt es sich um **strukturelle Arbeitslosigkeit**. Sie ist langfristig und hat verschiedene Ursachen, wie du in der Grafik auf der folgenden Seite siehst.

Arbeitslosigkeit steigt leicht an

Gerechtigkeit ist zentrales Thema im Wahlkampf

▶ Bei der Arbeitsagentur

```
┌─────────────────────────────────────────────────────────────────────┐
│                   Strukturveränderungen der Wirtschaft                │
└─────────────────────────────────────────────────────────────────────┘
```

Technologische Änderungen:
Wenn z. B. die menschliche Arbeitskraft durch moderne Technologien ersetzt wird. Das wird Rationalisierung genannt.

Veränderungen des Wirtschaftsraums:
Z. B. in wirtschaftlich schwächer entwickelten Gebieten, wie etwa in den neuen Bundesländern oder im Bayerischen Wald.

Fehlende Qualifikation der Arbeitskräfte:
Wenn Arbeitsplätze vorhanden sind, die Arbeitssuchenden aber nicht entsprechend qualifiziert sind, d. h., wenn die Qualifikationen von Arbeitskräften und die Anforderungen der offenen Stellen nicht übereinstimmen.

Veränderungen durch Kosteneinsparungen:
Wenn z. B. die Textilproduktion oder die Automobilproduktion aus Kostengründen an andere Standorte, z. B. ins Ausland, verlagert oder aber Mitarbeiter entlassen werden.

▶ Ursachen für strukturelle Arbeitslosigkeit

Q FALL 2:

Martin K. ist Maurer. Auf dem Bau läuft aber in den Wintermonaten nicht viel. Deshalb hat er seit November keinen Job mehr. Er sagt: „Man kann echt froh sein, wenn man Arbeit hat. Ich hoffe, dass ich im Frühjahr wieder eine Stelle auf dem Bau finde." ■

Bei Martin K. liegt **saisonale Arbeitslosigkeit** vor. Die saisonale Arbeitslosigkeit hat ihre Ursache z. B. in jahreszeitlich bedingten Witterungsänderungen oder in der saisonal bedingten Nachfrage. Sie ist kurzfristiger Natur. Diese Form der Arbeitslosigkeit ergibt sich vor allem in Branchen, deren Tätigkeiten stark von jahreszeitlichen Schwankungen abhängen, wie z. B. in der Landwirtschaft, dem Gaststättengewerbe, der Touristikindustrie oder dem Baugewerbe.

Vielleicht finde ich in den Wintermonaten einen anderen Job.

▶ Martin K. auf dem Bau

▶ Die Beschäftigung im Baugewerbe hängt stark von der Jahreszeit ab.

> Ich bin auf die neuen Kolleginnen und Kollegen gespannt.

▶ Sara L.

> Und jetzt Arbeitslosengeld I und II, wie war das noch?

▶ Mehmet B.

Q FALL 3:

Sara L. war in einem Chemiekonzern in Leverkusen als Chemikantin beschäftigt. Da sie geheiratet hat und ihr Mann in Hannover arbeitet, hat sie ihr Arbeitsverhältnis in Leverkusen zum 31.12.2017 gekündigt. Am 01.02.2018 wird bei einem Chemieunternehmen in Hannover eine Stelle in der Produktion von Lösungsmitteln frei, die sie antreten wird. Frau L. hat sich von ihrem Sachbearbeiter im Job-Center verabschiedet. ■

Sara L. ist von sogenannter **friktioneller Arbeitslosigkeit** betroffen. Hiervon spricht man, wenn bei einem Arbeitsplatzwechsel zwischen dem bisherigen und dem neuen Arbeitsplatz nur ein kurzfristiger Zeitraum liegt.

Q FALL 4:

Mehmet B. hat bis Juli letzten Jahres in einem Betrieb, der Möbel herstellt, gearbeitet. Aufgrund der schlechten wirtschaftlichen Lage in Deutschland wurden immer weniger Möbel nachgefragt. Die Produktion wurde daraufhin reduziert und einem Teil der Belegschaft, so auch Herrn B., gekündigt. Er hofft nun, dass sich die Situation in Deutschland mittelfristig wieder verbessert und verstärkt Möbel nachgefragt werden. Dann sieht er für sich auch wieder Chancen für eine Anstellung. ■

Bei Mehmet B. liegt **konjunkturelle Arbeitslosigkeit** vor. Die konjunkturelle Arbeitslosigkeit hat ihre Ursache in der allgemeinen Abschwächung der wirtschaftlichen Tätigkeit. Die Nachfrage in einem Land nach Produkten und Dienstleistungen geht zurück. Dies führt dazu, dass auch die Produktion verringert wird und Arbeitskräfte entlassen werden. Die konjunkturelle Arbeitslosigkeit ist in der Regel von mittlerer Dauer.

INFO

Arbeitslosenquote

Die Arbeitslosenquote ist der Anteil der Arbeitslosen an der Gesamtzahl der Erwerbspersonen. Sie zeigt an, wie die Situation auf dem Arbeitsmarkt ist.

1. Stelle fest, wie hoch die Arbeitslosenquote derzeit in Baden-Württemberg ist. Suche bei http://statistik.arbeitsagentur.de → Institutionen → Statistik → Statistische Analysen.

2. Ermittle unter der in Aufgabe 1 angegebenen Adresse, wie sich die Arbeitslosigkeit in den letzten Jahren in der Bundesrepublik entwickelt hat.

3. Arbeite die Formen der Arbeitslosigkeit mithilfe der Beispiele durch und nenne weitere Beispiele, die du kennst oder die du dir vorstellen kannst.

4. Beschreibe, wodurch sich die konjunkturelle von der strukturellen Arbeitslosigkeit unterscheidet.

5. Ergänze: Der Arbeitsmarkt ist im Gleichgewicht, wenn …

Die bisher beschriebenen Formen nennt man offene Arbeitslosigkeit.

Eine **verdeckte Arbeitslosigkeit** liegt vor, wenn sie nicht gemeldet wird oder sich die Arbeitslosen in einer Maßnahme der Bundesagentur für Arbeit befinden.

B Sven hatte in der 8. Klasse völlig den Anschluss verpasst. Die Scheidung seiner Eltern bereitete ihm große Probleme und er versuchte sich mit allem Möglichen abzulenken. Nur spielten die Schule und ein erfolgreicher Abschluss keine Rolle mehr bei ihm. Er brach am Ende der 9. die Hauptschule ab. Nun stand er ohne Abschluss da.

Er hatte seine Schulpflicht aber auch noch nicht erfüllt, sodass er zunächst in eine Fördermaßnahme der Arbeitsagentur kam und danach in das Berufsvorbereitungsjahr. Da er im Anschluss daran keinen Ausbildungsplatz bekam und auch eigentlich gar keinen wollte, machte er wieder einen Förderlehrgang und kam, da er auch jetzt keinen Ausbildungsplatz im dualen System fand, in eine außerbetriebliche Ausbildung. Diese Ausbildung schloss er ab, bekam allerdings danach keinen Arbeitsplatz und war längere Zeit arbeitslos. ■

INFO

Ausbildungsverhältnisse

Außerbetrieblich sind die Ausbildungsverhältnisse, die mit öffentlichen Mitteln, z. B. von der Bundesagentur für Arbeit, finanziert werden. Als betrieblich gelten Ausbildungsverhältnisse, bei denen die Finanzierung (des betrieblichen Teils der dualen Ausbildung) durch die Ausbildungsbetriebe erfolgt.

Bildung schützt vor Arbeitslosigkeit

Arbeitslosenquoten* in Deutschland in Prozent

2005 06 07 08 09 10 11 12 13 14 2015

% 26,0 %
ohne abgeschlossene Ausbildung
25
21,9
20,1
20 20,3
15
11,8 insgesamt
8,4
10 7,7
8,6 6,6
5
5,2 5,7
4,0
mit abgeschlossener Ausbildung
0

* in Prozent aller zivilen Erwerbspersonen (ohne Auszubildende)

Quelle: IAB   © Globus 11348

► Sven

➔ Starthilfe zu 3:

Denk darüber nach, welche Formen der Arbeitslosigkeit bedeutsam sein dürften, wenn viele Menschen gleichzeitig betroffen sind.

1. Stelle dar, welche Formen der Arbeitslosigkeit eher Ursachen haben, die in der Person liegen, und welche eher wirtschaftliche Ursachen haben, die einzelne Personen nicht beeinflussen können.

2. Erkläre, wann man von verdeckter Arbeitslosigkeit spricht.

3. Es gibt Regionen mit hoher und solche mit niedriger Arbeitslosenquote. Diskutiert, welche Ursachen hierfür verantwortlich sein könnten.

4. Erstelle eine Übersicht, aus welchen Gründen Jugendliche arbeitslos werden können.

Folgen der Arbeitslosigkeit

B Sven, den ihr auf der vorhergehenden Seite bereits kennengelernt habt, war bereits als ganz junger Mann häufig ohne Arbeit und damit von seinen Eltern abhängig. Er wohnte immer noch bei den Eltern in seinem Zimmer. Seine Freunde waren bereits von zu Hause ausgezogen. Diese verdienten selbst, konnten sich neue Smartphones, Kleidung, manche ein eigenes kleines Auto und auch Ausgehen mit Freunden leisten. Sven wollte sich daher immer weniger mit seinen Freunden treffen, da er sich schämte, dass er sich das, was sie hatten, nicht leisten konnte. Lieber blieb er zuhause, schaute fern, dadurch bewegte er sich nicht. So verlor er immer mehr den Draht zu Gleichaltrigen, ging in keinen Verein mehr und hatte keine Lust auf Kontakte. ■

Arbeitslosigkeit kann sowohl für die unmittelbar Betroffenen und deren Angehörige als auch für die Gesellschaft gravierende Folgen auf verschiedenen Gebieten haben.

B Frau Graf arbeitet bei der Agentur für Arbeit und erklärt dazu: „Finanzielle, soziale und psychische Probleme sind vor allem bei Langzeitarbeitslosen, also Personen, die mehr als ein Jahr eine Beschäftigung suchen, stark ausgeprägt. Ebenso verschlechtert sich oftmals der Gesundheitszustand mit zunehmender Dauer der Arbeitslosigkeit. Je älter die Arbeitslosen werden, desto schwieriger wird das Finden einer neuen Arbeitsstelle und desto ausgeprägter werden häufig die Probleme dieser Menschen. Wer Hilfe bei der Arbeitsplatzsuche benötigt, wird unterstützt, z. B. durch die Bundesagentur für Arbeit.“

B Herr Klaus arbeitet auf dem Rathaus und schildert aus seiner Sicht die Folgen der Arbeitslosigkeit: „Für den Staat sind vor allem die Kosten für einen Arbeitslosen enorm. Pro Jahr sind dies über 19.000 €, z. B. für Zahlungen des Arbeitslosengeldes, der Sozialhilfe, des Wohngeldes sowie entgangene Einnahmen aus Steuern usw. Daher ist dem Staat wichtig, dass es genügend Arbeitsplätze auf dem Arbeitsmarkt gibt und möglichst jeder arbeitsfähige Bürger einer Beschäftigung nachgeht.“ ■

B Herr Stark war fünf Jahre lang arbeitssuchend. Inzwischen hat er umgeschult und arbeitet bei einem Busunternehmen. Aus seiner Vergangenheit berichtet er: „Es gibt seit Jahren in Deutschland immer mehr Minijobs sowie Leih- und Zeitarbeit. In solchen prekären, also schwierigen, Beschäftigungsverhältnissen wird weniger Lohn bezahlt, die soziale Absicherung und die Arbeitnehmerrechte sind schlecht. Zudem ist die eigene Zukunft ungewiss und man fühlt sich dem Betrieb nicht richtig zugehörig.“ ■

B Frau Dr. Ewald hat als Psychologin folgende Erfahrungen mit arbeitslosen Patienten gemacht: „Die ständige Angst, häufiger Jobverlust und dadurch bedingt die immer wieder neue Suche nach einem Arbeitsplatz führen häufig zu psychischen Erkrankungen bei den Betroffenen.“ ■

Um möglichst nicht arbeitslos bzw. prekär beschäftigt zu sein, sind eine abgeschlossene Ausbildung, Berufserfahrung sowie Weiterqualifizierungen von Vorteil.

---

1. Unterscheide anhand der Beispiele zwischen finanziellen, sozialen und psychischen Folgen von Arbeitslosigkeit und erläutere sie jeweils kurz näher.

2. Stelle dar, was du jetzt, in fünf Jahren und auch während des Berufslebens tun kannst, um möglichst nicht arbeitslos zu werden.

| 25 Mio. €
Sebastian Vettel
Formel 1 Weltmeister | 270.000 €
Dr. Angela Merkel
Bundeskanzlerin | 823.000 €
Martin Winterkorn
Vorstandsvorsitzen-
der Porsche SE | 15 Mio. €
Heidi Klum
Model, Moderatorin |

► Wer verdient wie viel pro Jahr?

Wer bekommt wie viel Lohn und warum?

Gründe für Lohnunterschiede

B Beim ersten Klassentreffen nach zehn Jahren sehen sich David und Robert nach langer Zeit wieder. Beide hatten gemeinsam den Hauptschulabschluss gemacht und die 2-jährige Berufsfachschule besucht. Sie haben beide eine Ausbildung zum Metallbauer in der gleichen Maschinenfabrik gemacht und die Gesellenprüfung mit gutem Erfolg bestanden. Nach der Meisterprüfung arbeiteten sie in verschiedenen Unternehmen, Robert besuchte regelmäßig noch einige Fortbildungen. David arbeitet heute immer noch bei seiner Ausbildungsfirma und ist zum Abteilungsleiter der Kfz-Reparaturwerkstätte aufgestiegen. Robert war nach einiger Zeit nach Freiburg gezogen, wo er einen gut bezahlten Job bekommen hat. In seiner neuen Firma leitet auch er die Kfz-Reparaturwerkstätte. Als die beiden sich über ihren Lohn unterhalten, stellen sie fest, dass sie ganz unterschiedlich verdienen, obwohl sie beide das Gleiche machen. David stellt fest: „Im Grunde machst du ja nichts anderes als ich auch, nur dass du monatlich satte 500 Euro mehr hast. Eigentlich ist das nicht gerecht ...“ ■

Die Geschichte zeigt, wie unterschiedlich Arbeit oftmals entlohnt wird, und dass häufig die Frage auftaucht, welcher Lohn denn nun „gerecht“ ist. Eigentlich müssten David und Robert gleich viel verdienen, sie haben die gleiche Qualifikation und betreuen beide den gleichen Aufgabenbereich.

Die Lohnhöhe hängt von verschiedenen Dingen ab, wie z. B.
– vom Berufsabschluss,
– von der beruflichen Erfahrung,
– von der Länge der Betriebszugehörigkeit,
– von der übernommenen Verantwortung,
– von der Leistungsfähigkeit einer Arbeitskraft,
– von Belastungen und Gefahren, die der Beruf mit sich bringt.
– von der Größe der Firma, in der man arbeitet,
– von der Branche, in der man tätig ist (hier sind die Automobil- und Chemiebranche Spitzenreiter bei der Einkommenshöhe),
– von Tarifvertragsabschlüssen (vgl. S. 92-95)
– vom Angebot an Arbeitskräften auf dem Arbeitsmarkt bzw. der Nachfrage an Arbeitskräften in bestimmten Berufen.

1. Benenne mögliche Gründe, warum das Einkommen von Robert höher ist als das seines Schulfreundes David.

2. a) Vergleiche die unterschiedlichen Einkommenshöhen auf den Fotos oben und arbeite Gründe heraus, warum die Gehälter so unterschiedlich sind.

   b) Erörtere, ob es einen „gerechten Lohn“ gibt.

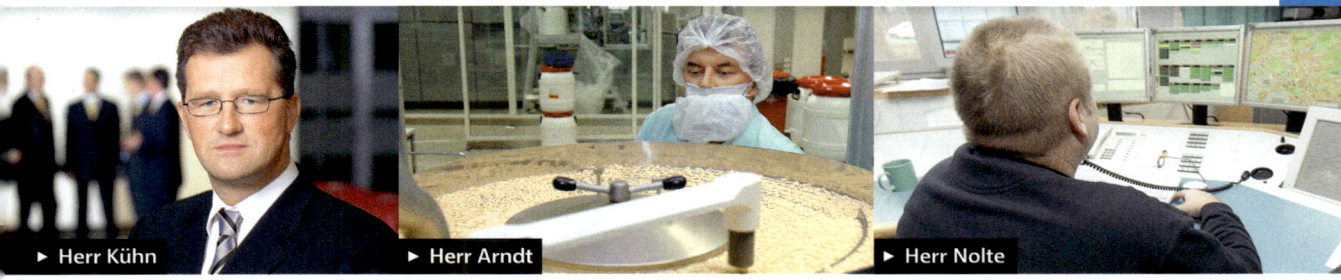

► Herr Kühn   ► Herr Arndt   ► Herr Nolte

B Ein neuer Abteilungsleiter ist in Davids Unternehmen für den Entwicklungsbereich eingestellt worden. Wer neu in eine Firma kommt und gleich als Abteilungsleiter eingestellt wird, muss schon etwas „auf dem Kasten" haben und durch seine Leistung für den Umsatz des Betriebes besonders wichtig sein. Und so wird Davids neuer Kollege F. Kühn genauso hoch entlohnt wie David, obwohl er noch nicht so lange in dem Unternehmen arbeitet. Seine Leistung und die hohe Verantwortung werden gut bezahlt (**Leistungsprinzip**). ■

Aber darf Leistung der einzige Bewertungsmaßstab für Einkommen sein? Falls ja, was geschähe mit solchen Menschen, die nicht am Erwerbsleben teilnehmen können, weil sie z. B. krank oder unfreiwillig arbeitslos sind? Sie blieben ohne Einkommen, müssten vielleicht auf ihre Ersparnisse zurückgreifen oder schlimmstenfalls sogar betteln gehen.

Aber auch Menschen, die arbeiten, können häufig größere finanzielle Belastungen haben als andere. Georg K. z. B., ein allein verdienender Familienvater, muss für fünf Personen sorgen. Hier entlastet der Staat Herrn K., indem er weniger Steuern zahlen muss als ein Unverheirateter und er Kindergeld bekommt, somit also mehr Lohn als ein Unverheirateter erhält (**Sozialprinzip**).

B Herr Arndt arbeitet als ungelernter Arbeiter in einem Pharmazieunternehmen. Als Mitarbeiter der Materialvorbereitung achtet er auf die Reinigung und Sterilisation von Maschinen und Arbeitsgeräten, damit später bei der Abfüllung der Medikamente keine Hygieneprobleme auftauchen. ■

B Herr Droste ist Elektrotechniker. Sein Team muss Störungen an den robotergesteuerten Abfüllanlagen sofort beheben. Da die Anlage rund um die Uhr läuft, muss er im Schichtdienst, d. h. auch nachts, arbeiten. ■

B Herr Nolte arbeitet in der Telefonzentrale des Pharmaunternehmens. Er vermittelt die ein- und ausgehenden Telefongespräche, meldet Besucher weiter und ist für die Frankierung der Post zuständig. ■

3. Warum müssen Familien mit Kindern weniger Steuern zahlen? Begründe.

4. Erläutere, inwieweit die Qualität der Ausbildung, die Arbeitsbedingungen, die Situation auf dem Arbeitsmarkt Einfluss auf die Lohnhöhe haben.

5. Nach dem Leistungsprinzip soll die Höhe des Einkommens der Leistung des Arbeitnehmers entsprechen. Lässt sich das Leistungsprinzip auch auf die Tätigkeiten von Herrn Arndt, Herrn Droste und Herrn Nolte anwenden? Begründe deine Meinung.

6. Nimm Stellung zu der häufig geäußerten Forderung nach einem „bedingungslosen Grundeinkommen".

▶ Büroarbeit

▶ Fliesenlegen

Lohnformen

Arbeitnehmer stellen ihre Arbeitskraft einem Arbeitgeber zur Verfügung und erhalten als Gegenleistung dafür ein Entgelt, das „Lohn" genannt wird. Lohn ist ein festgelegtes, regelmäßiges Arbeitsentgelt, das Arbeitnehmer für ihre geleistete Arbeit erhalten.

Arbeitseinkommen werden je nach Berufen unterschiedlich bezeichnet (siehe Tabelle). Bei der Entlohnung von Arbeitern werden im Wesentlichen die Lohnformen Zeit- und Leistungslohn unterschieden.

Entgelt-bezeichnung	Empfänger
Lohn	Arbeiter
Gehalt	Angestellte und Beamte
Honorar	Ärzte, Rechtsanwälte, Architekten …
Provision	Versicherungsvertreter
Sold	Soldaten
Ausbildungs-vergütung	Auszubildende

▶ Arbeitseinkommen

Der Zeitlohn

B Frau Malek ist Bürokauffrau in einer Speditionsfirma. Sie erhält ein Monatsgehalt von 2.100 Euro brutto und arbeitet 40 Stunden in der Woche. Herr Kemper ist als Lagerarbeiter bei der Spedition angestellt. Er erhält einen Stundenlohn von 12 Euro. Beide erhalten Zeitlohn. ■

Zeitlöhne beziehen sich auf die Anwesenheit am Arbeitsplatz und werden gezahlt, wenn
– der Arbeitnehmer das Arbeitstempo nicht bestimmen kann. So weiß z. B. Frau Malek nicht sicher, wie viele Lkws sie an einem Tag abzufertigen hat.
– es bei der Arbeit auf Qualität, Sorgfalt, Genauigkeit ankommt.
– die geleistete Arbeit nur schwer oder gar nicht messbar ist.

Leistungslohn: Akkordlohn

B Frau Böttner ist Fliesenlegerin. Sie muss sich das dafür benötigte Material selbst vorbereiten, bevor sie beginnen kann. Pro Quadratmeter verlegter Fliesen erhält sie dann 15 Euro. Die Höhe ihres Lohnes ist also abhängig von der sichtbar („messbar") erbrachten Arbeitsleistung. ■

B Herr Lummer ist Maler. Ihm wird eine Zeit von 3 Minuten pro Quadratmeter Anstrich vorgegeben, d. h. in dieser Zeit sollte er den Quadratmeter schaffen (Vorgabezeit). Schafft er mehr Quadratmeterfläche in der vorgegebenen Zeit, erhält er mehr Lohn. ■

INFO

Beispiel für die Berechnung des Akkordlohnes: Schafft Herr Lummer 160 m² am Tag so erhält er 160 m² x 3 Min/m² = 480 Min x 18 Ct. = 86,40 €

▶ Autoverkauf

▶ Ein Abteilungsleiter im Personalwesen

Leistungslohn: Der Prämienlohn

Herr Pahl ist Autoverkäufer für Neuwagen beim Autohaus Thiel. Er erhält einen monatlichen Grundlohn und für jedes verkaufte Auto zusätzlich eine <u>Prämie</u>. Sein Verdienst kann von Monat zu Monat unterschiedlich sein: Je mehr Autos er absetzt, desto höher ist sein Verdienst. Wenn er einen schwachen Monat hat und wenig Autos verkauft, erhält er nur den Grundlohn.

Auch in Produktionsbetrieben kann eine zusätzliche Entlohnung durch Zahlung einer Prämie zwischen Betrieb und Mitarbeitern vereinbart werden. Eine solche Prämie kann ausgezahlt werden, wenn der Umsatz oder der Gewinn des Unternehmens hoch ausfällt.

Der Beteiligungslohn

Herr Berg arbeitet als Schichtführer in einem Industrieunternehmen. Das Unternehmen beteiligt seine Mitarbeiter am Unternehmensgewinn. Das bedeutet, dass er mehr Geld bekommt, wenn das Unternehmen sehr erfolgreich ist. Herr Berg erhält also Beteiligungslohn. Der Beteiligungslohn wird zusätzlich zum Lohn und Gehalt gezahlt und hängt vom Erfolg des Unternehmens ab. Das heißt, dass möglichst alle Mitarbeiter sehr gute Leistungen zeigen und fleißig sein müssen. Die Arbeitnehmer fühlen sich „ihrem" Unternehmen stärker verbunden und sie sind eher bereit, hohe Leistungen zu erbringen. Beteiligungslohn trägt damit zur Motivation und zu hohem Engagement der Mitarbeiter bei.

Prämie
Als Prämie bezeichnet man eine als Auszeichnung oder Anerkennung gewährte Leistung.

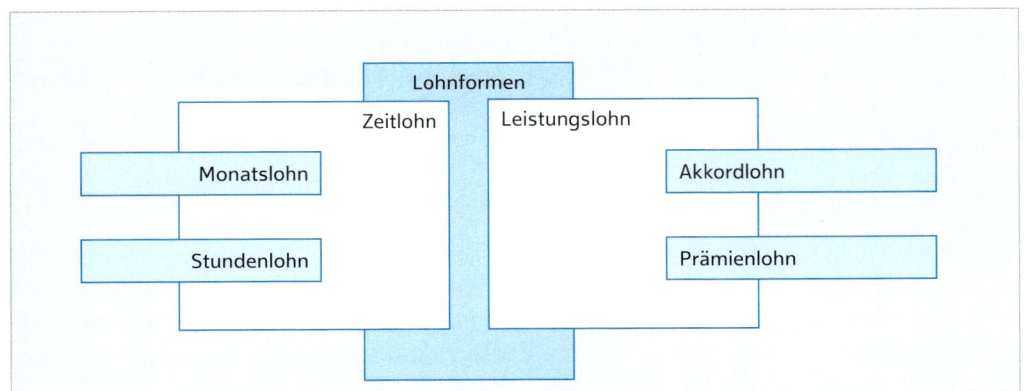

1. Ordne die Lohnformen den Fotos auf diesen beiden Seiten zu.

2. Lege eine Tabelle an und ermittle die Vor- und Nachteile der jeweiligen Lohnform einmal aus Sicht der Arbeitnehmer und einmal aus Sicht der Arbeitgeber.

3. Begründe, warum einer Erzieherin kein Akkordlohn gezahlt werden kann.

Die Gehaltsabrechnung

B Frau Malek arbeitet als Bürokauffrau in einer Speditionsfirma. In ihrem Arbeitsvertrag ist ein monatlicher Verdienst von 2.100 Euro vereinbart. Dieser Verdienst wird auch als **Bruttoverdienst** bezeichnet. Als ihre Firma das Geld auf ihr Konto überweist, findet sie dort aber nur einen Betrag von 1.445 Euro vor. Dies ist der sogenannte **Nettoverdienst**. Von dem vereinbarten Bruttoverdienst in Höhe von 2.100 Euro sind 655 Euro abgezogen worden. ■

Durch diese Abzüge vom Bruttolohn trägt jeder Bürger zum Wohl der Gemeinschaft bei. Diese Summen kommen den Bürgern also wieder zugute, z. B. Kindergeld usw.

Arbeitnehmerinnen und Arbeitnehmer müssen im Allgemeinen **Sozialabgaben** (z. B. Renten- und Krankenversicherung) und **Steuern** (z. B. Lohnsteuer) zahlen. Die Differenz aus Bruttoverdienst und Nettoverdienst entsteht durch die Zahlung dieser Sozialabgaben und Steuern.

In unserem Beispiel setzt sich der Bruttoverdienst von Frau Malek wie folgt zusammen:

Bruttoverdienst: 2.100 Euro	
– Sozialabgaben: 406 Euro	– Steuern: 249 Euro
= Nettoverdienst: 1.445 Euro	

Sozialabgaben

Die Sozialabgaben umfassen die Beiträge zur Kranken- und Pflegeversicherung, zur Rentenversicherung und zur Arbeitslosenversicherung. Wird Frau Malek z. B. krank, so ist die ärztliche Versorgung, soweit sie von der gesetzlichen Krankenkasse übernommen wird, kostenlos. Wird Frau Malek wegen Auftragsmangels entlassen, hat sie, wenn bestimmte Voraussetzungen erfüllt sind, Anspruch auf Arbeitslosengeld. Anspruchsdauer und -höhe richten sich u. a. nach dem Lebensalter und der Höhe des Arbeitseinkommens.

Die Beiträge zur Sozialversicherung werden von Arbeitnehmer (= AN) und Arbeitgeber je zur Hälfte getragen. Wenn die Ausgaben der Krankenkassen zu stark ansteigen, können diese einen Zusatzbeitrag von den Versicherten einfordern (2016 betrug dieser 1,1 %). Die Arbeitgeber beteiligen sich daran nicht. Die 406 Euro, die Frau Malek vom Bruttoverdienst abgezogen werden, sind also nur ihr Teil zur Sozialversicherung, den anderen Teil zahlt die Speditionsfirma in die verschiedenen Versicherungen ein.

Im Fall von Frau Malek könnte die Rechnung beispielhaft so aussehen:

Sozialabgabe	AN-Anteil 2016	Betrag (gerundet)
Kranken-versicherung	7,3 %	153 Euro
Zusatzabgabe	1,1 %	23 Euro
Pflege-versicherung	1,175 %	25 Euro
Renten-versicherung	9,35 %	196 Euro
Arbeitslosen-versicherung	1,5 %	32 Euro
Summe		429 Euro

Die Höhe der Sozialabgaben und Steuern richtet sich immer nach dem Bruttoverdienst. Man kann also sagen: Wer mehr verdient, zahlt auch mehr Steuern und Sozialabgaben.

Sonderregelungen gibt es für Geringverdienende, z. B. für Jugendliche, die ein Freiwilliges Soziales Jahr leisten, sogenannte Minijobber, die nicht mehr als 450 Euro monatlich verdienen, oder auch für Personen, die zeitlich befristeten Ferienjobs nachgehen.

Steuern

Steuern, die vom Bruttoverdienst entrichtet werden müssen, sind die Lohnsteuer, der Solidaritätszuschlag und gegebenenfalls die Kirchensteuer.

Die Lohnsteuer macht den größten Teil davon aus. Sie wird vom Arbeitgeber direkt an das Finanzamt, d. h. den Staat, abgeführt und ausschließlich vom Arbeitnehmer bzw. der Arbeitnehmerin gezahlt. Frau Malek hat insgesamt folgende Steuerabzüge:

Steuerart	Betrag (gerundet)
Lohnsteuer	219 €
Kirchensteuer	18 €
Solidaritätszuschlag	12 €
Summe	249 €

Wie viel bleibt vom Brutto übrig? oder: Brutto-Netto-Berechnung

Damit man selbst z. B. als Berufsanfänger oder beim Abschluss eines neuen Arbeitsvertrags einen ersten Überblick bekommt, wie hoch das monatliche Nettoeinkommen beim entsprechenden Bruttolohn laut Arbeitsvertrag (ohne Berücksichtigung weiterer Zusatzleistungen des Betriebes) etwa ausfällt, kann man sich im Internet mit sogenannten „Gehaltsrechnern" relativ einfach helfen lassen.

Bei diesen Rechnern gibt man nur wenige persönliche Daten ein, es werden dann automatisch Sozialabgaben sowie Steuern abgezogen.

Lohnart		
Lohn		2.500,00
Bruttobezüge	2.500,00	2.500,00
Freibetrag		
Pauschalversteuert		
Steuerfrei		
Steuerpflichtige Bruttobezüge	2.500,00	
Lohnsteuer	399,16	
Solidaritätszuschlag	21,95	
Kirchensteuer	31,93	
Krankenversicherung	197,50	
Rentenversicherung	248,75	
Arbeitslosenversicherung	35,00	
Pflegeversicherung	24,38	
Summe der Abzüge	958,67	958,67
Nettobezüge		1.541,33
Auszahlung		**1.541,33**

Verdienstbescheinigung				bis Januar 20..
Bruttobezüge	stpfl.-Brutto	Lohnsteuer	KiSteuer	Sol.-Zuschlag
2.500,00	2.500,00	399,16	31,93	21,95
Sozial.-VS	Nettoverdienst	Nettoabzüge	VwL	Auszahlung
505,63	1.541,33			1.541,33

▶ Auszug aus einer Lohnabrechnung

1. ▮ Recherchiert Informationen zu der Steuer- und Abgabenpflicht Auszubildender (z. B. unter www.planet-beruf.de) und fasst diese in eigenen Worten zusammen.

2. ▮ Findet im Internet heraus, wie hoch der monatliche Verdienst in euren Wunschberufen nach der Ausbildung ist. Sucht anschließend im Internet einen Gehaltsrechner und lasst euch den voraussichtlichen Nettoverdienst (ohne Zusatzleistungen) berechnen.
   Beurteilt die Ergebnisse für eure Berufswahl und eure persönliche Zukunftsplanung.

Ziele von Unternehmern und Beschäftigten

Unternehmen brauchen die Arbeitskraft ihrer Mitarbeiter, umgekehrt brauchen die Menschen Unternehmen zur Sicherung ihres Einkommens. Beide Akteure im Wirtschaftsgeschehen sind also aufeinander angewiesen. Eigentümer von Unternehmen wollen mit dem Unternehmen nicht nur ihre Produkte und Dienstleistungen erstellen, sondern auch verkaufen und möglichst hohe Gewinne erzielen, damit sie dauerhaft bestehen oder sogar weiter wachsen können.

Für Arbeitnehmer, die dem Unternehmen ihre Arbeitskraft zur Verfügung stellen, sind die erhaltenen Löhne und Gehälter Grundlage für die Sicherung ihrer Existenz.
Für die Unternehmen sind die Löhne und Gehälter, die sie ihren Beschäftigten zahlen müssen, Kosten. Je höher der Lohn, desto teurer sind die Arbeitskräfte für ein Unternehmen.

Lohn hat damit für die Arbeitnehmer und die Arbeitgeber unterschiedliche Bedeutung. Es gibt also einen Konflikt um Lohn und Leistung innerhalb der Arbeitsbeziehungen. Weitere Konflikte in der Beziehung zwischen den beiden Akteuren können entstehen, wenn es um die betriebliche Mitbestimmung geht, um Arbeitszeiten, Urlaub usw.

Wie solche Konflikte ablaufen können und wie nach Lösungen gesucht wird, kann am Beispiel der Tarifverträge und Tarifverhandlungen ab S. 92 gezeigt werden.

INFO

Tarifauseinandersetzung:

Verhandlungen zwischen Arbeitgebervereinigungen und Gewerkschaften als Vertretungen der Arbeitnehmer, z.B. um höhere Löhne und Gehälter.

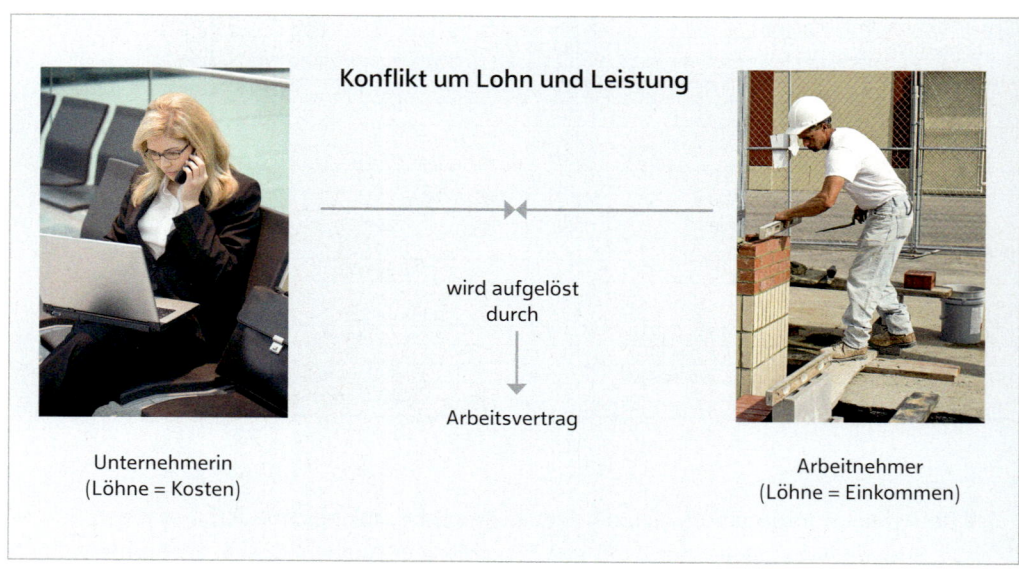

Konflikt um Lohn und Leistung

wird aufgelöst durch

Arbeitsvertrag

Unternehmerin
(Löhne = Kosten)

Arbeitnehmer
(Löhne = Einkommen)

1. Begründe, warum ein Betrieb Gewinn machen muss.

2. Stelle die unterschiedlichen Interessen der Unternehmer und die der Arbeitnehmer in Bezug auf das Konfliktthema Löhne gegenüber.

Aussagen von Unternehmer/innen:

An erster Stelle steht für mich die Kundenzufriedenheit, wir möchten die Kundenwünsche möglichst gut erfüllen und hohe Qualität liefern.

Wir müssen Gewinne machen: Nur dann kann ich in mein Unternehmen investieren, z. B. neue Maschinen kaufen. Man muss auf dem neuesten Stand sein. So können wir uns weiterentwickeln und bleiben wettbewerbsfähig.

Für mich ist die Zufriedenheit der Mitarbeiter wichtig. Sie sollen sich selbst mit Ideen und Verbesserungsvorschlägen einbringen, damit sie motiviert sind und ihr Bestes geben.

Als Chefin muss ich darauf achten, dass wir immer genug Aufträge haben, damit genug Beschäftigung da ist. Nur dann kann ich Arbeitsplätze erhalten, neue schaffen oder Auszubildende einstellen.

Eine Unternehmerin trägt ein hohes Risiko und hat viel Verantwortung, damit die Ziele erreicht werden und z. B. auch niemand entlassen werden muss. Manchmal kommt es auch zu Konflikten mit den Mitarbeitern, von denen ich viel erwarte, damit wir Gewinne haben.

Der Kunde achtet auf „günstige" Preise. Ich muss daher auch die Personalkosten niedrig halten, damit die Herstellungskosten nicht zu hoch und das Produkt am Ende nicht zu teuer ist.

Ganz klar: Für ein Unternehmen und seine Inhaber ist es die wichtigste Aufgabe, mehr Erträge zu erwirtschaften als Ausgaben zu haben. Nur so kann ein Unternehmen auf Dauer bestehen.

Immer wichtiger ist auch der Umweltschutz. Viele Kunden achten darauf, dass die Umwelt möglichst wenig belastet wird und dass die Produkte oder Bestandteile nicht gesundheitsschädlich sind. Dennoch soll der Preis niedrig sein.

---

1. Stelle zusammen, welche Ziele von Unternehmer/innen genannt werden. Unterscheide nach wirtschaftlichen, sozialen und ökonomischen Zielen.

2. Erläutere mithilfe eines Beispiels aus deiner Umgebung, warum die Kundenzufriedenheit ein wichtiges Unternehmensziel ist. Was würde vermutlich geschehen, wenn die Kunden nicht zufrieden wären?

3. Analysiere, warum Betriebe pleite gehen können und wer alles von der Schließung eines Unternehmens betroffen wäre. Beachte auch die linke Seite.

▶ Bäckermeister Rainders   ▶ Verkäuferin Frau Seibert   ▶ Kundin in der Bäckerei

Ein Unternehmen – viele verschiedene Ziele

Nicht nur die Leiter/innen von Unternehmen haben Ziele, sondern auch die Mitarbeiter und Mitarbeiterinnen. Selbst Personen, die dem Unternehmen nicht angehören, können Ziele verfolgen und Anforderungen an ein Unternehmen stellen. Dabei können Konflikte auftreten, wenn die unterschiedlichen Parteien versuchen, ihre Interessen durchzusetzen bzw. Ziele zu erreichen.

B In der folgenden Konfliktsituation sind unterschiedliche Personen mit ihren jeweiligen Zielsetzungen beteiligt.

Bäckermeister Hans Rainders, Inhaber einer großen Bäckerei, gibt auf einer Betriebsversammlung bekannt, dass er eine Filiale im neuen Einkaufszentrum eröffnen wird:
„Ich habe das große Glück, eine Filiale im neuen Einkaufszentrum eröffnen zu können. Nun muss ich mich aber auch nach den Öffnungszeiten dort richten: täglich bis 21.00 Uhr. Dass das meinen Angestellten nicht schmeckt, ist mir klar, aber wir müssen uns da auch nach der Konkurrenz richten. Außerdem sichere ich damit ja auch Arbeitsplätze."

Maria Seibert, Verkäuferin in Herrn Rainders Bäckerei, verheiratet, zwei Kinder:

„Da musste ich aber schlucken, als ich die Nachricht hörte. Zwar stehe ich nicht jeden Tag bis 21.00 Uhr in der Bäckerei, aber die paar Male reichen, um unser gesamtes Familienleben durcheinanderzubringen."

Sabine Schulz, Buchhalterin in der Bäckerei von Herrn Rainders, voll berufstätig:
„Ich kann Maria verstehen, aber da bin ich mir selbst doch die Nächste: Endlich muss ich mich nach Feierabend nicht mehr so abhetzen, um noch etwas zu essen einzukaufen. Unerwartete Überstunden machen mir jetzt auch nichts mehr aus."

Silvia Becker, bisher Geringbeschäftigte, demnächst arbeitet sie 75 %:
„Die Arbeitszeiten werden flexibler, das ist für mich ok, da ich keine Kinder habe. Und wenn ich mehr Stunden und Spätschicht arbeiten kann, erhalte ich auch mehr Lohn, d.h., meine Existenz ist besser abgesichert, ich kann mir mehr leisten, und die Rente später ist höher. Ich muss allerdings darauf achten, dass ich bei der Mehrbelastung gesund bleibe."

Frank Klattenberg, Mitarbeiter und Anwohner in der Nähe des neuen Einkaufszentrums:
„Natürlich ist mir die Sicherheit meines Arbeitsplatzes wichtig, aber ich möchte auch ein ruhiges Zuhause. Wir rechnen mit einer erheblichen Lärmbelastung in den Abendstunden, und das mit kleinen Kindern." ■

---

1. ▤ Bearbeitet die nachfolgenden Methodenseiten zum Rollenspiel. Spielt die Diskussion der Mitarbeiter/innen bei der Betriebsversammlung durch. Alle notwendigen Informationen zum Rollenspiel sowie mögliche Argumente, die noch ergänzt werden sollten, findet ihr hier und auf den Seiten 83–84.

Rollenspiel: Wie werden Konflikte ausgetragen?

Das Rollenspiel ist eine Methode, die sich eignet, unterschiedliche Zielsetzungen von Personen oder Konflikte aufzudecken, soziale Verhaltensweisen einzuüben sowie Lösungsvorschläge zu entwickeln und zu erproben. Rollenspiele konfrontieren uns mit einer vorgegebenen Konflikt- und Problemsituation, die durch spielerisches Handeln bewältigt werden soll.

Verlauf des Rollenspiels

Schritt ❶
Informationsphase

In der Informationsphase geschieht Folgendes:
- „Anwärmen" der Gruppe
- Konfrontation mit dem Problem

Schritt ❷
Vorbereitungsphase für das Rollenspiel

Die Schülerinnen und Schüler bereiten sich vor:
- Konfliktsituation darstellen
- verschiedene Rollen vorstellen
- Rollenkarten erstellen
- Teilnehmer/innen für das Rollenspiel festlegen
- Planen des Szenenaufbaus/der Sitzordnung
- Einstellen der Zuschauer/innen auf ihre Rolle
  als teilnehmende Beobachter/innen
- Verteilung von Beobachtungsaufträgen

Die Rollenspieler/innen lesen ihre Rollenkarten und sammeln Argumente für das Rollenspiel.

Schritt ❸
Rollenspielphase

Die Teilnehmer/innen spielen das Rollenspiel, die anderen Schülerinnen und Schüler verfolgen die Diskussion der Rollenspieler/innen, bilden sich eine eigene Meinung und notieren Beobachtungen. Es kann sinnvoll sein, einen zweiten und dritten Durchgang durchzuführen und die Durchgänge danach zu vergleichen. Achtet darauf, dass nicht immer dieselben Argumente vorgebracht werden. Spielt eure Rolle so realistisch wie möglich.

Schritt ❹
Diskussionsphase

Nach den verschiedenen Durchgängen des Rollenspiels wird in der Klasse über die vorgebrachten Argumente der Rollenspieler/innen diskutiert. Das Spielgeschehen wird besprochen und untersucht. Vor allem geht es um das Verhalten und die Aussagen der Spieler/innen:
- Waren die Argumente stichhaltig?
- Sind die Spieler/innen aufeinander eingegangen?
- Wer hat sich durchgesetzt?
- Wie hat sich der Spieler/die Spielerin durchgesetzt?
- Wie haben sich die Spieler/innen gefühlt?

Schritt ❺
Ergebnisphase

Durch Spielleiter/in, Lehrer/in oder andere Schülerinnen und Schüler werden die Ergebnisse der Diskussion zusammengefasst (z. B. an der Tafel).

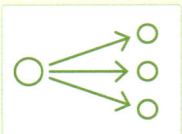

Schritt ❻
Verallgemeinerungsphase

Alle Schülerinnen und Schüler erhalten Informationen, die über das spezielle Thema des Rollenspiels hinaus allgemeine Erkenntnisse vermitteln. Weitere Rollenspieldurchgänge können das Ergebnis bestätigen oder vertiefen.

Schritt ❼
Übertragungsphase

Die gewonnenen Informationen und Erkenntnisse aus dem Rollenspiel ermöglichen die Lösung anderer Fallsituationen.

Um den hier vorgestellten Konflikt einmal oder mehrmals durchspielen zu können, braucht ihr vier Rollenspielkarten, die ihr noch erweitern könnt:

Hans Rainders
Bäckermeister, Inhaber der Bäckerei
– trägt die wirtschaftliche Verantwortung für sein Unternehmen.
– sichert mit seiner Bäckerei Arbeitsplätze.
– hat seine Konkurrenten genau im Blick.
– ...

Sabine Schulz
Buchhalterin, voll berufstätig
– ist durch die längeren Öffnungszeiten im Einkaufszentrum freier in ihrer Zeiteinteilung.
– geht nach Feierabend gerne noch in Ruhe einkaufen.
– ...

Maria Seibert
Verkäuferin, verheiratet, zwei Kinder
– möchte neben der Arbeit genug Zeit für ihre Familie haben.
– muss ihre Arbeitszeiten mit denen ihres Mannes abstimmen.
– muss die Betreuung ihrer Kinder sicherstellen, notfalls gegen Bezahlung.
– ...

Frank Klattenberg
Mitarbeiter und Anwohner, Familienvater
– mag ein ruhiges Zuhause.
– möchte seine Kinder vor zu starker Abgasbelastung schützen.
– hält längere Öffnungszeiten nicht für wichtig.
– ...

Arbeitsvertrag für Arbeitnehmer
(unbefristet)

Zwischen der Firma als Arbeitgeber

und Herrn/Frau
geb. am
wohnhaft in
als Arbeitnehmer/-in

wird folgender Vertrag geschlossen:

§ 1 Anstellung und Probezeit	§ 10 Kündigung und Vertragsbeendigung
§ 2 Allgemeine Pflichten	§ 11 Vertragsstrafe
§ 3 Arbeitszeit und Entgeltzahlung	§ 12 Rückgabe von Arbeitsmaterial
§ 4 Mehrwert/Überstunden	§ 13 Personalfragebogen
§ 5 Sonderzahlungen	§ 14 Betriebsordnung
§ 6 Urlaub	§ 15 Minderjährige
§ 7 Arbeitsverhinderung, Krankheit und Kur	§ 16 Datenschutz
§ 8 Abtretung von Schadensersatzansprüchen	§ 17 Vertragsänderungen/Nebenabreden/Teilungültigkeit
§ 9 Abstellen von Fahrzeugen	§ 18 Ausschlussfrist
	§ 19 Sonstige Vereinbarung

Ort, Datum

_____   _____
Unterschrift des Arbeitgebers   Unterschrift des Arbeitnehmers/der Arbeitnehmerin

▶ Die Inhalte eines Arbeitsvertrages

Die Arbeitsbeziehungen in einem Unternehmen

Unternehmen – mit vielen Verträgen

Frau Malek arbeitet mit 46 weiteren Mitarbeitern in einer Spedition. Der Betrieb ist sehr erfolgreich und das Betriebsklima ist gut. Ihrem Chef, dem Arbeitgeber, ist es wichtig, dass jeder Mitarbeiter seine Arbeit fleißig und pflichtbewusst verrichtet und es möglichst keine Konflikte gibt. Die Mitarbeiter untereinander, aber auch der jeweilige Arbeitgeber mit seinen Arbeitnehmern, haben eine „Arbeitsbeziehung".

Mit dem Begriff „Arbeitsbeziehungen" sind die Beziehungen zwischen Arbeitgebern und Arbeitnehmern gemeint, die tagtäglich bei der Erstellung von Dienstleistungen oder der Produktion von Sachgütern gegeben sind.

Deshalb sind in Unternehmen, in denen Menschen miteinander arbeiten, Regelungen erforderlich, um die Zusammenarbeit zu organisieren. Viele dieser Regelungen sind im Arbeitsrecht enthalten (Arbeitsschutz, Tarifrecht, Mitbestimmungs- und Betriebsverfassungsrecht).

Man braucht einen Arbeitsvertrag, den Arbeitgeber und Arbeitnehmer miteinander schließen. Wie der Vertrag gestaltet ist, und damit die Beziehung zwischen dem Arbeitnehmer und dem Arbeitgeber geregelt ist, wird durch Gesetze und sonstige Regelungen festgelegt (z. B. Jugendarbeitsschutzgesetz, Tarifverträge, Regelungen, die direkt zwischen Arbeitnehmern und Arbeitgebern getroffen werden).

1. ▊ Schaue im Internet nach der Bedeutung der folgenden Begriffe des Arbeitsrechts und erläutere, was mit ihnen geregelt wird: Arbeitsschutz, Tarifrecht, Mitbestimmungs- und Betriebsverfassungsrecht.

2. ▊ Untersuche drei der Paragrafen aus dem Arbeitsvertrag und ermittle, was sich dahinter verbirgt.

3. ▊ Begründe, warum der § 16 zum Datenschutz gerade in der heutigen Zeit wichtiger Bestandteil eines Arbeitsvertrages sein muss.

 Starthilfe zu 1:

www.gesetze-im-internet.de/bundesrecht/jarbschg/gesamt.pdf
Hier findest du alle Bestimmungen des Jugendarbeitsschutzgesetzes.

▶ Gemeinsame Kontrolle an einer Maschine

▶ Besprechung unter Kolleginnen

Pflichten und Rechte des Arbeitgebers und des Arbeitnehmers

B Bernd Krämer ist eigentlich ein netter Kollege, aber er sieht immer alles schwarz und seine Fantasie geht mit ihm durch:
„Also, was ich da gehört habe, schlimm, schlimm …

- Kemper und Voss können in zwei Monaten gleich zu Hause bleiben. Dann kommen die neuen Maschinen und daran sind beide nicht ausgebildet.
- Kuhlmann will in seine Personalakte schauen. Lässt sich der Chef doch nicht gefallen!
- Hagen hat gemotzt, weil ihm keiner seine Lohnabrechnung erklärt.
- Außerdem hatte Hagen schon an seinem ersten Arbeitstag Krach geschlagen, weil ihn niemand gewarnt hatte, dass das Sicherheitssystem an der Formpresse kaputt war. War auch gefährlich, hätte er aber selbst überprüfen müssen."

„Bernd", mischt sich Betriebsratsmitglied Hans Löb ein, „halt lieber die Klappe, du redest dummes Zeug!"
Hans Löb kennt sich aus und weist die Behauptungen seines Kollegen aus gutem Grund zurück: Nach dem Betriebsverfassungsgesetz (§ 81 bis 86a BetrVG) hat jeder Arbeitgeber gewisse Pflichten.

- Danach müsste der Vorgesetzte mit Kemper und Voss z. B. eine innerbetriebliche Weiterbildung erörtern,
- kann Hagen darauf bestehen, dass ihm seine Gehaltsabrechnung erklärt wird,
- hätte Hagen zuerst über Unfallgefahren belehrt werden müssen.

Diese Rechte stehen den Arbeitnehmern nach dem Betriebsverfassungsgesetz zu. ■

Die Beispiele, die in dem Gespräch genannt werden, zeigen, dass für einen Arbeitnehmer in einem Unternehmen rechtliche Regelungen zu seinem Schutz geschaffen worden sind. Die Rechte und Pflichten von Arbeitgebern und Arbeitnehmern sind im Betriebsverfassungsgesetz (BetrVG) geregelt. Jeder, der in einem Betrieb tätig ist, sollte daher die wichtigsten Bestimmungen dieses Gesetzes kennen, um bei auftretenden Problemen richtig handeln zu können.

In verschiedenen Gesetzen wie bspw. dem Berufsbildungsgesetz (BBiG), Jugendarbeitsschutzgesetz oder in der Handwerksordnung sind die Rechte und Pflichten der Auszubildenden festgelegt. Die Ausbilder sollten ihre Lehrlinge immer wieder darauf hinweisen. Auch im Kapitel Betriebsrat (ab S. 88) werden besondere Rechte von Arbeitnehmern (z. B. Kündigungsschutz) noch einmal aufgegriffen.

⇥ Starthilfe zu 1:

www.gesetze-im-internet.de/betrvg/index.html

1. Bildet Kleingruppen und untersucht pro Gruppe einen der folgenden Paragrafen des Jugendarbeitsschutzgesetzes. Anschließend erklärt ihr diese euren Mitschülern in eigenen Worten: § 5 und § 7; § 8 und § 9; § 11–13; § 14 und § 15; § 16 und § 17; § 18 und § 19.

▶ Betriebsverfassungsgesetz

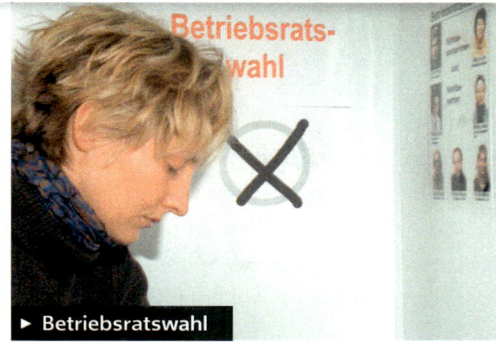

Betriebsrats-
wahl

▶ Betriebsratswahl

Rechtlicher Rahmen:
Das Betriebsverfassungsgesetz

Du hast schon einiges darüber erfahren, weshalb es zwischen Arbeitnehmern und -gebern Regelungen geben muss.

Die wesentlichen Arbeitsbeziehungen sind im **Betriebsverfassungsgesetz** geregelt. Man könnte das Betriebsverfassungsgesetz sozusagen als das Grundgesetz für Betriebe bezeichnen. Es regelt die Rechte und Pflichten der Arbeitgeber und Arbeitnehmer.

Mit dem Gesetz soll die Idee der Partnerschaft zwischen den Mitarbeitern des Betriebes und der Betriebsleitung verwirklicht werden.

Wie kann eine „partnerschaftliche" Arbeitsbeziehung aussehen?
– Die Zusammenarbeit soll vertrauensvoll zum Wohle der Arbeitnehmer und des Betriebes (§ 2 BetrVG) sein,
– Streitfragen innerhalb des Betriebes sind grundsätzlich friedlich zu lösen,
– betriebliche Arbeitskämpfe sind verboten.
– Die Rechte von Betriebsrat (s. Seite 88 f.) bzw. Personalrat sind von größerem Gewicht als die des Einzelnen.

Was ein Betriebsrat ist und was genau seine Aufgaben sind, erfährst du auf den kommenden Seiten.

▶ Gewerkschaftsplakat von 1947. Nach dem 2. Weltkrieg werden auch in wirtschaftlichen Belangen rechtsstaatliche und demokratische Prinzipien verankert.

INFO

Betriebsverfassungsgesetz

Ein besonders wichtiges Gesetz ist das Betriebsverfassungsgesetz. Es gilt für private Unternehmen.

Für öffentliche Unternehmen (z. B. Rathäuser und Ämter) ist die betriebliche Mitbestimmung (s. Seite 89) durch das Personalvertretungsgesetz geregelt. Dort wird kein Betriebsrat, sondern ein Personalrat gewählt.

---

1. Diskutiert die Aussage des oben stehenden Plakates.

Der Betriebsrat

Weil Maschinenbauingenieur Bernd Krämer noch relativ neu im Betrieb ist und sich noch nicht ausreichend informiert fühlt, wofür es in seiner Firma einen Betriebsrat gibt, fragt er seinen erfahrenen Kollegen Hans Löb:

Krämer: „Sag mal, Hans, wie bist du eigentlich in den Betriebsrat gekommen?"
Löb: „Ich habe mich schon immer sehr für die Abläufe in unserem Betrieb interessiert und mich für meine Kollegen eingesetzt, über meine eigentliche Tätigkeit als Techniker hinaus. Und so kam es, dass ich Vertreter der Belegschaft wurde."

Krämer: „Und du bist dazu gewählt worden?"
Löb: „Ja, die wahlberechtigten Betriebsangehörigen haben mich gewählt."

Krämer: „Sag mal, wie kommen wir an die Informationen, wie erfahren wir, was ihr besprochen habt im Betriebsrat, oder ist das geheim?"
Löb: „Nein, damit die Betriebsangehörigen über die Arbeit des Betriebsrats informiert werden können, müssen wir, also der Betriebsrat, in regelmäßigen Abständen Betriebsversammlungen durchführen."

Krämer: „Und über was sprecht ihr da alles?"
Löb: „Es gibt allgemeine Aufgaben, die immer wieder anliegen. Also je nachdem, was gerade aktuell ist. Zum Beispiel überwachen wir, ob Gesetze und Verträge zugunsten der Arbeitnehmer eingehalten werden oder ob es Beschwerden gibt. Wir nehmen Anre-

gungen von Arbeitnehmern und Jugendvertretern entgegen und verhandeln mit dem Arbeitgeber darüber. Wir fördern die Eingliederung schwerbehinderter Mitarbeiter und auch ausländischer und älterer Arbeitnehmer im Betrieb. Regelmäßig führen wir auch die Wahl der Jugendvertretung durch, bekämpfen Unfall- und Gesundheitsgefahren bzw. führen Maßnahmen zum Schutz der Gesundheit und Sicherheit am Arbeitsplatz durch."

Krämer: „Also könnte man sagen, dass ihr euch für unsere Rechte stark macht?"
Löb: „Ja, genau, hauptsächlich vertreten wir die im Betriebsverfassungsgesetz festgesetzten Rechte der Arbeitnehmer gegenüber der Unternehmensleitung und achten darauf, dass diese Rechte eingehalten werden. Das ist unsere Hauptaufgabe, die wir sehr ernst nehmen und für die wir uns mit aller Kraft einsetzen."

Zur genauen Zahl der Betriebsratsmitglieder vgl. BetrVG § 9 https://www.gesetze-im-internet.de/betrvg/__9.html

INFO

Wahlen zum Betriebsrat

– Im Betrieb müssen mindestens fünf wahlberechtigte Arbeitnehmer beschäftigt sein.

– Die Größe des Betriebsrats richtet sich nach der Anzahl der wahlberechtigten Arbeitnehmer einem Betrieb. Je größer ein Betrieb ist, desto mehr Mitglieder hat der Betriebsrat.

– Wahlberechtigt sind alle Arbeitnehmer über 18 Jahre.

– Wählbar sind alle Wahlberechtigten, die mindestens sechs Monate im Betrieb beschäftigt sind.

1. Welche persönlichen Eigenschaften sollte ein Betriebsratsmitglied mitbringen, um sein Amt gut auszuüben?

2. Nenne Gründe, warum es sinnvoll ist, dass Betriebe einen Betriebsrat einrichten.

3. Überlege, warum manche Unternehmensleitungen die Gründung eines Betriebsrates nicht gutheißen.

▶ Betriebsratssitzung

▶ Wahlzettel zur Betriebsratswahl

Bei einer der nächsten Betriebsversammlungen beschweren sich einige Mitarbeiter von Bernd Krämer und Hans Löb darüber, dass der Betriebsrat zu wenig für die Arbeitnehmer kämpft und sich nicht durchsetzen würde gegen die Unternehmensleitung. Hans Löb erklärt daraufhin allen Teilnehmern an der Versammlung noch einmal die unterschiedlichen Rechte des Betriebsrates:

„Kollegen, Ihr müsst unterscheiden zwischen **Mitwirkungsrechten** und den **Mitbestimmungsrechten**: Bei der Mitwirkung entscheidet die Unternehmensleitung. Nur wenn es um Mitbestimmungsrechte geht, darf der Betriebsrat auch mitentscheiden!"

Mitarbeiterin Karin Berg fragt genauer nach: „Herr Löb, was sind denn diese sogenannten Mitwirkungsrechte, was kann ich mir darunter vorstellen? Haben Sie Beispiele dafür?"

Mitwirkungsrechte
Löb: „Unter Mitwirkung fällt einerseits das **Informationsrecht**. Der Arbeitgeber teilt uns seine Pläne anhand von Unterlagen mit. Dies ist beispielsweise bei der Neubesetzung einer leitenden Stelle der Fall.

Auch das **Anhörungsrecht** gehört dazu: Unser Arbeitgeber teilt uns seine Pläne mit und wir geben eine Stellungnahme dazu ab innerhalb einer bestimmten zeitlichen Frist. Dies kommt vor, wenn einem Mitarbeiter gekündigt wird.

Wir dürfen auch zusammen mit dem Arbeitgeber **beraten**. Das heißt, wir erörtern und besprechen uns in einem gemeinsamen Gespräch. Dies kann der Fall sein, falls unser Werk geschlossen wird und die Fertigung z. B. ins Ausland verlegt werden würde. Die Entscheidung bleibt bei den Mitwirkungsrechten am Ende aber immer bei der Unternehmensleitung."

Mitbestimmungsrechte
Bernd Krämer will wissen, was denn Mitbestimmung konkret heißt. Auch dies kann ihm Hans Löb beantworten:
„Mitbestimmung heißt, dass die Unternehmensleitung und wir, der Betriebsrat als Vertretung der Arbeitnehmer, Entscheidungen gemeinsam treffen müssen. Hier dürfen wir Arbeitnehmer direkt mitgestalten und haben großen Einfluss. Dies kann zum Beispiel sein, wenn es um neue Arbeitszeiten o. Ä. geht. Da können wir auch eigene Vorschläge einbringen. Wenn es zu keiner Einigung kommt, dann kann die geplante Angelegenheit nicht durchgeführt werden. Man kann dann eine **Einigungsstelle** einschalten, die zu schlichten versucht. Der Spruch dieser Einigungsstelle ist dann verbindlich."

INFO

Einigungsstelle
Sie wird meist im Bedarfsfall eingerichtet und besteht aus Beisitzern, die zu gleichen Teilen von Arbeitgebern und Betriebsrat bestimmt werden.

▶ Eine Betriebsratssitzung

Löb erklärt weiter: „Aber nicht immer darf der Betriebsrat von selbst aktiv werden, also die Initiative ergreifen. Zum Beispiel als wir letztes Jahr unseren neuen Betriebselektriker eingestellt haben, da haben wir im Betriebsrat zwar zustimmen müssen, damit er eingestellt wird. Wir hätten aber keine eigenen Vorschläge machen dürfen.

Auch wenn wir merken, dass die Unternehmensführung etwas beschließt oder durchsetzen möchte, das gegen einen Teil des Betriebsverfassungsgesetz oder andere Regelungen widerspricht, z. B. bei der Urlaubsregelung oder Bezahlung, Überstundenregelungen, Schichtarbeit usw. können wir unsere Zustimmung verweigern. Dann muss die Unternehmensleitung alles noch einmal überdenken und neue Vorschläge machen. "

Kündigungsschutz

Krämer meldet sich noch einmal: „ Sag mal, Hans, hast du nicht Angst, dass du, wenn du dich zu stark für uns Mitarbeiter engagierst, eventuell entlassen wirst, weil deine Meinung dem Arbeitgeber nicht passt oder er es nicht will, dass du dich einmischst?"

Hans Löb schüttelt den Kopf: „Nein, es gibt Gruppen im Betrieb, die sind vor Kündigung besonders geschützt: Dies sind wir Betriebsratsmitglieder und auch die Jugend- und Auszubildendenvertreter des Betriebes. Man verhindert also durch das Betriebsverfassungsgesetz auch, dass kritische und engagierte Mitarbeiter einfach entfernt werden. Ebenso ist es für die Arbeitgeber sehr schwer, Auszubildenden, Schwangeren oder auch Schwerbehinderten zu kündigen."

1. Überlege, warum es für manche betrieblichen Angelegenheiten Mitwirkungsrechte und für andere sogar Mitbestimmungsrechte des Betriebsrates gibt.

2. Ermittle Gründe, warum die Mitwirkungsrechte des Betriebsrats abgestuft sind.

3. Diskutiert Vor- und Nachteile der Mitwirkungs- und Mitbestimmungsrechte des Betriebsrates.

4. Entwickelt eine Grafik, die die wesentlichen Mitbestimmungsrechte anschaulich darstellt und benennt jeweils ein Beispiel.

5. Erkläre und begründe: Über welche persönlichen und sozialen Fähigkeiten sollten Betriebsratsmitglieder verfügen?

Betriebliche Jugend- und Auszubildendenvertretung

Eine Jugendvertreterin berichtet über die Arbeit:

B „Ich heiße Svenja Brand, bin 18 Jahre alt und wurde vor einem Jahr zur Jugendvertreterin gewählt. Als ich anfing, gab es einmal Ärger mit einem Ausbilder: Er hat seine Azubis ständig mit irgendwelchen ausbildungsfremden Arbeiten beschäftigt und nahm es auch mit der Arbeitszeit nicht genau. Beschwerte sich einer, dann sagte er immer nur: ‚Bei uns war das auch so.' Die Leute kamen zu uns und verlangten, wir sollten zur Betriebsleitung gehen. Das geht natürlich nicht. Da wir an den Betriebsratssitzungen teilnehmen, haben wir das da vorgebracht. Der Betriebsrat hat dann mit der Firmenleitung gesprochen. Die muss wohl mit dem Ausbilder gesprochen haben, denn seit der Zeit ist alles ok. Gut, dass unsere Probleme auch gehört und ernst genommen werden." ■

Jugendliche werden durch besondere Regelungen geschützt. Um den Betriebsrat zu wählen, muss man nach dem Betriebsverfassungsgesetz über 18 Jahre alt sein. Jugendliche unter 18 sind aber nicht von der Mitbestimmung ausgeschlossen, denn in allen Betrieben mit mindestens fünf Jugendlichen unter 18 Jahren bzw. Auszubildenden unter 25 Jahren können Jugendvertretungen gewählt werden. Wählbar sind alle Arbeitnehmer des Unternehmens, die ebenfalls noch nicht 25 Jahre alt sind. Mitglieder des Betriebsrats können dabei nicht gewählt werden.

Betriebliche Jugend- und Auszubildendenvertretung

Betriebsrat — Information ▶ / ◀ Anträge / ◀ Stimmrecht in Jugendfragen — Jugend- und Auszubildendenvertretung / 1–15 Vertreter (je nach Anzahl der Jugendlichen und Auszubildenden im Betrieb)

Wahl auf 2 Jahre

Jugend- und Auszubildendenversammlung

Jugendliche Arbeitnehmer (unter 18 Jahren) **und Auszubildende** (unter 25 Jahren)

Aufgaben
- Vertretung der Jugendinteressen im Betriebsrat
- Anträge an den Betriebsrat auf Maßnahmen zugunsten der jungen Betriebsangehörigen
- Anträge zur Gleichstellung von Frauen und Männern
- Förderung der Integration junger ausländischer Betriebsangehöriger
- Überwachung der Einhaltung von Vorschriften und Vereinbarungen zugunsten der Jugendlichen
- Weitergabe von Anregungen und Beschwerden an den Betriebsrat

ZAHLENBILDER
243 513
© Bergmoser + Höller Verlag AG

INFO

Aufgaben der Jugendvertretung:

- bei Angelegenheiten, die Jugendliche betreffen, Stimmrecht im Betriebs-/Personalrat,
- überwacht Einhaltung von Gesetzen und Verträgen,
- Einsatz für Verbesserung der Ausbildung,
- fördert Integration der ausländischen Jugendlichen,
- kann Jugendversammlungen einberufen.

Wir gründen eine JAV

Voraussetzung:
- Mindestens fünf wahlberechtigte Jugendliche oder Azubis im Betrieb
- Wahlberechtigt: Alle Jugendlichen bis zum 18. und alle Azubis bis zum 25. Lebensjahr
- Wählbar: Alle im Betrieb Beschäftigten bis 25 Jahre
- Betriebs-/Personalrat bestellt JAV-Wahlvorstand
- Wahlvorstand hat Kündigungsschutz
- Männer und Frauen müssen anteilig vertreten sein
- Arbeitgeber darf Wahl nicht behindern

1. Begründe, warum es sinnvoll ist, dass Jugendliche in einem Betrieb eine eigene Vertretung haben.

2. Überlege, ob du es dir vorstellen könntest, dich als Jugendvertreter/in eines Betriebes wählen zu lassen. Beachte dabei, welche Aufgaben daran reizvoll und welche für dich eher hemmend sein könnten. Begründe deine Entscheidung.

Der Konflikt um Lohn und Leistung: Tarifverträge

Wie ihr schon gesehen habt, gibt es manchmal zwischen Arbeitnehmern und Arbeitgebern Interessenskonflikte in Bezug auf den Lohn: Die Arbeitnehmer möchten gerne einen höheren Lohn bekommen, die Arbeitgeber einen niedrigeren Lohn bezahlen. Um sozialen Frieden zu erzielen, kann ein Kompromiss über die Lohnhöhe durch Verhandlungen herbeigeführt werden.

Für den überwiegenden Teil der Arbeitnehmer geschieht dies in Tarifverhandlungen, bei denen die Tarifvertragsparteien (Arbeitgeberverbände und Gewerkschaften) in regelmäßigen Abständen aufs Neue über Lohnhöhen verhandeln. Andere häufig umstrittene Themen, die in Tarifverträgen geregelt sind, wären z. B. Arbeitszeiten, Urlaubsanspruch, Arbeitsbedingungen, Abschlüsse und Kündigungen von Arbeitsverhältnissen.

Die Tarifvertragsparteien

Die beiden Parteien verhandeln nach den „Spielregeln" des Tarifvertragsgesetzes (TVG) über Arbeitsbedingungen, insbesondere aber über Löhne und Gehälter. Das Ergebnis der Verhandlungen wird in einem Tarifvertrag festgelegt, an den sich beide Verhandlungsparteien halten müssen. Er gilt dann für einen bestimmten Zeitraum.

Die Gewerkschaften

Die Gewerkschaften sind Zusammenschlüsse von Arbeitnehmern zur Vertretung ihrer Interessen gegenüber Arbeitgebern und Staat. Das Recht, solche Interessenverbände zu schaffen, ist im Grundgesetz Artikel 9 verankert.

In der Bundesrepublik Deutschland haben sich Einzelgewerkschaften in einem Dachverband, dem Deutschen Gewerkschaftsbund (DGB), organisiert. Ihm gehören acht Mitgliedsgewerkschaften an: IG Metall, Vereinte Dienstleistungsgewerkschaft (ver.di), IG Bergbau, Chemie, Energie (IGBCE), IG Bauen-Agrar-Umwelt (IG BAU), Gewerkschaft Nahrung-Genuss-Gaststätten (NGG), Transnet – Gewerkschaft der Eisenbahner Deutschlands (Transnet), Gewerkschaft Erziehung und Wissenschaft (GEW) und die Gewerkschaft der Polizei (GdP).

Gewerkschaftlich organisiert sind in Deutschland rund 40 % der Arbeitnehmer. Gewerkschaften finanzieren sich durch Mitgliedsbeiträge (durchschnittlich 1 % des Bruttolohns). Im Falle von Streiks zahlen sie an ihre Mitglieder Streikgeld als Ausgleich für den Verdienstausfall.

INFO

Grundgesetz Artikel 9

(1) Alle Deutschen haben das Recht, Vereine und Gesellschaften zu bilden. [...]

(3) Das Recht, zur Wahrung und Förderung der Arbeits- und Wirtschaftsbedingungen Vereinigungen zu bilden, ist für jedermann und alle Berufe gewährleistet. [...]

INFO

Gewerkschaften

Die rechtlichen Grundlagen

- für das Bilden von Gewerkschaften und Arbeitgeberverbänden,
- für das Führen von Tarifverhandlungen und
- für die Sicherung der Tarifautonomie der Tarifparteien ergeben sich aus Artikel 9 des Grundgesetzes.

Arbeitgeberverbände

Auch die Arbeitgeber haben sich zur Wahrung ihrer Interessen zusammengeschlossen, in sog. Arbeitgeberverbänden. Mehrere regionale Verbände sind häufig zu einem Dachverband zusammengeschlossen. Bundesweiter und branchenübergreifender Dachverband der Arbeitgeber ist die Bundesvereinigung der Deutschen Arbeitgeberverbände (BDA).

Selbstverständlich kann ein einzelner Arbeitnehmer mit einem Arbeitgeber seinen Arbeitsvertrag abschließen, dann aber handelt es sich um einen Einzelvertrag und nicht um einen Tarifvertrag, der immer für eine Gruppe gilt. Tarifverträge regeln die Höhe der Löhne, Gehälter und Ausbildungsvergütungen, die Arbeits- und Pausenzeit und den Urlaub.

▶ „Bringen Sie mir keinen Unfrieden in den Betrieb.“

allein verantwortlich, jeder staatliche Eingriff ist unzulässig. Ausgeschlossen ist deshalb eine direkte Beeinflussung der Verhandlungen durch den Staat durch Gebote oder Verbote. Die Bundesregierung veröffentlicht „Orientierungsdaten“. Sie enthalten Empfehlungen für die Tarifverhandlungen, die nicht überschritten werden sollten.

Die Rolle des Staates

Welche Rolle spielt nun der Staat selbst bei Tarifauseinandersetzungen? Zum einen tritt der Staat auch als Arbeitgeber im öffentlichen Dienst auf und ist dann auch eine Tarifpartei. Um diese Rolle geht es hier aber nicht, sondern es geht darum, wie der Staat im Allgemeinen Einfluss nehmen kann.

Die sog. „Tarifautonomie“ ist in Artikel 9, Absatz 3 des Grundgesetzes festgeschrieben. Das heißt, Gewerkschaften und Arbeitgeber sind für den Abschluss von Tarifverträgen

INFO

Das Tarifvertragsgesetz vom 25.08.1969
§ 1 Inhalt und Form des Tarifvertrages

(1) Der Tarifvertrag regelt die Rechte und Pflichten der Tarifvertragsparteien und enthält Rechtsnormen, die den Inhalt, den Abschluss und die Beendigung von Arbeitsverhältnissen sowie betriebliche und betriebsverfassungsrechtliche Fragen ordnen können. [...]

§ 2 Tarifvertragsparteien

(1) Tarifvertragsparteien sind Gewerkschaften, einzelne Arbeitgeber sowie Vereinigungen von Arbeitgebern.

1. Welche beiden Parteien sitzen sich bei Tarifverhandlungen gegenüber und kämpfen für ihre Interessen?

2. Nimm Stellung zur Karikatur (oben auf dieser Seite).

3. Was regelt das Tarifvertragsgesetz?

4. Finde mithilfe des Internets heraus, welche Berufe von der Gewerkschaft ver.di und der Gewerkschaft Erziehung und Wissenschaft (GEW) vertreten werden.

5. Erläutere mithilfe des Auszugs aus dem Tarifvertragsgesetz, für wen und wie lange die ausgehandelten Tarifverträge gelten.

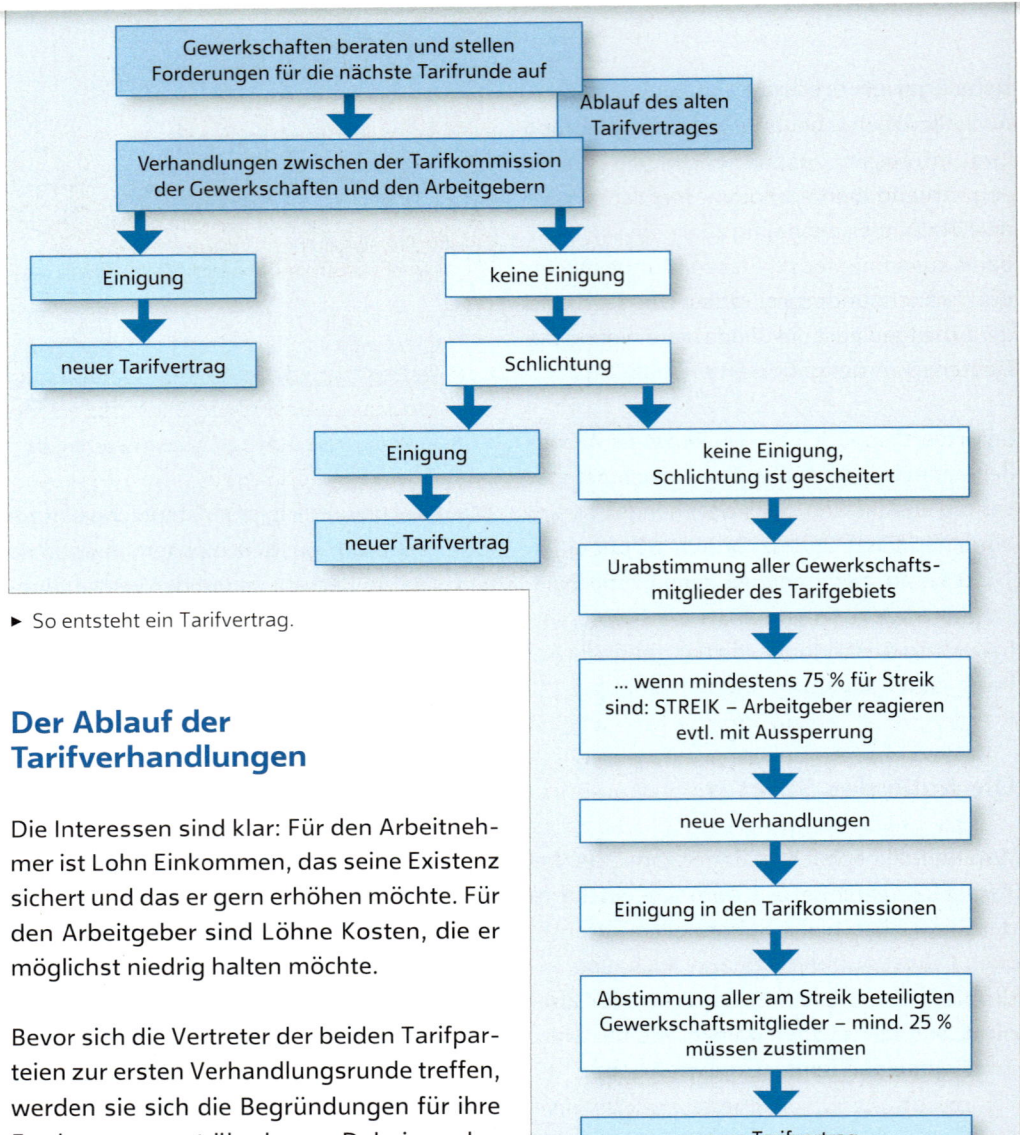

▶ So entsteht ein Tarifvertrag.

Der Ablauf der Tarifverhandlungen

Die Interessen sind klar: Für den Arbeitnehmer ist Lohn Einkommen, das seine Existenz sichert und das er gern erhöhen möchte. Für den Arbeitgeber sind Löhne Kosten, die er möglichst niedrig halten möchte.

Bevor sich die Vertreter der beiden Tarifparteien zur ersten Verhandlungsrunde treffen, werden sie sich die Begründungen für ihre Forderungen gut überlegen. Dabei werden sie auch die wirtschaftliche Lage des Betriebes oder im Land allgemein berücksichtigen.

Die Gewerkschaften verfolgen bei den Verhandlungen hauptsächlich drei Ziele:
1. Die Arbeitnehmer müssen am wirtschaftlichen Fortschritt von Unternehmen teilhaben, denn ihnen steht ein Teil dessen zu, was der Betrieb durch ihre Arbeit erwirtschaftet hat.
2. Lohnsteigerungen sollten stärker steigen als die Preise. Das heißt genauer: 2,5 % Lohnerhöhung bringen den Arbeitnehmern nämlich nichts, wenn das Niveau der Preise für Lebensmittel zum Beispiel um 5 % steigt.

3. Auch schwächer Verdienende dürfen nicht benachteiligt werden. Für sie werden oft Sonderzahlungen zusätzlich zu der Lohnerhöhung ausgehandelt.

Die Arbeitgeber argumentieren meist so: Lohnnebenkosten (Arbeitgeberbeiträge zur gesetzlichen Sozialversicherung) verteuern die Produkte derart, dass sie national und international nicht mehr wettbewerbsfähig sind. Das heißt: Deutsche Produkte haben höhere Preise und werden daher weniger gekauft als die Produkte von ausländischen Herstellern, die günstiger sind. Dies wiederum hat zur Folge, dass Arbeitsplätze in Deutschland bedroht sind und evtl. ins Ausland verlagert werden.

Wie Tarifverhandlungen ablaufen, zeigt das Schaubild auf Seite 94. Dazu noch einige zusätzliche Anmerkungen.

1. Ausgangspunkt ist in der Regel ein bestehender Tarifvertrag, der von der zuständigen Gewerkschaft fristgerecht gekündigt wird. Ziel ist es dann, höhere Löhne oder bessere Arbeitsbedingungen zu erreichen. Die Verhandlungen werden von den Tarifkommissionen beider Seiten geführt.

2. Wenn sich in diesen Tarifrunden keine Einigung erzielen lässt, bleibt als letzte Möglichkeit vor einem Arbeitskampf die Schlichtung durch einen neutralen Vermittler. Sie ist nicht zwingend im Tarifgesetz vorgeschrieben, sondern den Verhandlungsparteien freigestellt.

3. Gelingt es dem Schlichter nicht, die Tarifparteien durch einen Kompromiss zu einer Einigung zu bewegen, werden die Verhandlungen für gescheitert erklärt. Die sog. Friedenspflicht endet damit. Die Gewerkschaften stimmen nun darüber ab, ob gestreikt werden soll oder nicht. Stimmen 75 % der gewerkschaftlich organisierten Arbeitnehmer für einen Streik, dann wird gestreikt.

► Warnstreik der Gewerkschaft GEW

4. Mittel des Arbeitskampfes ist aufseiten der Arbeitgeber dagegen die Aussperrung der Streikenden und teilweise auch nichtstreikenden Arbeitnehmern. Streik und Aussperrung haben Auswirkungen auf die wirtschaftliche Situation des anderen; die Arbeitnehmer bekommen keine Löhne bzw. keine Gehälter, bei den Unternehmen entstehen Ausfälle in der Produktion.

Durch diese Kampfmaßnahmen soll die Kompromissbereitschaft der jeweils anderen Partei erzwungen werden.

Schlichtung
Ein neutraler Vermittler, der hinzugezogen wird, wenn sich Arbeitgeber und Gewerkschaften in Verhandlungen nicht einigen können.

INFO

Tarifverträge gab's nicht schon immer

1848	Erster Tarifvertrag in Deutschland (für Buchdrucker)
1869	Erstmals gibt es – eingeschränkte – Koalitionsfreiheit
1918	Nach der Novemberrevolution werden Tarifverträge Standard
1933–1945	Bei den Nazis bestimmt der Betriebsführer die Löhne
ab 1949	gibt es in Westdeutschland in Grundzügen das noch heute gültige Tarifvertragsrecht

1. Untersuche mithilfe des Internets oder der Tageszeitung den Ablauf eines Tarifkonfliktes, der erst kürzlich beendet worden ist. Berichte in der Klasse über den Ablauf und diskutiere das Ergebnis.

2. Was erhoffen sich Gewerkschaften von Streiks? Warum sind Streiks von Arbeitgebern gefürchtet?

3. Erläutere, welche Auswirkungen durch Streik verursachte Produktionsausfälle haben können.

▶ Diskussionsrunde

Eine Einführung zum Thema Wirtschaftliches Handeln unter der Lupe findet ihr auf den Seiten 28-29. Bevor ihr euch an diesen Fall macht, seht euch diese Seiten noch einmal an.

Wirtschaftliches Handeln unter der Lupe Beispiel Arbeitnehmer

Der Fall

B Frau Schröder unterhält sich mit ihrem Schwager Michael:

Sie: „Echt toll, ich habe innerhalb von zwei Stunden alle Weihnachtsgeschenke gekauft! Wie gut, dass es Onlineversandhäuser gibt!"

Er: „Und da hast du alles gefunden?"

Sie: „Ja, da gibt es alles! Du musst dich nicht an Öffnungszeiten halten, keinen Parkplatz suchen und an der Kasse nicht anstehen! Du kannst dir alles schicken lassen und notfalls auch wieder zurückschicken."

Er: „Ich habe im Fernsehen gesehen, dass die Bedingungen für die Beschäftigten im Versandhandel oft schwierig sind: Großer Zeitdruck, Überwachung der Arbeitsgeschwindigkeit, kaum Pausen, geringer Lohn ..."

Sie: „Ja, das kann ja sein, aber für mich ist es so viel einfacher und bequemer."

Er: „Ich finde es nicht gut, wenn Angestellte schlecht behandelt werden, nur damit wir es einfach haben. Ich werde nichts im Internet bestellen. Lieber unterstütze ich die Händler und Geschäfte vor Ort!"

Sie: „Heutzutage ist es nirgends einfach zu arbeiten. Auch wir in der Firma haben Leistungsdruck und müssen zügig und exakt arbeiten. Und außerdem: Wenn ich mehr freie Zeit hätte, müsste ich auch nicht im Internet einkaufen!" ∎

Sobald große Feste wie Weihnachten nahen, steigt die Zahl der Menschen sprunghaft an, die im Internet bestellen. Für die Versandhändler bedeutet dies Hochbetrieb und gute Umsätze, für den Staat Steuereinnahmen, für die Mitarbeiter nicht immer Grund zur Freude. Denn die Angestellten leiden oft eher unter den Ansprüchen der Kunden nach großer Auswahl, schneller Zustellung und geringen Preisen. Immer häufiger liegen daher Gewerkschaftsvertreter und große Online-Versandhäuser im Streit. Dabei geht es um Löhne, viel mehr aber noch um die Arbeitsbedingungen für die Angestellten.

Arbeitsplätze sichern unser Einkommen und sind damit Grundlage unserer Existenz. Allerdings sind Leistungsdruck, zuweilen Angst und eventuell psychische Belastungen nicht auszuschließen. Angst um den Arbeitsplatz oder niedrige Löhne sind aber nicht motivierend.

Es stellen sich folgende Fragen:
- Wie können Arbeitsplätze in einer sich wandelnden Konsumwelt gesichert sein?
- Welchen Einfluss können Kunden bzw. Käufer auf das Verhältnis zwischen Arbeitnehmern und Arbeitgebern nehmen?
- Soll der Staat sich in diesem <u>Dilemma</u> zurückhalten oder einschreiten?

Dilemma: Schwierigkeit der Wahl zwischen mehreren Dingen oder Interessen, wenn für alle gleichwertige Gründe sprechen.

Die Analyse

Manchmal erscheint die Lösung eines solchen Problems sehr einfach. Doch schon
beim zweiten Blick merkt man, dass vieles
oft komplizierter ist. Deshalb ist es notwendig, sich mit einem solchen Problemfall in
mehreren Schritten auseinanderzusetzen.
Dabei soll folgende Vorgehensweise helfen.

 ![?]	**1. Welches Problem ist gegeben?** *Fragen, die helfen können …:* – Was verursacht die Probleme, die zu lösen sind? – Warum muss nach einer Lösung gesucht werden? – Ist das Problem auf Deutschland begrenzt oder international bedeutsam? – …
 ![Zahnräder]	**2. Wer ist beteiligt oder betroffen?** *Fragen, die helfen können …:* – Wodurch oder durch wen wird das Problem verursacht? – Wer muss mit den Folgen des Problems umgehen? – Sind bestimmte Bevölkerungsgruppen besonders betroffen? – …
 ![Fragezeichen]	**3. Welche Ziele verfolgen die Beteiligten/Betroffenen?** *Fragen, die helfen können …:* – Wem nutzt die derzeitige Situation? – Wer hat das Interesse, etwas zu ändern und warum? – Gibt es Ziele, die alle miteinander teilen? – Wo treten Konflikte auf und kommt es zu Streit? – …
 ![Glühbirne]	**4. Welche Lösungsmöglichkeiten sind denkbar?** *Fragen, die helfen können …:* – Müssen die Lösungen a) beim Einzelnen, b) beim Unternehmen oder c) beim Staat ansetzen? – Gibt es schon Lösungsansätze und was wird diskutiert? – Können die Beteiligten das Problem selbst lösen oder muss der Staat Regeln setzen? Wenn ja, warum? – Welche Lösung scheint euch am angemessensten und sinnvollsten zu sein? – …

1. Analysiert den Problemfall „Arbeitsbedingungen" mithilfe des Analyserasters und weiterer Informationsrecherchen in Kleingruppen.

2. Vergleicht anschließend eure Ergebnisse und diskutiert vor allem die von euch als sinnvoll erachteten Lösungsvorschläge.

3. Überprüft, ob es mittlerweile staatliche Regelungen gibt und wie diese aussehen.

Streit um Arbeitszeiten

Q Deutsche Arbeitnehmer müssen immer unregelmäßiger zum Job erscheinen. Wegen der stark gestiegenen Arbeitnehmerzahlen verbringen sie zwar im Schnitt weniger Stunden bei der Arbeit, dies aber zu ungünstigeren Zeiten. So haben von 1995 bis 2015 regelmäßige Tätigkeiten an Wochenenden, abends und in der Nacht teils deutlich zugenommen. [...] 1995 [...] gingen [...] sechs Millionen Beschäftigte dauerhaft am Wochenende ihrem Beruf nach, 2015 hingegen schon 8,8 Millionen.

In Erwartung eines neuen Arbeitszeitgesetzes streiten Gewerkschaften und Arbeitgeber bereits jetzt über Einzelheiten. Die Arbeitgeber fordern mitunter eine Abkehr vom starren Acht-Stunden-Tag, der Deutsche Gewerkschaftsbund (DGB) will die Arbeitszeit zu seinem zentralen Thema der nächsten Jahre machen. ■

Quelle: http://www.derwesten.de/wirtschaft/streit-um-arbeitszeiten-aimp-id12159929.html#plx1265792545 Zugriff 06.02.2017

Der Streit scheint fast unausweichlich zu sein. In vielen Branchen und Unternehmen besteht der Wunsch der Arbeitgeber, möglichst flexibel planen zu können. Liegen viele Aufträge an, sollten möglichst alle Arbeitnehmer verfügbar sein. In Zeiten mit weniger Arbeit können sie dann frei machen.

Die meisten Arbeitnehmer wünschen sich hingegen feste Arbeitszeiten und langfristig eindeutige Regelungen, um die Freizeit und das Familienleben besser planen zu können. Aber mehr Arbeit an den Wochenenden und Abenden entsteht auch, weil z. B. immer mehr Freizeitangebote nachgefragt werden.

▶ Arbeitszeitmessung

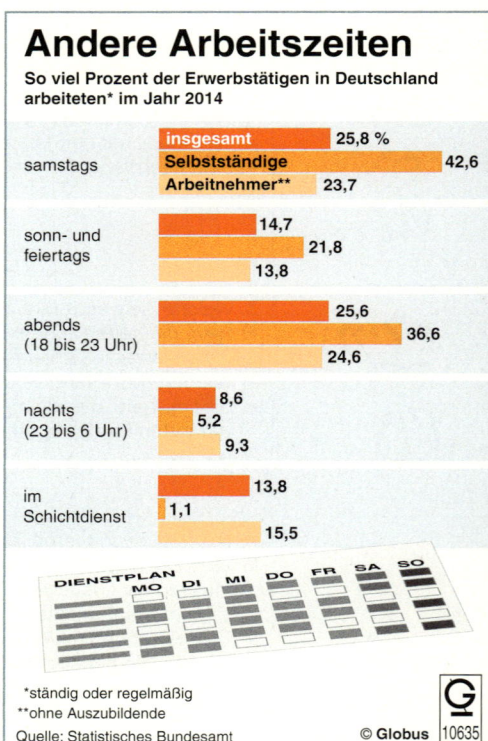

Andere Arbeitszeiten

So viel Prozent der Erwerbstätigen in Deutschland arbeiteten* im Jahr 2014

samstags	insgesamt	25,8 %
	Selbstständige	42,6
	Arbeitnehmer**	23,7
sonn- und feiertags		14,7
		21,8
		13,8
abends (18 bis 23 Uhr)		25,6
		36,6
		24,6
nachts (23 bis 6 Uhr)		8,6
		5,2
		9,3
im Schichtdienst		13,8
		1,1
		15,5

*ständig oder regelmäßig
**ohne Auszubildende
Quelle: Statistisches Bundesamt   © Globus 10635

---

1. Fasse den Konflikt zwischen Arbeitnehmern und Arbeitgebern zusammen.

2. Erläutere, inwieweit auch Veränderungen der Gesellschaft (z. B. beim Freizeitverhalten) Einfluss auf die Arbeitszeiten haben.

3. Diskutiert, ob flexible statt starrer Arbeitszeiten für bestimmte Arbeitnehmergruppen auch Vorteile bringen können.

PRAXIS

Kita-Streik geht weiter – Freiburg will Gebühren erstatten

Seit Tagen streiken die Erzieher in kommunalen Kitas – die Eltern müssen sich bei der Betreuung ihres Nachwuchses um Alternativen kümmern. Derweil könnte es auch nächste Woche heißen: Kita geschlossen.

Eltern müssen auch in der kommenden Woche mit Streiks in Kindertagesstätten und sozialen Einrichtungen rechnen. Die Gewerkschaft Verdi kündigte an, die Arbeitsniederlegungen bundesweit fortzusetzen, weil die kommunalen Arbeitgeber noch kein Angebot vorgelegt hätten. [...]

Zu dem unbefristeten Streik haben neben Verdi die Gewerkschaft Erziehung und Wissenschaft (GEW) sowie der Beamtenbund dbb aufgerufen. Sie kämpfen für eine spürbare Anhebung der Gehälter der bundesweit rund 240.000 Erzieherinnen und Sozialarbeiter. Der kommunale Arbeitgeberverband VKA weist die Forderungen als nicht bezahlbar zurück.

Einige Eltern können auf eine Rückerstattung der Kita-Gebühren für die Streiktage hoffen. Weil nur kommunale Einrichtungen betroffen sind, entscheiden die Städte und Gemeinden eigenständig, ob sie Beiträge zurückzahlen. [...]

Auch im Südwesten geht der Kita-Streik weiter. Ohne Bewegung der Arbeitgeber werde der Streik noch ausgeweitet, kündigte Verdi am Mittwoch in Stuttgart an. Am Mittwoch traten landesweit mehr als 6.500 Beschäftigte des Sozial- und Erziehungsdienstes in den Ausstand.

Quelle: dpa/ Badische Zeitung, 15.05.2015, https://www.badische-zeitung.de/ deutschland-1/ kita-streik-geht-weiter-freiburg-will-gebuehren-erstatten-104838382.html, Zugriff 06.02.2017

INFO

Bundesweit waren im Mai 2015 Hunderttausende Erzieher/innen und Sozialarbeiter/innen in einen unbefristeten Streik getreten.

Einrichtungen wie z. B Kitas oder Horte blieben tagelang, teilweise sogar über zwei Wochen, geschlossen.

▶ Streik im Kindergarten

1. Arbeite aus dem oben stehenden Zeitungsartikel folgende Informationen heraus:
   a) Wer streikt und wer hat zu dem Streik aufgerufen?
   b) Welches sind die Forderungen der Streikenden?
   c) Mit welchen Argumenten wollen die Gewerkschaften den Streik fortsetzen?

2. Untersuche die Auswirkungen des Streiks und wer direkt von ihm betroffen ist.

3. Erläutere Argumente für und gegen einen unbefristeten Streik in einer Kindertagesstätte.

4. Nenne Beispiele von weiteren Arbeitskämpfen, deren Konsequenzen im täglichen Leben sofort zu spüren sind.

KOMPETENZCHECK

Das Wichtigste in Kürze

Bei der Vergabe von Arbeitsplätzen ist es wie auf einem Markt: Angebot und Nachfrage spielen eine wesentliche Rolle. Technologische Entwicklung, demographischer Wandel und die Qualifikation der Arbeitssuchenden sowie der Bedarf und das Arbeitplatzangebot der Betriebe beeinflussen ebenfalls massiv den Arbeitsmarkt.

Arbeit ist für die Menschen die wichtigste Einkommensquelle, ermöglicht Konsum und trägt neben der Existenzsicherung auch zur Persönlichkeitsentwicklung bei. Umgekehrt bedeutet Arbeitslosigkeit Verlust in vielerlei Hinsicht und zieht meist unangenehme Folgen nach sich. Für Arbeitslosigkeit gibt es verschiedene Ursachen, die nicht nur bei den Beschäftigten selbst zu suchen sind.

Arbeit wird auf verschiedene Arten entlohnt. Die Höhe der Entlohnung hängt von zahlreichen Faktoren wie Qualifikation, Leistung, Verantwortung der jeweiligen Arbeitnehmer ab. Das Verhältnis zwischen Arbeitgebern und Arbeitnehmern wird durch teilweise unterschiedliche Ziele und Interessen geprägt, immer aber ist diese Arbeitsbeziehung durch Verträge und Abmachungen geregelt, an die sich beide Seiten halten müssen. Zusätzlich gibt es gesetzliche Regelungen, besonders auch zum Schutz der Arbeitnehmer.

Dieses Verhältnis können die Beschäftigten mitgestalten, denn es gibt Regelungen zur Mitbestimmung und Mitwirkung der Arbeitnehmer.

Vor allem um das Einkommen und die Arbeitsbedingungen gibt es häufig Konflikte. Diese Auseinandersetzungen werden meist durch Verhandlungen zwischen Vertretern der beiden beteiligten Gruppen – Gewerkschaften und Arbeitgeberverbände – nach einem festen Ablauf geführt, damit sich am Ende des Konfliktes beide Parteien mit dem Ergebnis arrangieren können.

WICHTIGE BEGRIFFE			
Beschäftigungsverhältnis	Unternehmensziele	Mitwirkungsrecht
Ursachen und Folgen von Arbeitslosigkeit	Arbeitnehmerinteressen	Kündigungsschutz
Lohnformen	Arbeitsvertrag	Tarifvertrag
Leistungsprinzip	Jugendarbeitsschutzgesetz	Gewerkschaft
Sozialprinzip	Betriebsverfassungsgesetz	Arbeitgeberverbände
Brutto/ Netto	Betriebsrat	Tarifverhandlung
	Mitbestimmungsrecht	

Kompetenzcheck

1. Beschreibe, welche Bedeutung Arbeit für den Menschen hat.

2. Unterscheide verschiedene Beschäftigungsarten. Zähle Vor- und Nachteile des jeweiligen Beschäftigungsverhältnisses für die Arbeitnehmer auf.

3. Nimm Stellung zu folgender Aussage: „Der Einsatz von Computern und Internet in den Betrieben hat in vielen wirtschaftlichen Bereichen zu einem Wandel geführt!"

4. Erkläre, warum Weiterbildung heute so wichtig ist.

5. Zähle auf, welche Folgen Arbeitslosigkeit für die betroffenen Personen haben kann und warum Arbeitslosigkeit nicht nur für die Betroffenen ein (finanzielles) Problem darstellt.

6. Zähle Ziele auf, die ein Unternehmer verfolgt und solche von Arbeitnehmern.

7. Nimm Stellung zu folgenden Aussagen:

a) „Mein Unternehmen ist keine Wohlfahrtseinrichtung. Ich muss Gewinne machen, Wenn die Produktivität einerseits und die Wirtschaftlichkeit andererseits nicht stimmen, kann ich meinen Laden schließen und davon haben meine Beschäftigten auch nichts."

b) „Mein Chef muss Rücksicht auf meine Familiensituation nehmen. Man sagt doch, dass in Deutschland zu wenige Kinder geboren werden, also verlange ich, dass mein Arbeitsplatz und meine Arbeitszeiten sowie weiteren Arbeitsbedingungen auf meine Bedürfnisse abgestimmt werden."

8. Mira und Sofia haben nach der Schule beide Zahntechnikerin gelernt. Nenne Gründe, warum ihr Gehalt nach zehn Jahren Berufstätigkeit unterschiedlich ausfällt.

9. Nenne die wesentlichen Ziele der betrieblichen Mitbestimmung.

10. Erläutert die Voraussetzungen, die erfüllt sein müssen, um eine Jugend- und Auszubildendenvertretung in einem Betrieb gründen zu können.

11. Prüfe, welche Aussage richtig ist. Tarifverträge regeln a) Pausenlänge, b) Entlohnung, c) Betriebsausflüge, d) Urlaubsgeld, e) Arbeitszeiten, f) Dekoration der Arbeitsräume.

12. Übertrage die folgende Grafik in deine Unterlagen und beschrifte sie vollständig.

Spielregeln für den Arbeitskampf

am Beispiel der Metallindustrie

Gewerkschaften/Arbeitgeber, oft begleitet von Warnstreiks

Tarifvertrag Friedenspflicht

Kündigung des Tarifvertrags

_____ über Ergebnis (25 % Zustimmung erforderlich); Streik-Ende

Erklärung des

Neue

_____ verfahren nur, wenn von beiden Seiten gewollt

Neuer Tarifvertrag

Mögliche Gegenmaßnahmen der Arbeitgeber: _____

Annahme oder Ablehnung des

_____ der Gewerkschaftsmitglieder über Streik (75 % Zustimmung* erforderlich)

*der Abstimmungsberechtigten

L & P / 2882

In diesem Kapitel setzt ihr euch u. a. mit den folgenden Fragen auseinander:

> Welche Aufgaben haben Wirtschaftsordnungen?
> Wie ist die Wirtschaftsordnung der Bundesrepublik Deutschland ausgestaltet?
> Wie wirken sich gesamtwirtschaftliche Entwicklungen auf das Leben der Menschen und das Wirtschaftsgeschehen aus und wie nimmt der Staat auf diese Einfluss?

DER WIRTSCHAFTSBÜRGER

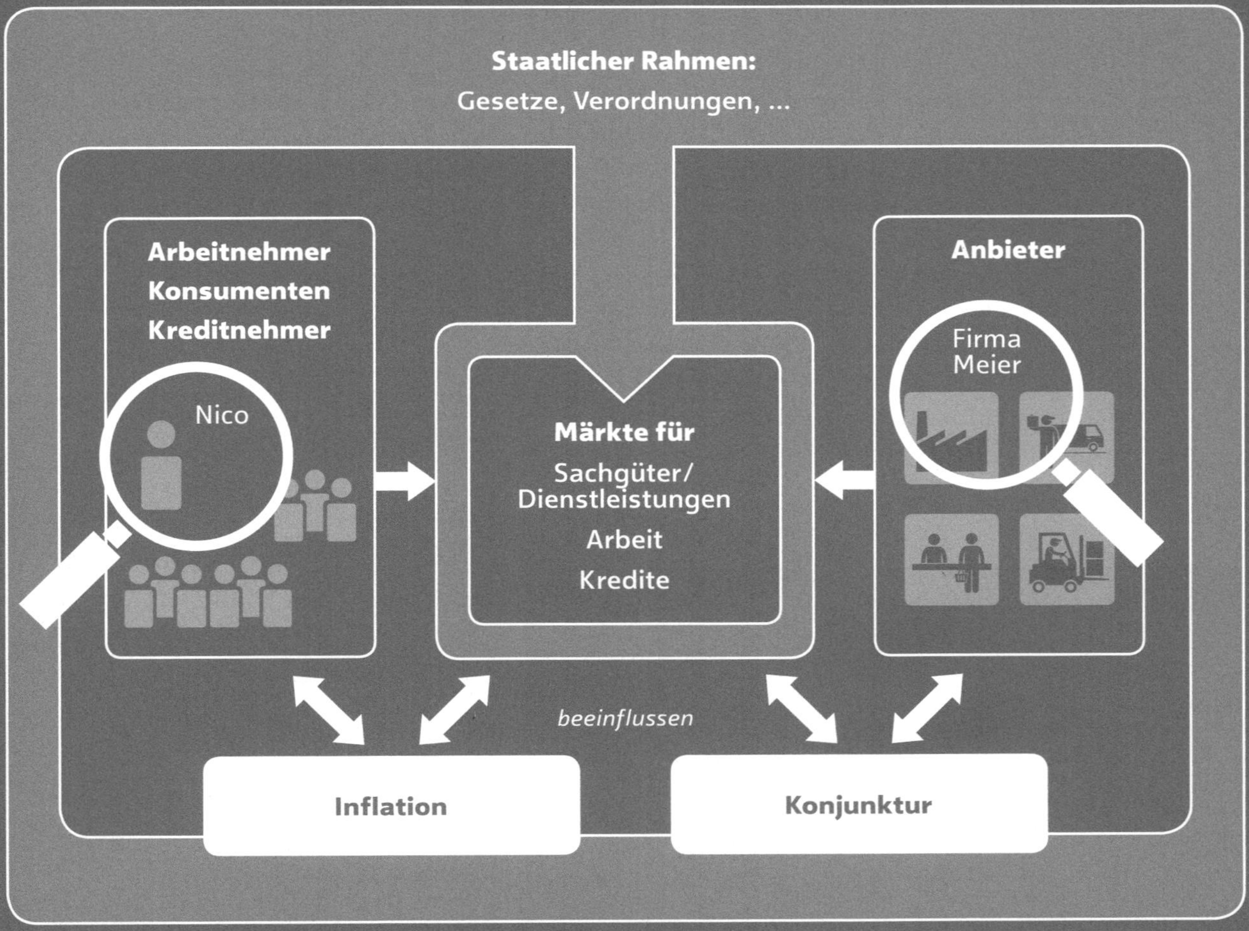

Staatlicher Rahmen:
Gesetze, Verordnungen, ...

**Arbeitnehmer
Konsumenten
Kreditnehmer**

Nico

Anbieter

Firma
Meier

Märkte für
Sachgüter/
Dienstleistungen
Arbeit
Kredite

beeinflussen

Inflation

Konjunktur

▶ Blick auf Kalberien

Gedankenexperiment: „Eine Ordnung muss her ...“

Machen wir ein Gedankenexperiment und stellen wir uns folgenden Fall vor:

Eilmeldung:
Kalberien wird unabhängig!

Jahrzehnte hat es gedauert, bevor der eigenständige Staat Kalberien gegründet werden konnte. Viele Diskussionen und Verhandlungen gingen dem voraus, doch jetzt steht die Ablösung von Kollowanien fest und ist international anerkannt.

Nun sind von der Übergangsregierung viele Entscheidungen zu treffen und Regeln festzulegen. Insbesondere ist zu entscheiden, wie zukünftig das wirtschaftliche Geschehen geordnet werden soll. Und die Regierung beauftragt euch, sich mit den wesentlichen Fragen auseinanderzusetzen.

INFO

Infos zu Kalberien:

Fläche: 25.713 km²
Einwohnerzahl: 2.065.769
Bevölkerungsdichte:
80,34 Einwohner pro km²
Währung: Kalberi
Politik: derzeit Übergangsregierung;
freie Wahlen in sechs Monaten

Das Land verfügt über landwirtschaftlich nutzbare Flächen, einen Zugang zum Meer sowie Fabriken zur Herstellung der wichtigsten Güter. Wem diese gehören, ist aufgrund der verworrenen Übergangszeit noch nicht eindeutig geklärt.
Bezahlt wird mit dem Kalberi. Der Altersdurchschnitt liegt bei 38,5 Jahren.

▶ Konferenzrunde

Der Arbeitsauftrag

Brief der Übergangsregierung

Verehrte Kommissionsmitglieder,

die Übergangsregierung benötigt Ihre Hilfe bei der zukünftigen Gestaltung der Wirtschaft in Kalberien.

Bevor eine Wirtschaftsordnung und die entsprechenden Regelungen und Gesetze entwickelt werden können, sind einige grundlegende Fragen zu klären:

1. In welchen Bereichen werden staatliche Regelungen benötigt und warum?
2. Welche Ziele sind mit der Festlegung staatlicher Regelungen zu verfolgen?
3. Welche Formen der Planung des Wirtschaftsgeschehens sind denkbar?
4. Welche unterschiedlichen Eigentumsformen kommen infrage?

Wir möchten Sie bitten, uns bei der Klärung dieser Fragen zu helfen und danken Ihnen für Ihre Unterstützung.

▸ Schiedsrichter

Um die Arbeit zu erleichtern und die Aufgabe deutlich zu machen, wird ein Beispiel aus dem Sport geliefert:

B OHNE REGELN GEHT ES NICHT!

Damit ein Fußballspiel funktionieren kann, müssen a) klare Regeln festgelegt und b) diese allen Spielern bekannt sein. Zudem muss die Einhaltung der Regeln (durch einen Schiedsrichter) überwacht werden. Wer gegen diese grob verstößt, scheidet aus dem Spiel aus. Solche Regeln bieten Sicherheit: Jeder Spieler weiß, wie andere sich verhalten sollen und dass Verstöße bestraft werden. Welche Regeln Sinn machen und wie sie umgesetzt werden sollen, darüber wird immer wieder diskutiert. ▪

Q Erzielen eines Tores

Ein Tor wird erzielt, wenn der Ball die Torlinie den Torpfosten und unterhalb der Querlatte vollständig überquert, sofern das Team, das den Treffer erzielt, weder ein Vergehen begangen noch gegen die Spielregeln verstoßen hat.

Sieger des Spiels

Das Team, das mehr Tore erzielt, hat gewonnen. Wenn beide Teams keine oder die gleiche Anzahl an Toren erzielen, endet das Spiel unentschieden. [...] ▪

Quelle: IFAB: Fußballregeln 2017/2018

Dies gilt auch für alle Lebensbereiche in der Gesellschaft. Hierzu muss man alleine nur an die Notwendigkeit von Verkehrsregeln denken.

Jedes menschliche Zusammenleben verlangt, dass Spielregeln eingehalten werden. Es muss also eine gewisse Ordnung herrschen. Nur so kann sichergestellt werden, dass die Menschen auch ihre Ziele erreichen. Dies gilt erst recht für die Wirtschaft.

1. Erläutere die Notwendigkeit von klaren Regeln im Wirtschaftsgeschehen. Überprüft hierzu gemeinsam auch, welche Probleme bei fehlenden Regeln auftreten können.

2. Stelle die Bereiche des wirtschaftlichen Lebens dar, in denen es deiner Meinung nach ohne staatliche Regeln nicht geht. Begründe dies.

▶ Wirtschaftliche Ziele

▶ Produktion

Die Arbeitshilfe

Die folgende Übersicht liefert die zentralen Fragen für die Kommissionsarbeit:

Fragen für die Kommissionsarbeit

1. Welche wirtschaftlichen Ziele sollen in Kalberien erreicht werden?

2. Wer soll entscheiden, was in welcher Menge produziert und zu welchem Preis angeboten wird?
a) Welche Vor- und Nachteile hat es, wenn der Staat alles festlegt?
b) Welche Vor- und Nachteile hat es, wenn die Menschen und Unternehmen entscheiden, was sie kaufen bzw. anbieten?

3. Welche Regeln müssen für den Handel von Gütern unbedingt staatlich festgelegt werden und warum?

4. Wie sollte die Eigentumsfrage geregelt werden?
a) Inwieweit ist es sinnvoll, dass die Menschen Privateigentum haben, über das sie bestimmen können?
b) In welchen Bereichen ist es sinnvoll, dass es Gemeinschaftsbesitz gibt?

▶ Handel

▶ Eigentum oder Gemeinschaftsbesitz

1. ▪ Übertragt die Aufgaben in euer Heft. Bildet vier Arbeitsgruppen und bearbeitet die jeweiligen Aufgaben (einschließlich a)- und b)-Aufgaben).

2. ▪ Tragt eure Ergebnisse anschließend zusammen und diskutiert sie. Überprüft dabei, inwieweit z. B. die Klärung der Eigentumsverfassung und der Frage, wer die Entscheidungen treffen soll, zusammenhängen.

3. ▪ Beschreibt die Eckpunkte eurer Wirtschaftsordnung für Kalberien. Benennt offene oder strittige Punkte.

Regelungen in unserem Alltag

Nach unserem Ausflug nach Kalberien sehen wir uns jetzt einmal unseren Alltag an. Beim genauen Hinsehen entdecken wir zahlreiche Regelungen. Darüber hinaus gibt es aber offensichtlich auch einige Rahmenbedingungen, die eher unsichtbar und trotzdem wirkungsvoll sind.

Zwei Beispiele:

B (A) Stell dir vor, dass ein älterer Junge einfach mit deinem Fahrrad herumfährt. Du bittest ihn, abzusteigen und dir das Fahrrad zu geben, aber er behauptet steif und fest, dass das Fahrrad ihm gehört. Was machst du? Gibt es irgendwelche Regeln für diese Situation, die dir weiterhelfen könnten? ■

► Das ist mein Fahrrad!

B (B) Im Supermarkt kannst du auf den Verpackungen viele Informationen finden. Zum Beispiel steht auf einer Tafel Schokolade, wie viel sie wiegt und wie lange sie mindestens haltbar ist. Außerdem stehen dort die Zutaten, aus denen die Schokolade zubereitet wurde. Warum machen die Hersteller das wohl? Wollen sie nur, dass die Kunden besser Bescheid wissen, oder könnten auch hier Regeln zum Tragen kommen? ■

Ichschokolade 24% (Zucker, Kakaomasse, Kakaobutter, Magermilchpulver, B r Sonnenblumen-Lecithine), Mehl (Weizen-, Reis-, Mais-), geröstete Getreidef Hafer-, Weizen-, Gersten-), Glukose-Fruktose-Sirup, Glukosesirup, brauner Zuc te Bananen 5%, Kokosfett, Zucker, gezuckerte Kondensvollmilch, Cornflakes , Salz, Gerstenmalz), geröstete, gehackte Mandeln, Honig 1%, Gerstenmalz, S Karamellzuckersirup, Emulgator Sonnenblumen-Lecithine, Aroma

Müsliriegel
Schoko-Banane

► Angaben auf der Verpackung

Um die Regeln und ihre Zielsetzungen besser analysieren zu können, können die folgenden Leitfragen helfen:

Was wird geregelt?
Welche Zielsetzungen werden mit den Regelungen verfolgt?
Wie wird die Regel umgesetzt?
Wie wird die Einhaltung kontrolliert und wie werden Verstöße bestraft?
Was könnte / würde ohne die Regel passieren?

 Starthilfe zu 2:

Denkt z. B. an Regelungen, die festlegen, ab welchem Alter man bestimmte Güter kaufen darf, welche Rückgaberechte man bei fehlerhaften Gütern hat oder welche Informationen die Anbieter den Verbrauchern liefern müssen.

1. ▤ Bearbeitet die Fragen zu den beiden Beispielen.

2. ▤ Ermittelt in Partnerarbeit in eurem persönlichen Umfeld drei weitere Regeln, die im alltäglichen Wirtschaftsgeschehen von Bedeutung sind.

3. ▤ Fasst mithilfe der Leitfragen zusammen, welche Ziele mit einer der Regeln verfolgt werden, wie sie umgesetzt wird, welche Folgen eine Nichtbeachtung haben kann und was passieren könnte, gäbe es die Regel nicht.

▶ Geld ist Rechen- und Tauschmittel ...

▶ ... ist Zahlungsmittel

Welche Aufgaben hat das Geld beim Kauf von Gütern?

Geld ist eine wesentliche Voraussetzung dafür, dass das Wirtschaftsgeschehen überhaupt funktionieren kann. Es übernimmt dabei vor allem drei Aufgaben:

Geld ist ein Rechen- und Tauschmittel

B Julius und Ruben sind sich fast einig: Julius hat genau das handsignierte Fußballtrikot, das Ruben gerne möchte, Ruben dafür ein Rad, das Julius gefällt. Sie wollen miteinander tauschen, sind sich aber noch nicht einig, ob beide Gegenstände gleich viel wert sind – schließlich will keiner der beiden ein schlechtes Geschäft machen. Julius Schwester beendet den Streit: „Ihr geht am besten in ein Fachgeschäft und lasst eure Gegenstände schätzen, dann wisst ihr, was sie wert sind."

Die beiden folgen dem Rat. Im Geschäft sagt der Verkäufer: „Das Rad schätze ich auf 150 Euro." Aus dem Internet erfahren die Freunde, dass das Fantrikot 125 Euro wert ist. Die beiden werden sich jetzt schnell einig. Ruben bietet an: „Du gibst mir dein Trikot und, weil du mein Freund bist, 15 Euro und ich gebe dir dafür mein Rad." „Topp, der Handel gilt." ■

Die kleine Geschichte zeigt, welchen Stellenwert Geld im täglichen Leben einnimmt. In unserem Beispiel ist das Rad 150 Euro wert, das Fantrikot 125 Euro. Über das **Rechenmittel** Geld können wir also unterschiedlichste Güter miteinander vergleichen.

Zugleich ist das Geld **Tauschmittel**. Ruben tauscht sein Fahrrad teilweise gegen Geld; in der Regel tauschen wir täglich Güter gegen Geld. Du tauschst, wie viele andere Kunden, beim Bäcker Backwaren gegen Geld, dagegen tauscht der Bäcker beim Fotohändler eine Kamera ein usw.

Wir sehen: Durch Geld sind alle Güter miteinander vergleichbar und die Menschen sind bereit, Güter gegen Geld zu tauschen, weil sie wissen, dass sie für dieses Geld wiederum andere Güter bekommen.

Geld ist ein Zahlungsmittel

B Anne fährt mit ihren Eltern in das Riesengebirge zum Skifahren. Sie ist ganz begeistert von der herrlichen Landschaft und den Wintersportmöglichkeiten in Tschechien. Als sie sich erkältet und in einem Textilgeschäft einen Schal kaufen will, sagt ihr die Verkäuferin – natürlich auf Tschechisch, das Anne auch versteht: „Nein, Euro nehme ich nicht, hier musst du mit Kronen bezahlen." ■

Die Verkäuferin hätte auch Euro nehmen können, aber sie muss es nicht, denn in Tschechien ist die Tschechische Krone bei Barzahlungen gesetzliches Zahlungsmittel, genau wie bei uns in Deutschland der Euro. Hier sind seit 2002 die Euro-Banknoten und -Münzen gültiges Zahlungsmittel.

▶ ... ist Wertaufbewahrungsmittel

Während die eine Oma Irmgard ablenkte und sich von ihr etwas im Wohnzimmer zeigen ließ, hatte die andere Zeit, die Küche zu durchsuchen. Sie fand schnell Omas „todsicheres" Versteck unter dem Geschirrkasten. „Ich wollte mir doch nur etwas für später aufheben", klagte sie. „Aber Oma", sagte Christian, „ich spare doch auch, aber mein Geld für ein Campingzelt ist bei der Bank, da bekomme ich sogar noch Zinsen." ■

Omas Verhalten zeigt genau wie das von Christian, wie Geld noch verwendet wird: als **Wertaufbewahrungsmittel**. Geld kann nicht verderben und der Wert, den es darstellt, kann später in Güter umgesetzt werden: in ein Zelt, wie Christian plant, oder als Notgroschen für später, wie Oma Irmgard es vorhatte. Hier werden zwei weitere Eigenschaften des Geldes deutlich: Geld muss wertbeständig sein und leicht aufzubewahren.

Geld ist ein Wertaufbewahrungsmittel

B Oma Irmgard ist passiert, was man immer wieder in der Zeitung liest. Sie hatte zwei Trickbetrügerinnen die Tür geöffnet.

Was passiert, wenn Geld seinen Wert verliert, findest du im Abschnitt „Inflation", S. 126.

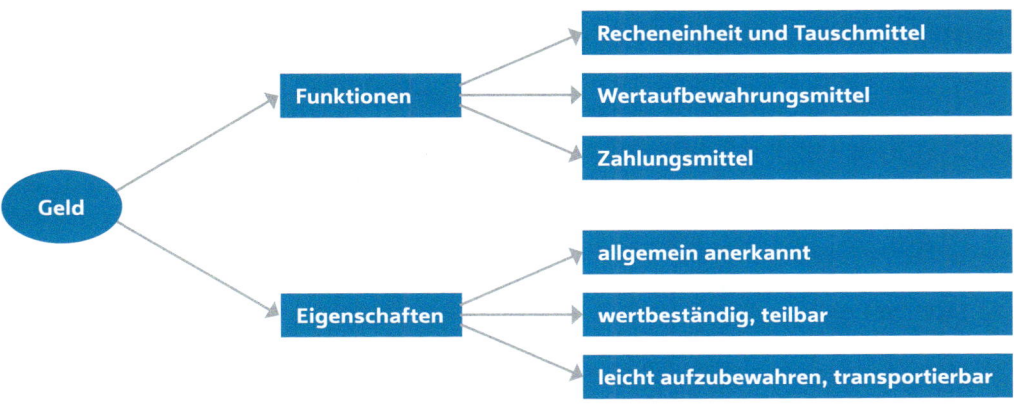

1. Erläutere die verschiedenen Aufgaben des Geldes im Wirtschaftsgeschehen.

2. Geld ist ein Wert für verschiedene Gegenstände und deshalb ein geeignetes Tauschmittel. Kannst du dir auch andere vorstellen? Welche würdest du akzeptieren? Nenne Beispiele.

3. Erläutert die Notwendigkeit für Kalberien, sich eine Währung zu geben und diese wertbeständig zu machen.

Was ist eine Wirtschaftsordnung?

Wenn man einmal überlegt, fällt einem auf, dass man am Tag eine Vielzahl von Gütern und Dienstleistungen nutzt, die andere bereitstellen. Das neue Smartphone weckt einen, man isst und trinkt, geht ins Kino oder kauft sich neue Schuhe. Während du selbst dabei viel Wert auf Kleidung legst und gerne Burger isst, steht dein Freund auf seine Spielkonsole und ist Vegetarier.

In Deutschland leben mehr als 80 Millionen Menschen. Deshalb werden täglich viele Millionen unterschiedliche Produkte und Dienstleistungen benötigt. Und wenn man die Produkte (Rohstoffe und Betriebsstoffe) zählen würde, die die Unternehmen für ihre Produktion benötigen, wären es noch wesentlich mehr.

Die Produkte werden von sehr vielen Unternehmen hergestellt und verkauft: Es herrscht

Arbeitsteilung. Wer etwas haben will, muss tauschen, z. B. seine Arbeitskraft gegen Einkommen sowie Maschinen oder Brötchen gegen Geld.

Dazu müssen Güter produziert, transportiert und verkauft werden und immer zur richtigen Zeit am richtigen Ort zur Verfügung stehen, damit die Menschen ihre Bedürfnisse befriedigen oder Unternehmen die benötigten Rohstoffe und Maschinen kaufen können.

INFO

Arbeitsteilung

Aufgliederung von Arbeitsprozessen in Teilverrichtungen und deren Verteilung auf verschiedene Erwerbszweige und Berufe.

▶ Volle Regale im Supermarkt

Ordnungsformen und Ordnungselemente

Es gibt vier Hauptfragen, die von einer Wirtschaftsordnung gelöst werden müssen:

Welche Formen von Eigentum gibt es? Wem gehört was?

Wer regelt und lenkt mit welchen Mitteln das Wirtschaftsgeschehen?

Es gibt ein fast undurchschaubares Gewirr von Aktivitäten und damit die Aufgabe, die Wirtschaft eines Landes zu organisieren.

Es ist zu klären, nach welchen Regeln die unzähligen wirtschaftlichen Handlungen aufeinander abgestimmt werden, damit u. a.
– die Versorgung der Menschen sichergestellt ist,
– genügend Arbeitskräfte zur Verfügung stehen und
– diese ausreichend Einkommen erzielen können.

Die Antworten soll die Wirtschaftsordnung eines Landes liefern.

Wie werden die Preise für Güter und Dienstleistungen gebildet?

Welche Ziele verfolgen die Unternehmen und wie planen sie?

Die Beantwortung dieser Fragen bestimmt, wie die Wirtschaftsordnung aussehen wird. Man spricht auch von den **Ordnungsformen**.

---

1. ▪ Beschreibe in eigenen Worten, welche Aufgabe eine Ordnung im Wirtschaftssystem übernimmt.

2. ▪ Vergleiche die Funktion einer Wirtschaftsordnung mit derjenigen von Spielregeln im Sport und bei Gesellschaftsspielen. Erläutere die Gemeinsamkeiten.

3. ▫ Stell dir vor, du möchtest ein gebrauchtes Fahrrad kaufen. Arbeite heraus, welche Fragen zwischen dir und dem Verkäufer eindeutig geregelt sein müssen, damit der Tausch klappen kann.

Ordnungsform „Eigentumsverfassung"

Hier ist zu entscheiden, ob grundsätzlich Güter u. Ä. einzelnen Menschen gehören (Privateigentum) oder ob alles dem Staat gehört und dieser entscheidet, was hiermit geschieht (Kollektiveigentum).

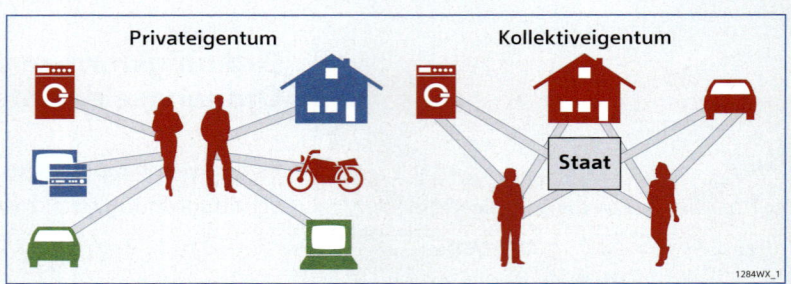

Ordnungsform „Planung und Lenkung"

Hier gilt es zu klären, wie die wirtschaftlichen Prozesse innerhalb einer Gesellschaft geplant und gelenkt werden sollen: auf Märkten, also dezentral, oder durch den Staat, also zentral.

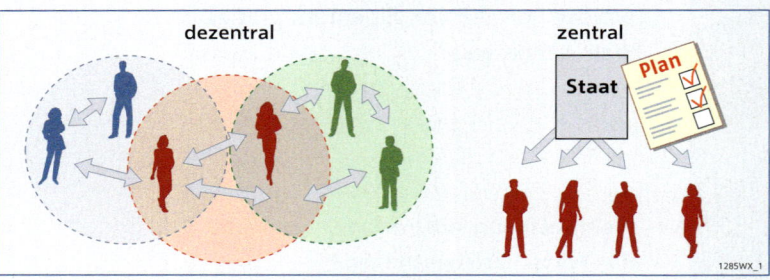

Ordnungsform „Preisbildung"

Sollen sich Preise auf Märkten aus dem Zusammenspiel von Angebot und Nachfrage ergeben oder sollen sie staatlich für einzelne Güter und Dienstleistungen festgelegt werden?

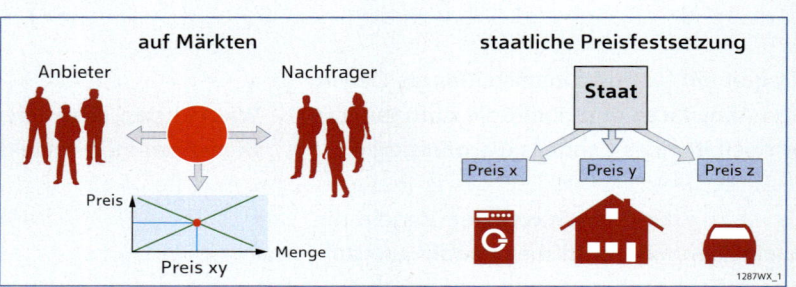

Ordnungsform „Betriebliche Ergebnisrechnung"

Auf welcher Grundlage handeln Unternehmen? Entscheiden sie selbst darüber, was angeschafft und produziert werden soll und streben sie die Erzielung von Gewinnen an? Oder handeln sie im Auftrag des Staates und erfüllen mit ihrer Arbeit Vorgaben?

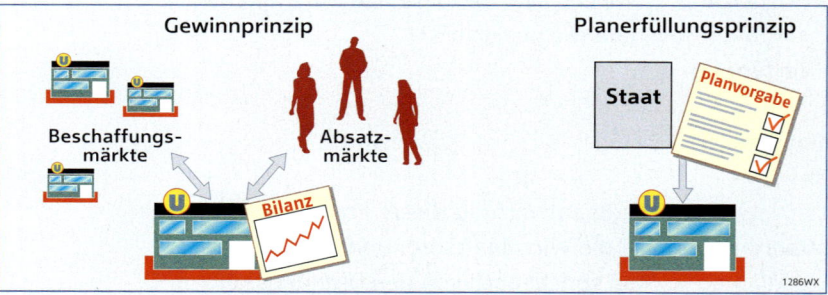

▸ Ordnungsformen in der Markt- bzw. Planwirtschaft

---

1. ▪ Stell dir einen Flohmarkt in der Schule vor. Beschreibe, wie sich normalerweise die Preise für die angebotenen Waren bilden.

2. ▪ Angenommen, die Schulleitung würde nun Preise vorschreiben. Stelle dar, wie sich das Marktgeschehen verändern würde.

3. ▪ Übertrage das Flohmarktbeispiel auf einen Staat. Erläutere die Folgen einer zentralen Preisfestsetzung für die einzelnen Akteure.

► Angebot in einem Elektronikmarkt

Beispiele für Ordnungsformen

1. Wer plant? (Ordnungsform „Planung und Lenkung")

In einer marktwirtschaftlichen Ordnung plant jeder Konsument grundsätzlich selbst, wie er seine Bedürfnisse befriedigen will; was er kauft oder nicht kauft. Die Produzenten müssen nun mit ihren Angeboten hierauf reagieren. Wenn ein Geschäft mangelhafte oder zu teure Güter oder Dienstleistungen anbietet, wird es auf seinen Gütern oder Dienstleistungen „sitzen bleiben", Verluste machen und als Unternehmen nicht existieren können.

In einer Planwirtschaft legt der Staat über einen längeren Zeitraum fest, welche Güter in welcher Menge und Qualität von den Unternehmen produziert und angeboten werden sollen. Aufgabe der Unternehmen ist es, die staatlichen Vorgaben zu erfüllen.

2. Wie entstehen Preise? (Ordnungsform „Preisbildung")

Märkte haben die Eigenschaft, dass sie Anbieter (Produzenten) und Nachfrager (Konsumenten) zusammenführen. Angebot und Nachfrage werden also durch Märkte koordiniert und beeinflussen die Preise der Güter und Dienstleistungen. Mit dem Geld, das die Konsumenten täglich auf Märkten ausgeben, steuern sie die Produktion der Unternehmen. Diese wiederum versuchen die Wünsche der Konsumenten schon im Voraus zu erforschen oder sogar zu wecken, z. B. durch Werbung.

In einer Planwirtschaft legt der Staat die Preise für die Güter und Dienstleistungen fest. Da zudem das Angebot staatlich festgelegt ist, müssen die Unternehmen den Bedürfnissen der Nachfrager kaum Aufmerksamkeit schenken.

INFO

Marktwirtschaftliche Ordnungen sind in der Regel gekennzeichnet durch:

- Privateigentum,
- dezentrale Planung und Lenkung,
- Preisbildung auf Märkten,
- betriebliche Ergebnisrechnung nach dem Gewinnprinzip.

---

4. Erkläre am Beispiel des Marktes für Sneaker den Unterschied zwischen zentraler und dezentraler Planung. Erläutere die Aufgaben, die die Anbieter jeweils erfüllen müssen.

5. Beurteile folgende Aussage: „In der Marktwirtschaft haben die Nachfrager einen Einfluss darauf, welche Güter die Unternehmen zu welchen Preisen anbieten, in der Planwirtschaft jedoch kaum."

6. Erörtere, warum die Eigentumsrechte an einem Gut eindeutig geklärt sein müssen, damit es überhaupt getauscht werden kann.

▶ Diskussionsrunde

Eine Einführung zum Thema Wirtschaftliches Handeln unter der Lupe findet ihr auf den Seiten 28-29. Bevor ihr euch an diesen Fall macht, seht euch diese Seiten noch einmal an.

Wirtschaftliches Handeln unter der Lupe
Beispiel Wirtschaftsbürger

Der Fall

Q 1 Billion [1.000.000.000.000] Stück – auf diese Anzahl wird der jährliche, weltweite Plastiktütenverbrauch geschätzt. Der Konsum von Plastiktüten trägt zu wachsenden Müllbergen in vielen Teilen der Welt bei und belastet Mensch und Umwelt. Nur ein Bruchteil der global verbrauchten Plastiktüten wird recycelt oder thermisch verwertet. Etwa 90 Prozent landen auf Mülldeponien. Bis Plastiktüten vollständig zerfallen, benötigen sie je nach eingesetztem Kunststoff 100 bis 500 Jahre. Laut dem Umweltbundesamt werden in Deutschland pro Kopf und Jahr 76 Plastiktüten verbraucht. Bundesweit führt das zu einer Nutzung von 6,1 Milliarden Plastiktüten im Jahr oder 11.700 Tüten pro Minute. ■

Quelle: Deutsche Umwelthilfe 2012

Die Plastiktüte gehört zu unserem Alltag. Egal ob im Supermarkt, beim Kleiderkauf oder im Elektromarkt: Selbst kleinere Produkte nehmen wir in einer Tüte mit, weil es bequem ist. Was beim Einzelnen kein Problem darstellt, kann sich in der Masse durchaus als ein solches erweisen. Der gesellschaftliche Wert des Erhalts der Umwelt scheint gefährdet zu sein:

Wie bekommt man das Plastiktüten-Problem in den Griff? Reichen Appelle an die Bürgerinnen und Bürger schon aus? Sind staatliche Maßnahmen und Verbote notwendig?

Einen ersten Schritt geht jetzt ein Teil der Geschäfte, der Plastiktüten nur noch gegen Geld abgeben will. Allerdings beteiligen sich hieran nicht alle Händler. Und zudem können die Händler auch selbst bestimmen, wie viel sie pro Tüte verlangen werden. Ob das Problem so gelöst wird? Was denkt ihr? Schauen wir uns das Problem näher an.

Welche Tragehilfen die Befragten in der Regel nutzen

- Einweg-Plastiktüte 57,7 %
- Wiederbenutzbarer Stoffbeutel 21,3
- Einweg-Papiertüte 7,2
- Wiederbenutzbarer Plastikbeutel 6,7
- Sonstige (z.B. Rucksack, Klappkiste) 5,6
- Keine 1,6

Wie viele neue Plastiktüten die Befragten pro Woche mit nach Hause nehmen*

- Keine Tüte 16,1
- 6 Tüten und mehr 3,0
- 3 bis 5 Tüten 11,7
- 1 bis 2 Tüten 68,9

%

2012
© Globus
5406

Die Analyse

Manchmal erscheint die Lösung eines solchen Problems sehr einfach. Doch schon beim zweiten Blick merkt man, dass vieles oft komplizierter ist. Deshalb ist es notwendig, sich mit einem solchen Problemfall in mehreren Schritten auseinanderzusetzen. Dabei soll folgende Vorgehensweise helfen.

	**1. Welches Problem ist gegeben?** *Fragen, die helfen können …:* – Was verursacht die Probleme, die zu lösen sind? – Warum muss nach einer Lösung gesucht werden? – Ist das Problem auf Deutschland begrenzt oder international bedeutsam? – …
	2. Wer ist beteiligt oder betroffen? *Fragen, die helfen können …:* – Wodurch oder durch wen wird das Problem verursacht? – Wer muss mit den Folgen des Problems umgehen? – Sind bestimmte Bevölkerungsgruppen besonders betroffen? – …
	**3. Welche Ziele verfolgen die Beteiligten/Betroffenen?** *Fragen, die helfen können …:* – Wem nutzt die derzeitige Situation? – Wer hat das Interesse, etwas zu ändern und warum? – Gibt es Ziele, die alle miteinander teilen? – Wo treten Konflikte auf und kommt es zu Streit? – …
	**4. Welche Lösungsmöglichkeiten sind denkbar?** *Fragen, die helfen können …:* – Müssen die Lösungen a) beim Einzelnen, b) beim Unternehmen oder c) beim Staat ansetzen? – Gibt es schon Lösungsansätze und was wird diskutiert? – Können die Beteiligten das Problem selbst lösen oder muss der Staat Regeln setzen? Wenn ja, warum? – Welche Lösung scheint euch am angemessensten und sinnvollsten zu sein? – …

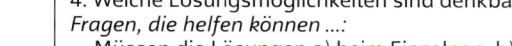

1. Analysiert den Problemfall „Plastiktüte" mithilfe des Analyserasters und weiterer Informationsrecherchen in Kleingruppen.

2. Vergleicht anschließend eure Ergebnisse und diskutiert vor allem die von euch als sinnvoll erachteten Lösungsvorschläge.

3. Überprüft, ob es mittlerweile staatliche Regelungen gibt und wie diese aussehen.

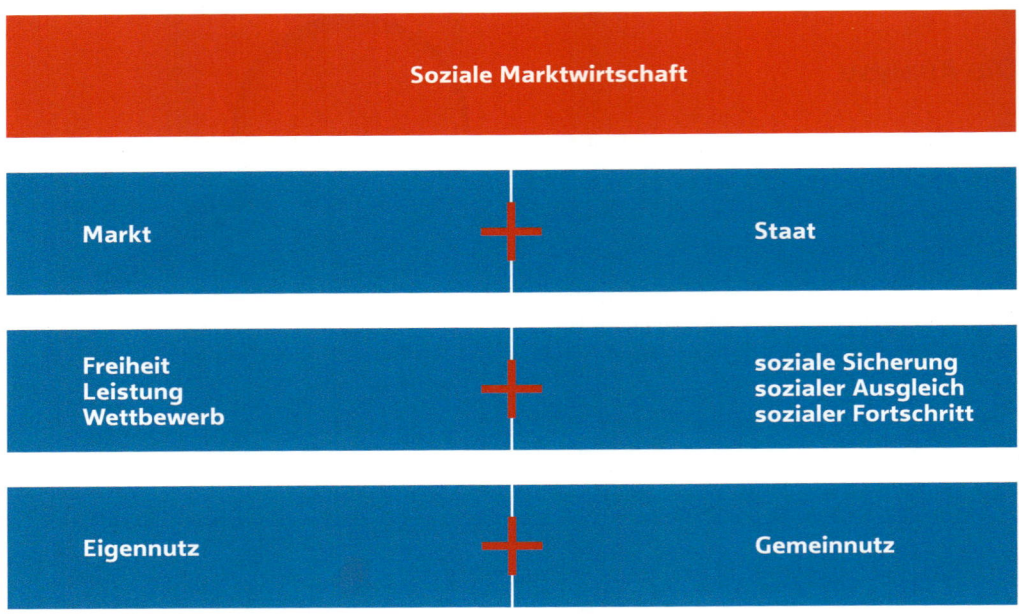

▸ Zusammenspiel von Markt und Staat in der sozialen Marktwirtschaft

Leitbild der sozialen Marktwirtschaft

In Deutschland haben wir als Ordnung die soziale Marktwirtschaft. Sie berücksichtigt die im Grundgesetz festgeschriebenen Grundrechte, wie z. B. die Vereinigungs- und Berufsfreiheit. Sie gibt uns u. a. die Möglichkeit, frei zwischen den Angeboten der Unternehmen im Wettbewerb zu wählen. Gleichzeitig stellt sie aber auch staatliche Sicherungssysteme bereit, um denen zu helfen, die nicht am Marktgeschehen teilhaben können. Dies sorgt z. B. dafür, dass ein Familienmitglied, das arbeitslos wird, nicht sofort ohne jegliches Einkommen dasteht.

Hierdurch unterscheidet sich die „soziale" von einer „reinen" Marktwirtschaft.

vegetarischen Spezialitäten. Er entscheidet, was er anbietet, wen er einstellt und welche Preise er nimmt. Ist er erfolgreich, wird er mit hohen Einnahmen belohnt. Trifft er die Bedürfnisse der Nachfrager nicht, wird er früher oder später sein Geschäft schließen und seine Mitarbeiter entlassen müssen.

In diesem Fall fallen diese nicht ins Bodenlose, sondern erhalten zumindest so viel Geld von der Gemeinschaft, dass sie ein menschenwürdiges Leben gestalten können. Dies ist allerdings an die Bedingung gekoppelt, dass sie sich aktiv um neue Arbeit bemühen. Sicherlich haben sie daran ein Interesse, um sich wieder mehr leisten zu können. Ob sich Herr Meier wieder selbstständig macht, entscheidet er aber selbst. ◼

→] Starthilfe zu 1:

Überlegt, wie sich die Entscheidungssituation für Herrn Meier verändern würde, wenn er 150 Euro oder 1.500 Euro im Monat vom Staat bekommen würde.

B   Herr Meier eröffnet einen Imbiss mit

1. Beschreibe in eigenen Worten die Besonderheit der Sozialen Marktwirtschaft im Vergleich zu einer „reinen" Marktwirtschaft.

2. Beschreibe, welches Schicksal die Angestellten von Herrn Meier in einem Ordnungssystem der „reinen" Marktwirtschaft widerfahren könnte.

Die staatliche soziale Sicherung setzt sich aus verschiedenen Bestandteilen zusammen:

Die gesetzliche Sozialversicherung umfasst die Kranken-, Renten-, Unfall-, Arbeitslosen- und Pflegeversicherung. Ihr zugrunde liegt der Gedanke, dass die Gemeinschaft diejenigen unterstützen muss, die nicht aus eigener Kraft am Marktgeschehen teilnehmen können.

Es handelt sich um Pflichtversicherungen. Alle Arbeitnehmer, außer den Beamten, zahlen in sie ein, damit der Einzelne im Versicherungsfall Leistungen erhält. Selbstständige, die z. B. ein eigenes Unternehmen haben, zahlen nicht ein.

Bis auf die Unfallversicherung übernehmen die Arbeitgeber in den Pflichtversicherungen meist zur Hälfte die Beiträge. Wenn das Geld nicht reicht, gibt der Staat Mittel aus den Steuereinnahmen dazu.

Die medizinische Versorgung ist für alle Pflichtversicherten gleich, bei Rente, Arbeitslosen- und Krankengeld richtet sich die Höhe jedoch nach dem Einkommen.

Wer seinen Lebensunterhalt nicht eigenständig bestreiten kann, hat Recht auf staatliche Unterstützung (Sozialhilfe). Sie soll eine Lebensführung ermöglichen, die der Würde des Menschen entspricht.

Es gibt vier Formen der sozialen Grundsicherung:

1. Sozialhilfe für Menschen, die nicht mehr arbeiten können und Hilfe benötigen. Beispiel: Frau M. ist nach einem Unfall halbseitig gelähmt.
2. Unterstützung für Menschen, die Arbeit suchen (Arbeitslosengeld II). Beispiel: Mareike ist arbeitslos, nachdem das Unternehmen, in dem sie vier Jahre gearbeitet hat, pleite gegangen ist.
3. Hilfe für Menschen ab 65 Jahren und solche, die nur eingeschränkt arbeiten können. Beispiel: Herr P. ist nach 42 Jahren Arbeit in Rente gegangen.
4. Existenzsicherung für Asylbewerber und geduldete Ausländer. Beispiel: Herr F. ist mit seiner Familie aus Syrien nach Deutschland geflohen.

3. Beschreibe die wichtigsten Ziele, die mit dem System der sozialen Sicherung verfolgt werden.

4. Fabian ist 18 Jahre alt und möchte nach dem Schulabschluss im nächsten Jahr erstmal seine Ruhe haben. Beurteile, ob er unter die soziale Sicherung fällt/fallen sollte. Begründe deine Meinung.

▶ Frau Söllner mit ihren Kindern

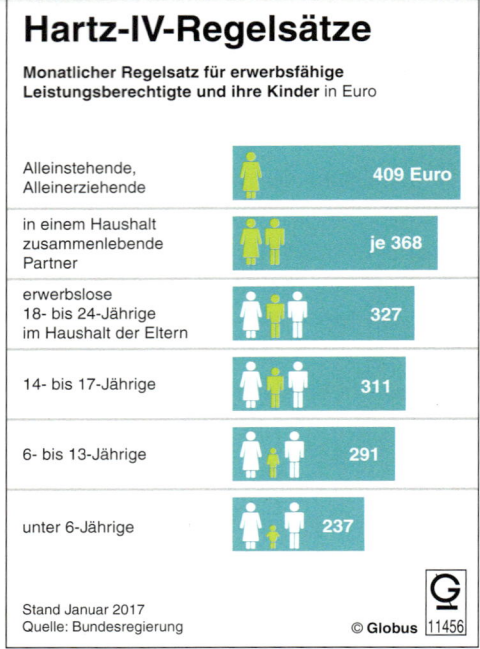

Hartz-IV-Regelsätze

Monatlicher Regelsatz für erwerbsfähige Leistungsberechtigte und ihre Kinder in Euro

Alleinstehende, Alleinerziehende		409 Euro
in einem Haushalt zusammenlebende Partner		je 368
erwerbslose 18- bis 24-Jährige im Haushalt der Eltern		327
14- bis 17-Jährige		311
6- bis 13-Jährige		291
unter 6-Jährige		237

Stand Januar 2017
Quelle: Bundesregierung

© Globus 11456

Soziale Grundsicherung

Arbeitslosengeld II
= Hartz IV

B WOVON SOLL FRAU SÖLLNER LEBEN?

Frau Söllner ist alleinerziehende Mutter. Ihr Lebensgefährte hat sie verlassen und ist ohne Angabe einer Adresse verschwunden. Wegen ihrer zwei kleinen Kinder, die zwei und vier Jahre alt sind und die sie zu versorgen hat, kann Frau Söllner nur wenige Stunden arbeiten. Mit gelegentlicher Putzarbeit hält sie sich im Moment über Wasser. Inzwischen sind auch ihre Ersparnisse aufgebraucht.

Wie sollen ihre Kinder versorgt werden? Wie soll sie ihren Lebensunterhalt bestreiten? Weil Frau Söllner mit der Miete in Verzug ist, wird ihr auch noch die Wohnung gekündigt. Einen Kredit bekommt sie nicht.

Verzweifelt wendet sich Frau Söllner an ihre Gemeinde. Dort wird ihr geraten, Arbeitslosengeld II zu beantragen. ∎

INFO

Arbeitslosengeld II

Arbeitslosengeld II ist eine Sozialleistung, d. h., sie wird durch Steuern finanziert. Arbeitslose Erwerbsfähige erhalten es nach dem Bezug von Arbeitslosengeld I oder wenn die Voraussetzungen für ALG I nicht erfüllt sind.

Zusätzlich zahlt die Bundesagentur für Arbeit oder die Arbeitsgemeinschaft aus Stadt und Arbeitsagentur die Unterkunft. Auch die Beiträge für Kranken-, Renten- und Pflegeversicherung übernimmt der Staat.

1. ▌ Berechne, wie viel Geld Frau Söllner mit Hartz IV monatlich zur Verfügung hat.

2. ▌ Vergleiche die monatlichen Hartz-IV-Regelsätze für die unterschiedlichen Personengruppen. Was stellst du fest?

3. ▌ Erkläre, warum die monatlichen Leistungen so unterschiedlich sind.

4. ▌ Beurteile diese Unterschiede. Findest du sie angemessen?

Das Grundgesetz schreibt mit Artikel 20 fest, dass Deutschland ein Sozialstaat ist (Verfassungsprinzip Sozialstaatlichkeit). Der Staat hat die Aufgabe, für sozialen Ausgleich zu sorgen.

In der Sozialen Marktwirtschaft sorgt der Staat, z. B. durch die Grundsicherung in Form von Arbeitslosengeld II, auch Hartz IV genannt, dafür, dass Menschen, die ihren Unterhalt nicht aus eigener Kraft und eigenen Mitteln decken können, Unterstützung erhalten.

Das geht nicht immer problem- und konfliktlos, weil sich die Auffassungen der Bürger und auch der Parteien, was soziale Gerechtigkeit ist, häufig sehr stark voneinander unterscheiden.

Die Hartz-IV-Sätze reichen vorne und hinten nicht, um ein angemessenes Leben zu führen und müssten stark erhöht werden.

Wenn die Hartz-IV-Zahlungen zu hoch sind, fehlt der Anreiz, sich Arbeit zu suchen. Die Kosten trägt die Gemeinschaft.

Hartz-IV-Empfänger stehen unter starkem Druck und können sich gar nicht über ihre Zukunftspläne Gedanken machen.

Die Kontrollen von Hartz-IV-Empfängern müssen streng sein, um unzulässige Zahlungen zu vermeiden.

5. Beschreibe anhand der Texte auf beiden Seiten, wodurch Sozialleistungen wie ALG II finanziert werden.

6. Charakterisiere die Ziele, die der Staat damit verfolgt.

7. Erwerbsfähige Arbeitslose erhalten das Arbeitslosengeld II nur, wenn sie aktiv nach Arbeit suchen. Finde Gründe dafür und nimm Stellung dazu.

8. Analysiere die in dem Dialog deutlich werdenden Konflikte. Bewerte die Argumente.

Wenn der Wettbewerb nicht funktioniert

Damit Märkte funktionieren können, muss Wettbewerb sichergestellt sein. Deswegen gilt der Schutz des Wettbewerbs als ein wesentliches Merkmal der (sozialen) Marktwirtschaft. Wettbewerb sorgt beispielsweise dafür, dass die anbietenden Unternehmen ihre Produkte weiterentwickeln und neue erschaffen. Und auch für die Preisbildung ist es von Vorteil, wenn viele Wettbewerber aufeinandertreffen. Denn bei gleicher Qualität werden die Kunden vor allem die günstigsten Güter und Dienstleistungen nachfragen.
Gibt es auf einem Markt nur einen Anbieter (Monopol), so gibt es keinen Wettbewerb. Aber auch bei wenigen Anbietern droht die Gefahr, dass der Wettbewerb eingeschränkt wird. Dies ist insbesondere dann der Fall, wenn diese ihr Verhalten und beispielsweise ihre Preise absprechen. In diesem Fall spricht man von einem Kartell.

▶ Preisabsprachen schränken den Markt ein

Q WAS IST EIN KARTELL?

Koordinieren Wettbewerber untereinander ihr Verhalten auf einem Markt, um dadurch den Wettbewerb einzuschränken oder auszuschalten, spricht man von einem Kartell. Wettbewerbsbeschränkende Vereinbarungen zwischen Unternehmen können verschiedene Formen annehmen. Besonders schwerwiegend sind zumeist Absprachen zwischen Wettbewerbern über Preise oder Produktionsmengen sowie die Aufteilung von Absatzgebieten oder Kundengruppen. [...] ■

Quelle: www.bundes-kartellamt.de/DE/Kartellverbot/kartell-verbot_node.html, Zugriff 06.02.2017

B BEISPIEL 1:

Insgesamt nur vier Unternehmen bieten Brillen an. Sie vereinbaren, dass jeweils nur eines in Nord-, West-, Süd- und Ostdeutschland als Anbieter aktiv wird. ■

B BEISPIEL 2:

Die größten Anbieter von Smartphones sprechen sich ab und legen ihre Preise gemeinsam fest. ■

B BEISPIEL 3:

Die größten Produzenten von Erdöl einigen sich darauf, die angebotene Menge zu beschränken, um das Gut knapp und somit den Preis hoch zu halten. ■

In allen Fällen wird der Wettbewerb aufgehoben und hat dies nachteilige Auswirkungen für die Konsumenten (eingeschränkte Auswahl, hohe Preise, ...).
Solche Praktiken sind nicht die Regel, aber auch nicht so selten. Gerade Preisabsprachen finden sich immer wieder in unterschiedlichen Branchen (s. Infokasten).

INFO

Kartelle

Kartelle sind grundsätzlich verboten. Einige Branchen, in denen in den vergangenen Jahren Kartellbildungen zu beobachten waren:

- Kaffeepulver und -kapseln
- Feuerwehrfahrzeuge und Drehleitern
- Bahnschienen
- Personenaufzüge
- Waschpulver
- Betonrohre
- Pappteller
- Bananen
- Erdgas

Wettbewerbsrecht: Wenn der Staat eingreift!

Die Sicherung des Wettbewerbs auf den Märkten zählt zu den wichtigsten staatlichen Aufgaben in einer Marktwirtschaft. In Deutschland ist insbesondere das Bundeskartellamt hierfür zuständig. Und da viele Märkte mittlerweile europaweit geöffnet sind, gibt es auch eine europäische Kartellbehörde.

Die Kartellbehörden treten vor allem in zwei Fällen auf den Plan:

1. Es besteht der Verdacht, dass Unternehmen ihre Preise oder Vertriebsgebiete absprechen:

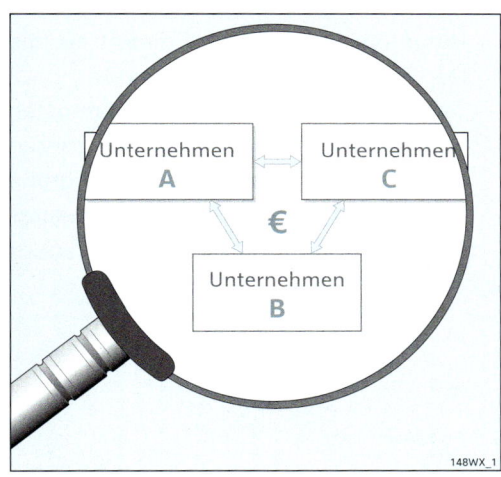

In diesem Fall nehmen die Behörden eine Überprüfung vor und verhängen ggf. Geldstrafen.

2. Zwei Unternehmen wollen sich zusammenschließen (fusionieren):

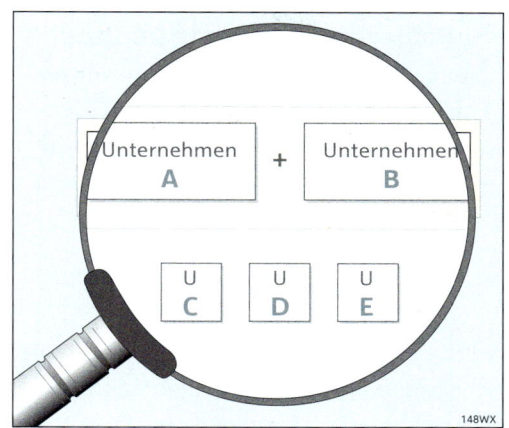

In diesem Fall prüfen die Kartellbehörden, ob der Zusammenschluss zu einer zu großen Marktmacht führt. Ist dies der Fall, können sie die Fusion verbieten oder den Unternehmen Auflagen machen.
In der Realität stellt sich gerade der erste Fall aber als sehr schwierig dar, weil man Preisabsprachen und Ähnliches beweisen muss. Der reine Verdacht reicht nicht aus.

B Zum Beispiel wird immer wieder der Verdacht der Preisabsprache zwischen den großen Betreibern von Tankstellen geäußert. Da aber nie bewiesen werden konnte, dass es diese wirklich gibt, blieben Strafen aus. Um die Position der Verbraucher trotzdem zu stärken, hat man eine Markttransparenzstelle eingerichtet, mit deren Hilfe die Autofahrer schnell informiert werden, wer gerade am günstigsten Benzin anbietet. ■

Markttransparenzstelle für Kraftstoffe
Sie ermöglicht den Verbrauchern, sich über die aktuellen Kraftstoffpreise in Deutschland zu informieren.

1. Nenne die wichtigsten Aufgaben der Kartellbehörden im Bereich der Wettbewerbssicherung.

2. Erläutere, was unter Kartellen verstanden wird und weshalb diese als problematisch angesehen werden.

3. Erkläre, weshalb Wettbewerbsschutz auch und vor allem als Verbraucherschutz bezeichnet werden kann.

Konjunktur – Wenn die wirtschaftliche Entwicklung schwankt

Schlechte Stimmung im Land

Aufgrund wachsender Zukunftssorgen gehen die Konsumausgaben der Menschen deutlich zurück. Statt ihr Geld für Möbel oder Autos auszugeben, sparen viele lieber.

Solche Ereignisse verändern die wirtschaftliche Situation eines gesamten Landes und darüber hinaus. Im vorliegenden Fall könnte die fehlende Nachfrage z. B. dazu führen, dass die Unternehmen weniger einnähmen, sparen müssten und ggf. Menschen entlassen würden. Der Staat hätte Einbußen bei den Steuereinnahmen und steigende Sozialausgaben. Umgekehrt würde sich eine Nachfragesteigerung auswirken.

Man spricht in diesem Zusammenhang auch von konjunkturellen Schwankungen. Als Konjunktur bezeichnet man die Gesamtsituation einer Volkswirtschaft. Um die konjunkturelle Lage und Entwicklung zu untersuchen, betrachten beispielsweise Forschungsinstitute gleichzeitig verschiedene wirtschaftliche Werte wie z. B. die folgenden:
- Wie entwickeln sich die Preise?
- Wie viele Aufträge und Bestellungen für ihre Güter haben Unternehmen vorliegen?
- Wie viel Geld wird z. B. für neue Maschinen ausgegeben?

- In welcher Stimmung sind die Konsumenten? Welche Einflüsse (z. B. Kriege) beeinflussen die Zukunftserwartungen?
- Wie entwickelt sich der Arbeitsmarkt? Steigt die Arbeitslosigkeit oder nimmt sie ab?

Die Konjunktur einer Volkswirtschaft, wie z. B. derjenigen der Bundesrepublik Deutschland, verläuft dabei häufig in Wellenform:
- **Aufschwung**: Die Wirtschaft läuft besser, die Unternehmen erhöhen ihre Gewinne, mehr Menschen finden Arbeit …
- **Hochkonjunktur** (**Boom**): Der Aufschwung ist auf seinem Höhepunkt.
- **Rezession**: Das Wachstum hat seinen Höhepunkt erreicht und nimmt ab, die Nachfrage nach Gütern sinkt usw.
- **Tiefstand** (**Depression**): Im schlimmsten Fall, der nicht zwangsläufig eintreten muss, gerät die Wirtschaft in eine große Krise, Unternehmen geraten in Schwierigkeiten, die Zahl der Arbeitslosen steigt usw.

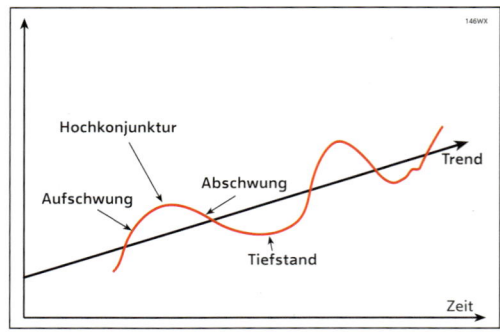

▸ Konjunkturverlauf

---

1. ▍ Erläutere, wie sich folgende Entwicklung für Unternehmen, Arbeitnehmer und den Staat auswirken könnte: „Die Konsumenten sehen positiv in die Zukunft und erhöhen ihre Konsumausgaben".

2. ▍ Bewerte die folgende Aussage: „Es ist das Interesse aller im Lande, dass die Konjunktur gut verläuft bzw. stabil bleibt".

Ursachen konjunktureller Schwankungen

Konjunkturelle Auf- und Abschwünge können vielfältige Ursachen haben. Die nebenstehende Grafik benennt einige.

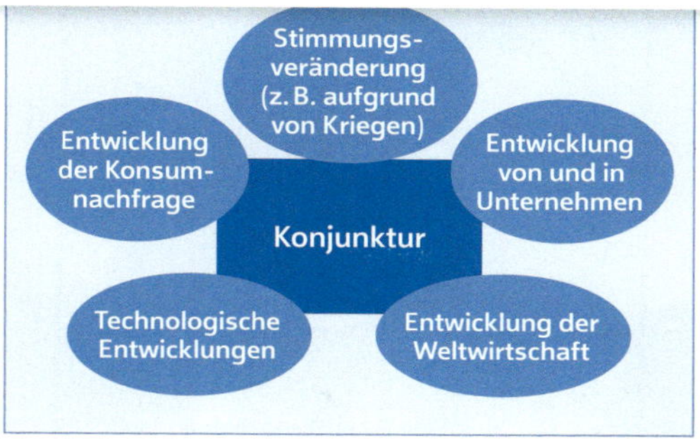

In der globalisierten Welt gibt es enge Beziehungen zwischen den Staaten. Dies ist im Jahr 2008 und folgende deutlich geworden. Die Weltwirtschaft war in eine schwere Krise geraten. Insbesondere in den Staaten, die in den Jahren davor starke Wachstumsphasen hatten (wie z. B. China), kam es zu massiven Einbrüchen. Dies hatte große Auswirkungen auf Unternehmen in unterschiedlichen Ländern. Zwei Beispiele:

B In der Boomzeit bis 2007 hatte der Warenaustausch auf internationaler Ebene stetig zugenommen, für den Containerschiffe benötigt werden. Die Reederei Borgmann bestellte aufgrund der stetig steigenden Nachfrage neue und größere Schiffe bei der Hansen-Werft. ■

B Das Unternehmen Frerichs baut große Industriemaschinen. In Volkswirtschaften, die boomen (z. B. in China), bauen Unternehmen ihre Fabriken aus und modernisieren ihre Maschinen. 2007 kam das Unternehmen deshalb kaum mit der Produktion hinterher und stellte neue Arbeitnehmer ein. ■

Mit der plötzlich eintretenden Wirtschaftskrise änderten sich die Rahmenbedingungen für die Unternehmen dramatisch.

B Zu dem Zeitpunkt, als die bestellten Schiffe ausgeliefert wurden, benötigte die Reederei Borgmann diese nicht mehr. So hatte sie hohe Kosten, aber keine entsprechenden Einnahmen und bekam selbst Probleme. ■

B Die Nachfrage nach Maschinen brach in der Krise deutlich ein, sodass das Unternehmen Frerichs deutlich weniger einnahm und u. a. einige Mitarbeiter entlassen musste. Mit dem folgenden Aufschwung ändert sich die Situation dementsprechend wieder, doch es bleiben die schwierigen Jahre der Krise. ■

Natürlich wird die konjunkturelle Entwicklung auch in einem Land selbst beeinflusst. Die Unternehmen eines Landes müssen z. B. Güter und Dienstleistungen anbieten, die zeitgemäß sind und auf den Märkten nachgefragt werden.

Globalisierung
beschreibt die zunehmende Vernetzung der Welt in allen Lebensbereichen. Im Wirtschaftsgeschehen nahm z. B. der grenzüberschreitende Handel von Gütern und Dienstleistungen in den vergangenen Jahrzehnten stark zu. Insbesondere das Internet hat diese Entwicklung in den letzten Jahren gefördert.

Reederei
Ein Unternehmen, das anderen Unternehmen Schiffe zum Transport ihrer Güter zur Verfügung stellt und den Transportprozess organisiert.

---

1. ▤ Erkläre, weshalb die Entwicklung einer modernen Volkswirtschaft heute nicht mehr allein durch ein Land beeinflusst werden kann.

2. ▤ Wenn es zu einer Krise kommt, geben die Unternehmen weniger für neue Maschinen aus. Überprüfe, inwieweit dies einerseits logisch ist, andererseits aber die Krise noch verschärft.

3. ▤ Erörtere die folgende Aussage: „In Zeiten der Rezession ist es sinnvoll, dass die privaten Haushalte mehr Geld ausgeben." Überprüfe hierbei die Aussage sowohl aus Arbeitnehmersicht als auch aus Konsumentensicht.

▶ Frau Müller   ▶ Herr Zoller   ▶ Nadine S.

Folgen konjunktureller Entwicklungen

Konjunkturelle Entwicklungen haben Einfluss auf alle Akteure und ihre Handlungsmöglichkeiten in einer Volkswirtschaft. Am Beispiel des Staates lässt sich dies gut verdeutlichen:

In der Phase des Aufschwungs und des Booms steigen seine Einnahmen, weil er mehr Steuern einnimmt (Unternehmen machen mehr Gewinne, mehr Menschen zahlen Einkommensteuer usw.). Gleichzeitig muss er, da mehr Menschen in Arbeit sind, weniger Ausgaben zahlen, z. B. für die Unterstützung von Arbeitslosen.

In einem Abschwung stellt sich die Situation anders dar. Die Unternehmen setzen weniger um, weniger Menschen sind beschäftigt ... die Ausgaben steigen, während die Einnahmen sinken. Dadurch fehlt ggf. das Geld für notwendige Investitionen oder es müssen mehr Schulden gemacht werden.

Aber auch für die einzelnen privaten Haushalte können sich die Handlungsbedingungen deutlich verändern.

	Aufschwung	Abschwung
Frau Müller betreibt einen kleinen Laden für Luxusartikel und Schmuck und beschäftigt zwei Personen.	???	???
Herr Zoller ist ein gut qualifizierter Facharbeiter und sucht an seinem neuen Wohnort eine Anstellung in den dortigen Unternehmen.	???	???
Nadine S. hat gerade ihre Ausbildung in einer kleinen Werbeagentur abgeschlossen und ist erst einmal für ein Jahr übernommen worden.	???	???

1. Übertrage die Tabelle und fülle sie aus. Arbeite heraus, wie sich ein Auf- bzw. Abschwung auf die genannten Personen auswirken könnte.

2. Wenn eine Krise droht, beginnen viele Menschen, mehr zu sparen und ihre Ausgaben zu reduzieren. Überprüfe, inwieweit dies einerseits nachvollziehbar, andererseits aber auch problematisch für die Gesamtentwicklung sein kann.

▶ Bau einer Autobahn

▶ Autokauf

Konjunkturpolitik – Wie der Staat eingreift

Im Hinblick auf die konjunkturellen Entwicklungen versucht der Staat,
– zum einen für möglichst große Stabilität zu sorgen und starke Abschwünge zu vermeiden und
– zum anderen auf lange Sicht die Rahmenbedingungen für Wachstum bereitzustellen.

Wenn es jedoch zu einer Krisensituation kommt, greift er z. T. stärker ins Wirtschaftsgeschehen ein. Hier einige Beispiele für solche Maßnahmen:
– Erhöhungen der Finanzmittel des Gebäudesanierungsprogramms,
– ein Investitionsprogramm Verkehr,
– Verlängerung der Bezugsdauer von Kurzarbeitergeld,
– Ausbau des Sonderprogramms für ältere und geringqualifizierte Arbeitnehmer.

Hinter den kompliziert klingenden Maßnahmen verbirgt sich insbesondere Folgendes: Der Staat gibt einerseits selbst mehr Geld aus und beauftragt Unternehmen, z. B. Straßen zu bauen und Schulen zu sanieren. Daneben erleichtert er es den Unternehmen, Arbeitnehmer (weiter) zu beschäftigen, indem er z. B. die Abgaben senkt oder besondere Förderprogramme für ältere Beschäftigte und Arbeitslose auflegt.

INFO

Umweltprämie

Ein Beispiel: Durch die sogenannte Umweltprämie bekamen im Jahr 2009 die Besitzer von Autos in Deutschland, die älter als zehn Jahre alt waren, die Möglichkeit, beim Kauf eines Neuwagens einen staatlichen Zuschuss von 2.500 Euro zu bekommen. Offiziell war das Ziel, viele umweltschädliche alte Autos von der Straße zu holen. Vor allem sollte aber ein Einbruch in der wichtigen Automobilbranche verhindert werden.

3. Beschreibe, warum der Staat Konjunkturpolitik betreibt.

4. Setzt euch arbeitsteilig mit einzelnen Elementen der Konjunkturpakete auseinander. Recherchiert weitergehende Informationen zu den Ansatzpunkten und Zielsetzungen.

5. Diskutiert den Sinn der Pkw-Prämie. Erörtert denkbare Kritikpunkte, beispielsweise aus den Reihen anderer Branchen oder hinsichtlich der langfristigen Wirkungen.

Inflation
lateinisch: „inflare" =
aufblasen

Inflation – Wenn das Geld seinen Wert verliert

B Zum 16. Geburtstag bekommt Tim von seiner Oma ein Sparbuch geschenkt. 2.000 Euro sind darauf. Doch es gibt eine Bedingung: „Du darfst erst Geld abheben, wenn du 25 Jahre alt bist", sagt die Oma. „Denn je länger du es liegen lässt, umso mehr hast du später zur Verfügung ... dank Zinsen."
„Na, das stimmt aber nur, wenn die Zinsen höher sind als die Inflation", wirft Tims Vater ein. „Inflation?", fragt Tim. „Willst du sagen, dass das Geld seinen Wert verliert? In neun Jahren werde ich aber doch deutlich mehr als 2.000 Euro auf dem Sparbuch haben." ■

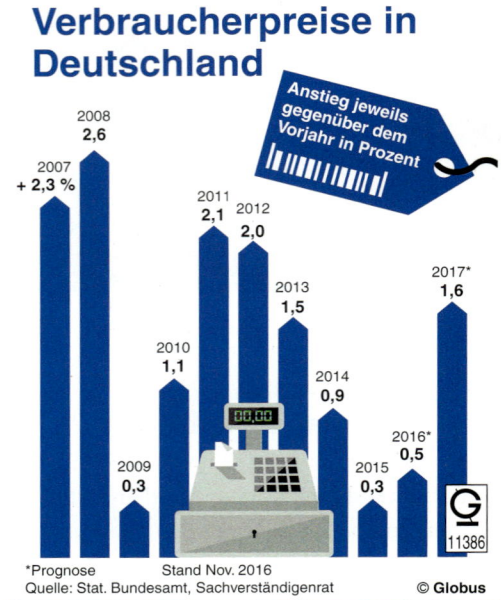

Verbraucherpreise in Deutschland

Anstieg jeweils gegenüber dem Vorjahr in Prozent

2007 + 2,3 %
2008 2,6
2009 0,3
2010 1,1
2011 2,1
2012 2,0
2013 1,5
2014 0,9
2015 0,3
2016* 0,5
2017* 1,6

*Prognose   Stand Nov. 2016
Quelle: Stat. Bundesamt, Sachverständigenrat   © Globus
11386

Tims Vater hat recht: Der Wert des Geldes kann sich im Verlaufe der Jahre verändern. Oder man muss eigentlich sagen, dass sich die Kaufkraft verändert, denn der reine Nennwert bleibt ja gleich. Für die 2.000 Euro kann man sich im Jahr 2017 vielleicht mehr leisten als im Jahr 2025 für 2.100 Euro. Woran liegt das?

Schuld ist insbesondere die sogenannte Inflation. Sie sorgt dafür, dass die durchschnittlichen Preise steigen. Preise verändern sich auf Märkten regelmäßig. Das ist vollkommen normal und sogar gewollt. Wenn sich aber die Preise vieler Güter gleichzeitig und über einen längeren Zeitraum erhöhen, sprechen wir von einer Inflation.

Die Inflation entwickelt sich dabei ganz unterschiedlich. Ein Beispiel: Du verfügst 2017 über 100 Euro. 2018 beträgt die Inflation 2 %.

Dies bedeutet, dass du dir nun von dem Geld nur noch Güter im Wert von 98 Euro im Vergleich zum vorherigen Jahr kaufen kannst. Hält die Inflation fünf Jahr lang an, gehen dir ca. 10 % deiner Kaufkraft verloren.

Wie verheerend eine Inflation sein kann, konnte man in Deutschland 1923 beobachten. Um die Kriegsschulden zu bezahlen, druckte die Regierung immer mehr Geld. In der Folge verlor es fast seinen gesamten Wert. Dies hatte dramatische Folgen für die Bürger: Sämtliche Ersparnisse waren verloren und man bezahlte schon einfache Nahrungsmittel mit Milliarden- und Billionen-Scheinen. Die Wirtschaft kam zum Erliegen.

1. Beschreibe in eigenen Worten, was unter einer Inflation verstanden wird.

2. Analysiere die oben stehende Grafik. Arbeite heraus, was sie im Wesentlichen darstellt.

3. Überprüfe, welche der folgenden Aussagen richtig ist: „Von 2011 bis 2012 hat die Inflation um 0,1 Prozentpunkte abgenommen" oder „2012 ist die Inflation, im Vergleich zu 2011, um 2 Prozentpunkte gestiegen". Begründe deine Einschätzung.

Folgen von Inflation

So dramatische Auswüchse wie 1923 erwartet man heute nicht mehr. Und grundsätzlich wird eine Inflation von 2 % als unproblematisch angesehen. Liegt die Inflationsquote jedoch langfristig deutlich darüber, gilt dies als problematisch für die einzelnen Haushalte, wie auch die gesamte Wirtschaft. Betroffen von ihr ist zumindest annähernd jeder, wenn auch in unterschiedlichem Umfang und Ausmaß.

B Frau Meier (72) ist Rentnerin und erhält monatlich 980,– Euro.

Herr Frerichs (49) ist selbstständig und spart monatlich mehrere hundert Euro für die Altersvorsorge. Dafür erhält er durchschnittliche Zinsen von 1,8 %.

Frau Meindl arbeitet bei einem großen Automobilkonzern und freut sich über 2,5 % mehr Lohn im nächsten Jahr. ■

Eine anhaltend hohe Inflation wirkt sich dabei auch auf die Entwicklung der Gesamtwirtschaft aus:

> Wenn die Preise gerade für lebensnotwendige Güter wie Strom, Benzin oder Nahrungsmittel steigen, sparen die Privaten Haushalte an anderen Stellen.

> Viele Unternehmen können dann weniger Güter verkaufen, ihre Umsätze nehmen ab.

> Im schlimmsten Fall müssen Arbeitnehmer entlassen werden.

> Gleichzeitig fließen weniger Steuern an den Staat, seine Einnahmen nehmen also ab.

> ...

---

4. Analysiere, wie sich eine Inflationsquote von 3 % auf die drei genannten Personen und ihre Handlungsmöglichkeiten auswirken kann.

5. Erläutere denkbare Reaktionsmöglichkeiten.

6. Analysiere die Karikatur und arbeite ihre Kernaussage heraus.

7. Ermittle ein der Karikatur vergleichbares Beispiel für im Alltag spürbare Inflation.

8. Erörtere, warum die Eindämmung der Inflation ein staatliches Ziel ist.

▶ Beteiligungsmöglichkeiten von Bürgerinnen und Bürgern

Beteiligungsmöglichkeiten der Bürger

Die wirtschaftspolitischen Entscheidungen des Staates haben oftmals direkte Auswirkungen auf die Menschen in einer Gesellschaft. Sie können aber auch Einfluss auf diese nehmen.

Die Bürgerinnen und Bürger können natürlich nicht nur die öffentlichen Institutionen nutzen, sondern sich auch direkt an politischen Entscheidungsprozessen beteiligen.

Nutzung des Wahlrechts

Wer 16 Jahre alt ist, kann bei Kommunalwahlen seine Stimme abgeben. Ab 18 Jahren könnt ihr an Bundestags- und Europawahlen teilnehmen. Voraussetzung hierfür ist, dass ihr euch über die Programme der zur Wahl stehenden Parteien informiert.

Mitarbeit in einer Partei

Selbstverständlich kann man sich auch selbst in einer Partei engagieren, beginnend in den Jugendorganisationen vor Ort. Dies kann, muss aber nicht, in der zukünftigen Kandidatur für Parlamente münden.

Engagement in Interessengruppen und Bürgerinitiativen

Viele Bürgerinnen und Bürger beteiligen sich außerhalb der Parteien an politischen Entscheidungsprozessen, indem sie beispielsweise in Umweltverbänden, Bürgerinitiativen oder Gewerkschaftsorganisationen mitarbeiten.

Online-Petionen

Die Bürgerinnen und Bürger können Behörden und Parlamente anschreiben, um Maßnahmen zu fordern oder sich zu beschweren.

Zunehmend bedeutender wird dabei natürlich die Nutzung des Internets für die Information und den Austausch. Unter dem Stichwort des „E-Governments" (= Elektronische Regierung) gibt es mittlerweile verschiedene Versuche, die Beteiligung der Bürgerinnen und Bürger zu verbessern. Auf kommunaler Ebene sind dies insbesondere Serviceangebote wie digitale Anmeldungsmöglichkeiten. Und natürlich gehen auch Ministerien, Parteien usw. mittlerweile ins Netz, um die Bürgerinnen und Bürger zu informieren und Meinungen einzuholen. Solange jedoch nicht überall gute Internetverbindungen bestehen und große Bevölkerungsgruppen (wie z. B. ältere Menschen) nicht im Netz aktiv sind, bestehen immer noch Schwierigkeiten bei der Verbreitung der modernen Austauschformen.

INFO

Im internationalen Vergleich erreicht Deutschland beim E-Government nur den 21. Platz.

Bürgerbeteiligung vor Ort – ein schwieriger Fall

Was sich in der Theorie einfach anhört, ist in der Realität manchmal ganz schön kompliziert. Wenn z. B. eine Straße, eine Stromtrasse oder ein Windpark gebaut werden soll, treffen unterschiedliche Interessen aufeinander. Und gerade die direkt betroffenen Bürgerinnen und Bürger melden sich zu Wort und wollen gehört und beteiligt werden. Dass das, bei allen Möglichkeiten, gar nicht so einfach ist, zeigt das folgende Beispiel:

Geplanter „Windpark Rosenberg-Süd"

Der Energiekonzern EnBW plant den Bau der Windkraftanlagen. Sie sollen zu den höchsten in Deutschland gehören. Die Bürgerinitiative aus Rosenberg kritisiert unter anderem, dass der Abstand der Riesenwindräder mit zum Teil weniger als 800 Metern zu den Wohnsiedlungen zu gering sei.

Und dann die Größe: Die beiden Windräder des Energiekonzerns sollen 230 Meter hoch werden. [...]
Die Bürgerinitiative „Windkraft mit Vernunft" wehrt sich dagegen. Deren Sprecher Bernd Klopfer wirft dem Ostalbkreis und dem Betreiber EnBW Heimlichtuerei vor: Man habe bei der Planung der Anlage die Bürger schlichtweg umgangen. Alles sei „schon geplant" gewesen, man könne da „nichts mehr rückgängig machen".

Das Umwelt- und Energieministerium als übergeordnete Behörde lässt diesen Vorwurf nicht gelten. Alles sei mit rechten Dingen zugegangen, betont Minister Franz Untersteller (Grüne) gegenüber dem SWR. Bürgerbeteiligung sei bei Windkraftanlagen nicht zwingend.

Die Bürgerbeteiligung mag freiwillig sein. Die Kreisverwaltung hatte die Anlage genehmigt, obwohl die Initiative angekündigt hatte, eine Petition dagegen einzureichen. Diese sei allerdings erst einen Tag nach der Genehmigung eingegangen. Die Kreisverwaltung hat sich dafür entschuldigt, die Petition nicht im Blick gehabt zu haben. Die Genehmigung hätte jedoch erteilt werden müssen, da alle Voraussetzungen vorlagen, so das Landratsamt.

Für die Bürgerinitiative ist das letzte Wort aber noch nicht gesprochen. [Sie] hoffen auf den Petitionsausschuss. Der will nun [...] erneut über das Thema sprechen.

---

1. Beschreibe den im Artikel dargestellten Konflikt. Nenne die beteiligten Akteure und stelle ihre Interessen und Zielsetzungen dar.

2. Erläutere die Vorgehensweise der Bürgerinitiative vor Ort. Ordne ihre Maßnahmen in die Übersicht auf Seite 128 ein und diskutiert weitere Möglichkeiten.

3. Ermittelt einen vergleichbaren Streitfall aus eurer Stadt/Region und analysiert die dortigen Bemühungen der betroffenen Bürger und Bürgerinnen.

Quelle: www.swr.de/swraktuell/bw/ulm/geplanter-windpark-rosenberg-sued-petitionsausschuss-vertagt-entscheidung/-/id=1612/did=19241842/nid=1612/6xyydw/index.html, Zugriff 30.06.2017

▶ Gebrauchen   ▶ Verändern   ▶ Verleihen   ▶ Verkaufen

PRAXIS

Wirtschaftsordnung/Eigentumsverfassung

Die Festlegung und Durchsetzung einer Eigentumsverfassung ist wesentlicher Bestandteil jeder Wirtschaftsordnung. Wären die Eigentumsrechte sowie die Frage, was diese beinhalten, nicht eindeutig geregelt, gäbe es jeden Tag eine Vielzahl von Auseinandersetzungen, wie z. B. in den folgenden Fällen:

B   Jan hat ein neues Mountainbike. Der drei Jahre ältere Dominik nimmt es ihm ab: „Ich leih mir das mal, bekommst es demnächst wieder!" Und weg ist er!

Als Familie Schlump das Haus verlässt, traut sie ihren Augen nicht. Das Dach des neuen Carports des Nachbarn ragt einen halben Meter auf ihre Einfahrt, sodass das Wohnmobil kaum noch durchpassen wird. „Sorry, ging aber nicht anders!", ruft der Nachbar.

Lara hat ihrer Freundin Paula ein Kleid für eine Hochzeitsfeier geliehen. Nun gibt es ihr Paula zurück und strahlt: „Meine Cousine fand das Kleid so cool, die hat sich das auch gleich mal für einen Abend ausgeliehen und mir sogar 10 Euro dafür gegeben. Habe ich mir gleich einen Kinobesuch gegönnt!" ■

In einer marktwirtschaftlichen Ordnung gibt es die folgenden vier Eigentumsrechte:

1. Entscheidungs- und Nutzungsrecht
2. Aneignungsrecht   §   3. Veränderungsrecht
4. Übertragungsrecht

Am Beispiel des Fahrrads werden die Rechte deutlich. Mia darf ihr Fahrrad

– nutzen, wann und wo sie will,
– das Geld behalten, wenn ihr jemand beispielsweise 10 Euro für das Leihen überlässt;
– in einer anderen Farbe streichen, einen neuen Lenker montieren oder die Gangschaltung auswechseln;
– verleihen oder verschenken, wann und an wen sie will.

Der Freiheit sind aber natürlich auch Grenzen gesetzt. So darf Mia nicht überall fahren und ihr Fahrrad auch nicht so verändern, dass es nicht mehr verkehrssicher ist.

---

1. Erläutere, inwieweit in den drei Beispielen ein Verstoß gegen Eigentumsrechte vorliegt.

2. Erörtere, welche Möglichkeiten die Eigentümer haben, ihre Rechte durchzusetzen.

3. Analysiere die Nutzungsrechte an einer Film-Blu-ray.

4. Auf gekauften DVDs und Blu-ray steht zumeist auf der Rückseite der Hülle „Nur zum privaten Gebrauch". Erläutere die hiermit einhergehenden Einschränkungen der Nutzungsrechte und die von den Anbietern verfolgten Zielsetzungen.

Inflation und Konjunktur

Die Inflationsrate sowie die konjunkturelle Entwicklung haben Einfluss auf die Kaufkraft der Privaten Haushalte. Dies zeigt folgendes Beispiel aus dem Jahr 2015:

Mehr Lohn, niedrige Inflation – 2015 brachte dickes Kaufkraft-Plus

Die Deutschen haben im laufenden Jahr deutlich mehr im Portemonnaie als 2014.

Deutschlands Verbraucher können sich über die höchste Kaufkraftsteigerung seit 1992 freuen. [...] Die Löhne stiegen laut Statistik in den ersten neun Monaten dieses Jahres kräftig: um durchschnittlich 2,8 Prozent. Die Verbraucherpreise dagegen kletterten nur minimal um 0,2 Prozent nach oben. Real blieb somit ein Plus von 2,6 Prozent in der Tasche – durch genaues Rechnen und Rundungen kommen die Statistiker auf 2,5 Prozent. Besonders kräftig wuchsen laut Statistik die Bruttolöhne bei Beschäftigten mit eher unterdurchschnittlichen Gehältern: Bei ungelernten Arbeitnehmern stieg der Bruttolohn im dritten Quartal 2015 im Vergleich zum Vorjahreszeitraum im Schnitt um 3,9 Prozent.

Ein wesentlicher Grund für die niedrige Inflation war der geringe Ölpreis.

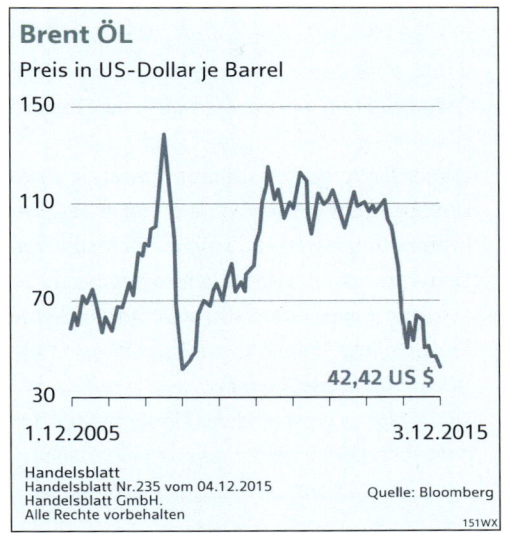

Brent ÖL
Preis in US-Dollar je Barrel

42,42 US $

1.12.2005   3.12.2015

Handelsblatt
Handelsblatt Nr.235 vom 04.12.2015
Handelsblatt GmbH.
Alle Rechte vorbehalten

Quelle: Bloomberg

151WX

Brent Öl
ist die für Europa wichtigste Rohöl-sorte, die auf den Weltmärkten gehandelt wird.
Ein Barrel entspricht ca. 159 Litern. Im Welthandel wird Rohöl in Barreln gehandelt.

Ölpreis-Absturz drückt deutsche Inflation auf Niveau von 2009

Der Absturz der Ölpreise hat die Inflation in Deutschland im vergangenen Jahr auf das Niveau des Krisenjahres 2009 gedrückt. Hauptgrund für die seit Monaten extrem niedrige Inflation ist der Preisverfall bei Erdöl. Davon profitieren Verbraucher beim Tanken und Heizen [...].

5. ⬛ Beschreibe in eigenen Worten den Zusammenhang zwischen der Entwicklung von Inflationsrate, Löhnen und Kaufkraft.

6. ⬛ Erläutere, wie sich die Preisentwicklung auf den internationalen Ölmärkten in der Haushaltskasse deutscher Familien auswirkt.

7. ⬛ Arbeite heraus, inwieweit Lohnsteigerungen sowohl das Ergebnis von konjunkturellen Entwicklungen sein und diese gleichzeitig beeinflussen können.

Das Wichtigste in Kürze

Die Wirtschaftsordnung eines Landes bestimmt im Wesentlichen die Handlungen und Beziehungen der Akteure im Wirtschaftsgeschehen. In diesem Zusammenhang spielt die Festlegung der Eigentumsform eine wesentliche Rolle.

In Deutschland finden wir die Soziale Marktwirtschaft vor. Wirtschaftliche Handlungen erfolgen im Wesentlichen auf den Märkten. Ein soziales Sicherungssystem sorgt darüber hinaus dafür, dass Menschen, die aus eigener Kraft nicht am Marktgeschehen teilnehmen können, Unterstützung von der Gemeinschaft bekommen. Dies gilt beispielsweise im Falle der unverschuldeten Arbeitslosigkeit oder im Alter.

Wesentliche Voraussetzung für das Funktionieren von Märkten ist die Sicherstellung des Wettbewerbs zwischen den Anbietern. Deshalb achtet der Staat besonders darauf, dass Unternehmen keine zu starke Machtstellung erhalten, Kartelle bilden oder Preise absprechen. Dies kommt den Verbrauchern zugute.

Darüber hinaus versucht der Staat zu starke konjunkturelle Schwankungen sowie große Preisanstiege (Inflation) zu vermeiden, da diese Folgen für die Volkswirtschaft und die Privaten Haushalte haben können.

Dabei gibt es verschiedene Möglichkeiten, wie sich die Bürgerinnen und Bürger an wirtschaftspolitischen Entscheidungen beteiligen (können).

WICHTIGE BEGRIFFE			
	Wirtschaftsordnung	Wettbewerb	Konjunkturpolitik
	Ordnungsformen und -elemente	Monopol	Inflation
	Eigentumsverfassung	Kartell	Inflationsursachen
	Preisbildung	Wettbewerbsrecht	Inflationsfolgen
	Planung	Konjunktur	Beteiligungsmöglichkeiten der Bürger
	Soziale Marktwirtschaft, Soziale (Grund-)Sicherung	Konjunkturverlauf	formale und informale Beteiligung
	Hartz-IV-Regelungen	Ursachen und Auswirkungen konjunktureller Schwankungen	

Kompetenzcheck

1. Benenne die vier Hauptfragen, für die eine Wirtschaftsordnung Antworten liefern muss.

2. In einer Marktwirtschaft legt nicht der Staat fest, was in welcher Menge produziert wird. Vielmehr ergibt sich dies aus dem Marktgeschehen und dem Wettbewerb. Erläutere an einem Beispiel, wie dies genau vor sich geht.

3. Erkläre den Unterschied zwischen der Sozialen Marktwirtschaft und einer „reinen" Marktwirtschaft.

4. Im Hinblick auf die Höhe der Grundsicherung und die Pflichten der Empfänger gibt es immer wieder Streit. Nenne und vergleiche die Argumente der Befürworter und Gegner niedriger Zahlungen und strenger Kontrollen.

5. Beschreibe mithilfe der Karikatur, welche Auswirkungen eine hohe Inflation für die einzelnen Verbraucherinnen und Verbraucher hat.

6. Ordne die Schlagzeilen den Phasen Aufschwung, Boom, Rezession und Depression der konjunkturellen Entwicklung zu. Begründe deine Entscheidung.

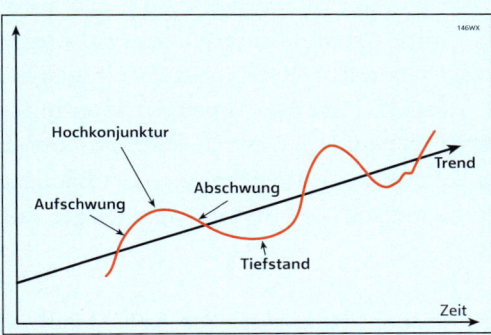

a) Unternehmen in Deutschland setzen deutlich mehr Güter als im Vorjahr ab.

b) Arbeitslosigkeit so niedrig wie noch nie, Löhne legen auf Rekordhöhe zu.

c) Deutschen Arbeitnehmern drohen Entlassungen nach lang anhaltender Krise.

d) Verbraucher sparen mehr aus Angst vor Krise. Nachfrage nach Konsumgütern sinkt im Vergleich zum Vorjahr.

7. Bewerte die folgende Aussage: „Die wirtschaftliche (konjunkturelle) Situation Deutschlands hat nichts mit den Entwicklungen in anderen Ländern zu tun."

8. Beschreibe Möglichkeiten des Staates, die konjunkturellen Entwicklungen zu beeinflussen. Benenne hierzu auch die von ihm verfolgten Zielsetzungen.

▶ Tausch von Gütern

▶ Uwe und Susanne Mittendorf

Exkurs: Der Wirtschaftskreislauf

Schon bisher konnten wir feststellen, dass es zwischen allen Akteuren in der Wirtschaft vielfältige Beziehungen gibt. Mit diesen Beziehungen wollen wir uns im Folgenden nochmal näher beschäftigen.

Menschen üben unterschiedliche Tätigkeiten aus: Essen, Trinken, ein Buch lesen, ins Kino gehen, in einer Fabrik arbeiten, eine Fahrradtour machen, eine Disko besuchen, Freunde treffen, an einer politischen Versammlung teilnehmen, eine Zeitung lesen, ein Haus kaufen usw. Hier setzen wir uns vor allem mit wirtschaftlichen Tätigkeiten auseinander. Man kann sagen, dass jeder Mensch ganz unterschiedliche wirtschaftliche Tätigkeiten ausüben kann:

B „Na, Uwe, wie war dein Arbeitstag?", fragt Susanne Mittendorf ihren Mann, der heute ungewöhnlich spät von der Arbeit nach Hause kommt.

Uwe Mittendorf sagt mit ziemlich genervter Stimme: „Ach, lass mich doch erst mal in Ruhe, was gibt es denn zu essen?" Bevor seine Frau antworten kann, fährt er fort: „Ach, entschuldige, Susanne, es war heute ein ziemlich hektischer und blöder Tag und Ärger gab es in der Firma auch."

„Komm, erzähl mal", sagt Frau Mittendorf, die ihren Mann gut kennt und weiß, dass er sich gleich wieder beruhigen wird.

Uwe Mittendorf: „Bei uns ist heute eine wichtige Maschine ausgefallen und wir stehen unter Termindruck. Wenn wir die versprochenen Möbelteile nicht bis morgen ausliefern können, bekommen wir Ärger mit unserem Kunden. Und das ist überhaupt nicht lustig. Aber wir haben es schließlich hinbekommen. Die Sendung kann morgen rausgehen."

Susanne Mittendorf: „Na, da habt ihr ja Glück gehabt. Heute habe ich übrigens die Kontoauszüge von unserer Bank bekommen. Wenn wir weiterhin die Absicht haben, unser Wohnzimmer zu verändern, wir wollen ja einen neuen Tisch, einen neuen Schrank und eine neue Stehlampe kaufen, dann werden wir ohne einen Kredit kaum auskommen. Erkundigst du dich morgen mal nach den Zinsen?"

Uwe Mittendorf: „Ja, das mache ich. Aber bevor ich es vergesse, wir haben heute im Betrieb auch eine gute Botschaft bekommen. Es gibt wieder Weihnachtsgeld wie früher und das macht bei mir schon einen Tausender aus!" ■

▶ Produktion

▶ Dienstleistung nutzen

▶ Vermögensbildung

▶ Kredit kaufen und verkaufen

Im Wirtschaftsgeschehen lassen sich vier verschiedene Tätigkeiten unterscheiden:

a) **Sachgüter und Dienstleistungen produzieren und verkaufen**
Dies kann ebenso die Produktion von Autos sein wie die Produktion von Gartenzwergen, der Verkauf einer Urlaubsreise oder das Haareschneiden beim Frisör.
Zum Herstellen von Produkten und zur Bereitstellung von Dienstleistungen werden nicht nur Produkte von anderen Unternehmen benötigt, sondern auch menschliche Arbeitsleistungen, aber auch Räume, Werkshallen und Grundstücke, und natürlich Maschinen usw. Das heißt: Wir benötigen Produktionsfaktoren wie z. B. Boden, Kapital und Arbeit.

b) **Einkommen empfangen und verwenden**
Wofür wird produziert? Natürlich um Bedürfnisse zu befriedigen. Um Sachgüter kaufen und Dienstleistungen in Anspruch nehmen zu können, benötigt man in der Regel Einkommen.

c) **Vermögen bilden und anlegen**
Manche Personen kommen nie mit ihrem Einkommen aus, weil es tatsächlich zu niedrig ist oder weil sie vielleicht über ihre Verhältnisse leben. Andere wiederum sind in der Lage, von ihrem Einkommen etwas zu sparen, Aktien zu kaufen, einen Bausparvertrag abzuschließen usw.

d) **Kredite kaufen und verkaufen**
Für den Kauf einer neuen Küche oder die Erweiterung eines Unternehmens benötigt man einen Kredit, der bei einer Bank gekauft werden kann.

1. Welche wirtschaftlichen Tätigkeiten werden in dem Beispiel des Ehepaars Mittendorf angesprochen?

▸ Güter produzieren   ▸ Einkommen verwenden   ▸ Kredite und Vermögen

Wirtschaftsprozesse sind Tauschprozesse

Durch diese vier unterschiedlichen wirtschaftlichen Tätigkeiten entstehen in einer Wirtschaft vielfältige Tauschprozesse. Da in unserer Volkswirtschaft viele Millionen Menschen irgendeine dieser wirtschaftlichen Tätigkeiten ausüben, ergibt sich daraus für den außenstehenden Betrachter ein verwirrendes und kompliziertes Gefüge von Tauschprozessen.

Und wir stellen fest: Menschen haben unterschiedliche Interessen. Derjenige, der z. B. Güter produziert und sie an Konsumenten verkaufen will, möchte möglichst viel für seine Produkte erlösen und ein Konsument möchte für qualitativ gute Produkte möglichst wenig zahlen.

▸ Tauschprozesse

1. Beschreibe die unterschiedlichen Interessen von
   – Konsumenten und Anbietern beim Verkauf von Gütern,
   – Arbeitnehmern und Arbeitgebern bei der Produktion von Gütern,
   – Kreditnehmern und Kreditgebern beim Verkauf von Krediten.

▶ Stadtplanungsmodell

▶ Flugzeugmodell

Der Wirtschaftskreislauf: Der Grundgedanke – ein Denkmodell

Dazu entwickeln wir ein Denkmodell zur Erfassung von wirtschaftlichen Beziehungen. Modelle kennt ihr auch aus anderen Schulfächern wie Physik und Chemie. Wenn ihr z. B. ein Flugzeugmodell mit einem tatsächlichen Flugzeug im Original vergleicht, dann stellt ihr fest, dass das Modell zwar eine Anschauung und Vorstellung von einem wirklichen Flugzeug vermittelt, nicht aber das Original selbst ist.

Ähnliches gilt auch für das Stadtplanungsmodell: Damit können sich die Architekten ein Bild davon machen, wie ein neu zu bauender Stadtteil aussehen könnte.

Menschen schaffen sich sehr häufig Modelle, damit sie die Wirklichkeit besser erkennen und verstehen können. Man bedient sich sogenannter „Denkmodelle", z. B. um das komplizierte Wirtschaftsgeschehen besser zu begreifen und zu verstehen. Aber Vorsicht! Modelle haben auch ihre Tücken. Sie haben nämlich die Eigenschaft, nie die Wirklichkeit

ganz zu erfassen. Sie werden nur für einen bestimmten Zweck und unter einer ganz bestimmten Sichtweise konstruiert.

Für ein besseres Verständnis wirtschaftlicher Vorgänge verwenden wir dazu das Modell des **Wirtschaftskreislaufs**. Mit seiner Hilfe werden nur die wirtschaftlichen Beziehungen, die Geldströme zwischen den Unternehmen, den privaten Haushalten und dem Staat dargestellt. Allerdings lassen sich die politischen Beziehungen in einem Staat dagegen mit dem Wirtschaftskreislauf noch nicht untersuchen.

INFO

Methode Wirtschaftskreislauf

Um die verwirrende Vielfalt der wirtschaftlichen Vorgänge übersichtlich darzustellen, benötigen wir eine **Methode**. Allein schon die wirtschaftlichen Tätigkeiten einer Kleinstadt mit ihren wenigen Betrieben und Bewohnern wäre sonst kaum noch zu verstehen. Die Methode, mit der sich die wirtschaftlichen Beziehungen einer Volkswirtschaft verdeutlichen lassen, ist der **Wirtschaftskreislauf**.

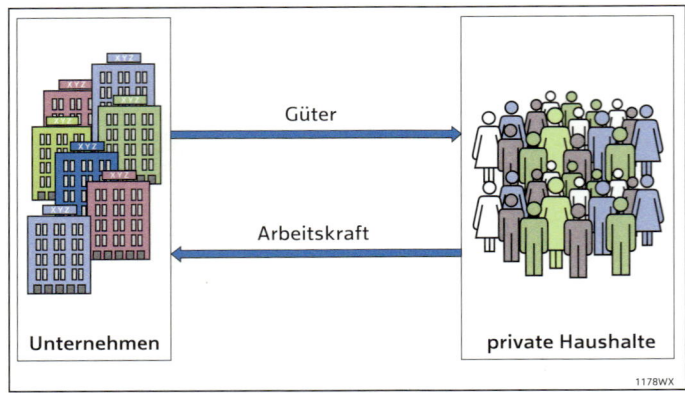

▶ Güterströme zwischen Unternehmen und privaten Haushalten

Das Grundmodell des Wirtschaftskreislaufs

Unternehmen
wirtschaftlich selbstständige Produktionseinheit mit finanzieller Eigenständigkeit und unternehmerischer Entscheidungsfreiheit

Wir wissen: In <u>Unternehmen</u> werden Sachgüter hergestellt, mit denen die Konsumenten ihre Bedürfnisse befriedigen können, wie z. B. Maschinen, Lebensmittel, Bekleidung, Autos. Oder die Unternehmen bieten Dienstleistungen an, wie z. B. der Friseur, Banken, Softwarefirmen oder eine Schnellreinigung.

Private Haushalte
hier leben Personen zusammen, die mit einem Einkommen gemeinsam wirtschaften oder es sind Einzelpersonen, die alleine wohnen und wirtschaften

Die <u>privaten Haushalte</u> verkaufen diesen Unternehmen ihre Arbeitskraft sowie Boden und Kapital. Boden, Arbeit und <u>Kapital</u> werden auch als volkswirtschaftliche Produktions-

Kapital
neben Arbeit und Boden ein Produktionsmittel (nicht nur Geld, sondern z. B. auch Produktionsanlagen)

faktoren bezeichnet. In Deutschland gibt es etwa 40 Millionen private Haushalte.

Für die von den Unternehmen gekaufte Arbeitskraft sowie für die Produktionsfaktoren Boden und Kapital zahlen die Unternehmen Löhne, Gehälter, Zinsen, Pachten, Mieten und Gewinne, die wiederum in die privaten Haushalte fließen.

> **INFO**
>
> **Produktionsfaktoren**
>
> Produktionsfaktoren sind die Mittel und Leistungen, die an der Produktion von Gütern mitwirken.

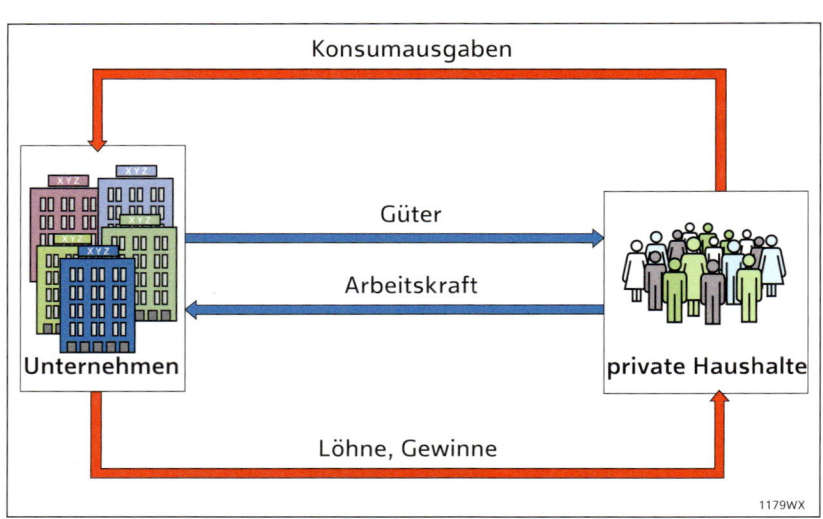

▶ Geld- und Güterströme zwischen Unternehmen und privaten Haushalten

Mit den in den Unternehmen erwirtschafteten Einkommen kaufen die Haushalte u. a. die von Unternehmen produzierten Güter. Damit fließt auch wieder ein Geldstrom von den Haushalten zurück in die Unternehmen. So kann der Kreislauf wieder von vorn beginnen.

Das Grundmodell eines noch sehr einfachen Wirtschaftskreislaufes ist jetzt entwickelt. Wir unterscheiden zwei Ströme:

a) den **Geldstrom**:

Das sind die Einkommen der privaten Haushalte und die Konsumausgaben, die die privaten Haushalten davon bestreiten.

b) den **Güter- und Leistungsstrom**:

Das sind die Produktionsfaktoren Arbeit, Boden und Kapital, welche die privaten Haushalte den Unternehmen zur Verfügung gestellt haben. Von den Unternehmen fließt ebenfalls ein Güterstrom zu den privaten Haushalten, z. B. die Güter, die von den privaten Haushalten gekauft worden sind.

▶ Geldstrom: Konsumausgaben

▶ Güterstrom: Kauf von Gütern

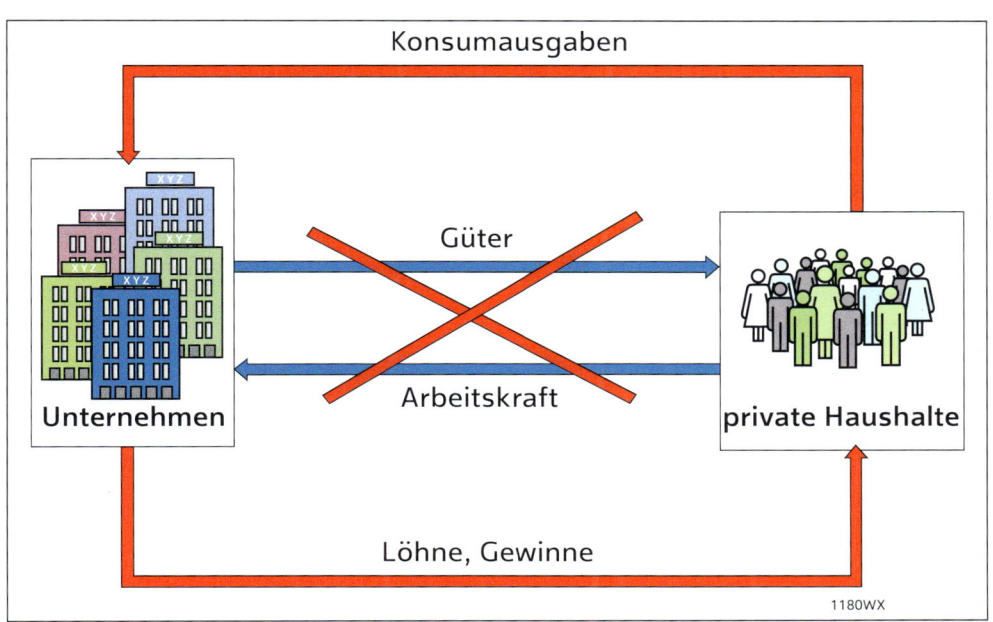
▶ Grundmodell des einfachen Wirtschaftskreislaufs

1. ▮ Warum reicht es, zur Vereinfachung des Kreislaufbildes nur die Geldströme einzuzeichnen?

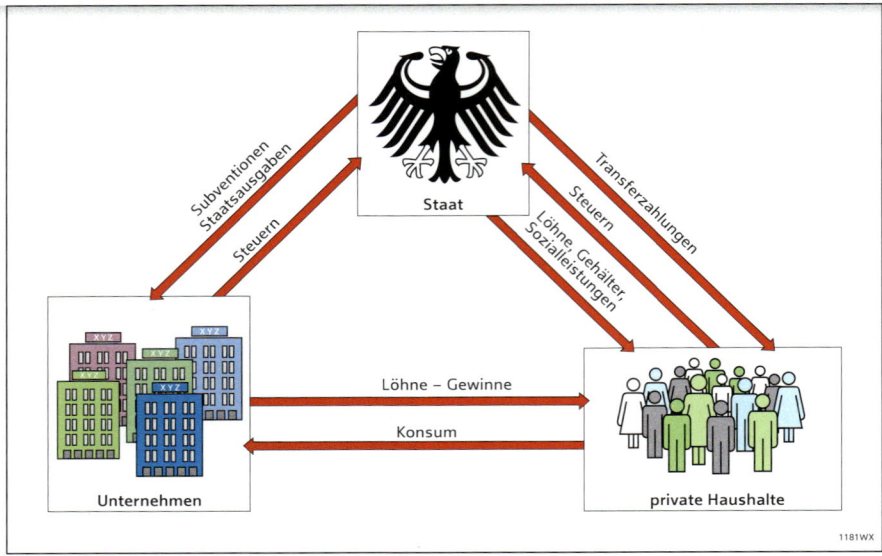

▸ Erweitertes Kreislaufmodell

Das erweiterte Kreislaufmodell

Die Abbildungen auf den Seiten 138 und 139 stellen das einfachste Grundmodell des Wirtschaftskreislaufs in seiner schrittweisen Entwicklung dar. Die wirtschaftlichen Vorgänge in einer Volkswirtschaft sind jedoch weitaus komplizierter, sodass wir unser Kreislaufbild noch erweitern müssen.

Staat
politisches System, das das Zusammenleben von Menschen innerhalb eines bestimmten Gebietes regelt.

Der Staat ist der dritte große Akteur der Volkswirtschaft, der in vielfältiger Weise in das Wirtschaftsgeschehen eingreift. Als Staat werden hier die Kommunen, die Länder und der Bund verstanden.

Bisher sind wir in unseren Kreislaufmodellen immer davon ausgegangen, dass z. B. die privaten Haushalte das Geld, was sie bekommen, auch in gleicher Weise wieder für Konsumausgaben verwenden. Aber manche

Haushalte sind in der Lage etwas zu sparen. Sie legen sich ein Sparbuch an, kaufen Aktien usw. Man kann sich das für unsere Analyse so vorstellen, als ob die privaten Haushalte, der Staat oder die Unternehmen das gesparte Geld auf ein Konto der Volkswirtschaft einzahlen und dieses Geld dann später für Ausgaben verwenden. Ein privater Haushalt will sich z. B. ein Grundstück kaufen oder ein Haus bauen, ein Unternehmen z. B. alte Maschinen ersetzen. Um dieses alles tun zu

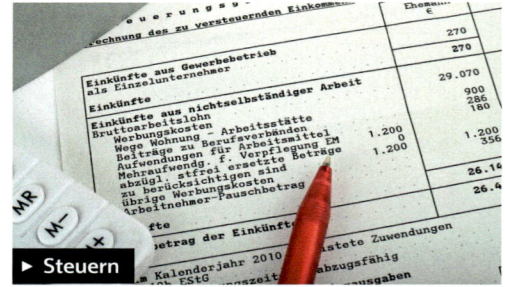

▸ Steuern

---

1. ▎Untersucht, welche Ströme zwischen den Unternehmen und Staat sowie privaten Haushalten und Staat fließen und findet dazu Beispiele.

2. ▎Zeige am Modell des Wirtschaftskreislaufs mögliche wirtschaftliche Auswirkungen
   a) einer Erhöhung der Mehrwertsteuer,
   b) einer Steigerung des Konsums,
   c) einer allgemeinen Erhöhung der Löhne und Gehälter.

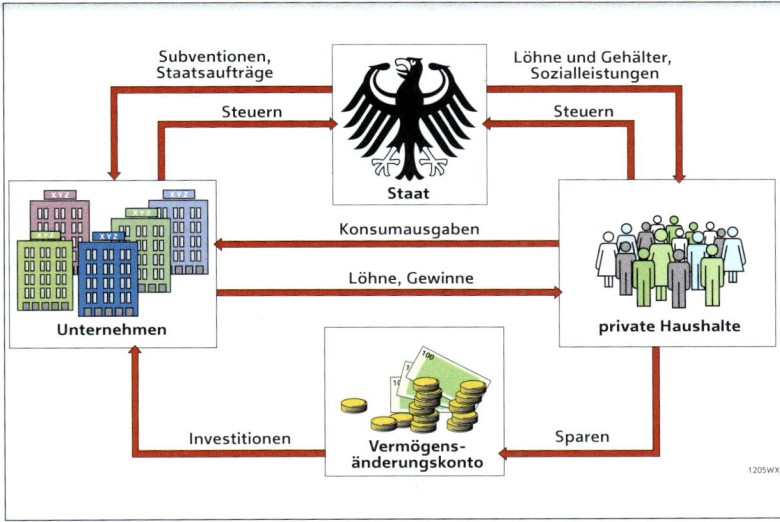

▶ Wirtschaftskreislauf mit Vermögensänderungskonto

können, müssen die Unternehmen und privaten Haushalte sparen, d.h. ein Vermögen bilden. Wir helfen uns im Denkmodell des Wirtschaftskreislaufs daher mit einem Konto, das wir als „Vermögensänderungskonto" bezeichnen. Konkret „liegt" natürlich das Geld nicht auf einem Konto der „Volkswirtschaft", sondern bei einer Bank oder Sparkasse. Aber Banken und Sparkassen sind auch Unternehmen. Das Konto zeigt, woher das Vermögen kommt (z. B. private Haushalte, Unternehmen) und wofür es verwendet wird.

Zusammenfassend können wir festhalten: Mithilfe des Wirtschaftskreislaufs lassen sich wirtschaftliche Tauschprozesse vereinfacht und übersichtlich darstellen.

Es lässt sich zeigen,
– welche Akteure am wirtschaftlichen Geschehen beteiligt sind (z.B. die privaten Haushalte, der Staat, die Unternehmen),
– welche geldlichen Beziehungen zwischen diesen Akteuren bestehen,

– dass diese Akteure unterschiedliche Interessen haben können,
– dass der Staat auf das wirtschaftliche Geschehen einer Volkswirtschaft z.B. mit seiner Steuerpolitik und seinen Gesetzen eingreifen kann.

Aber genauso deutlich wird, dass mit dem Wirtschaftskreislauf nicht alles erklärt werden kann. So werden nur die wirtschaftlichen Beziehungen, d.h. die Geldströme, gezeigt. Politische Beziehungen werden nicht erfasst.

▶ Tauschprozesse

3. Wie wirkt es sich aller Voraussicht nach aus, wenn nur ein einziges Unternehmen am Markt ist? Was ändert sich voraussichtlich, wenn weitere Unternehmen dazu kommen?

In diesem Kapitel setzt ihr euch u. a. mit den folgenden Fragen auseinander:

> Welche Berufe gibt es? Wie sind die Anforderungen der Arbeitswelt und wie sieht der Arbeitsmarkt der Zukunft aus?
> Welche Interessen und Fähigkeiten hast du und wie kannst du diese feststellen?
> Welche Gründe beeinflussen deine Berufswahl und wie kannst du dir einen Überblick über die Vielfalt der Berufe und Ausbildungswege verschaffen?
> Wie sammelst du die erforderlichen Informationen und wie legst du eine Dokumentation an?

DER BERUFSWÄHLER I

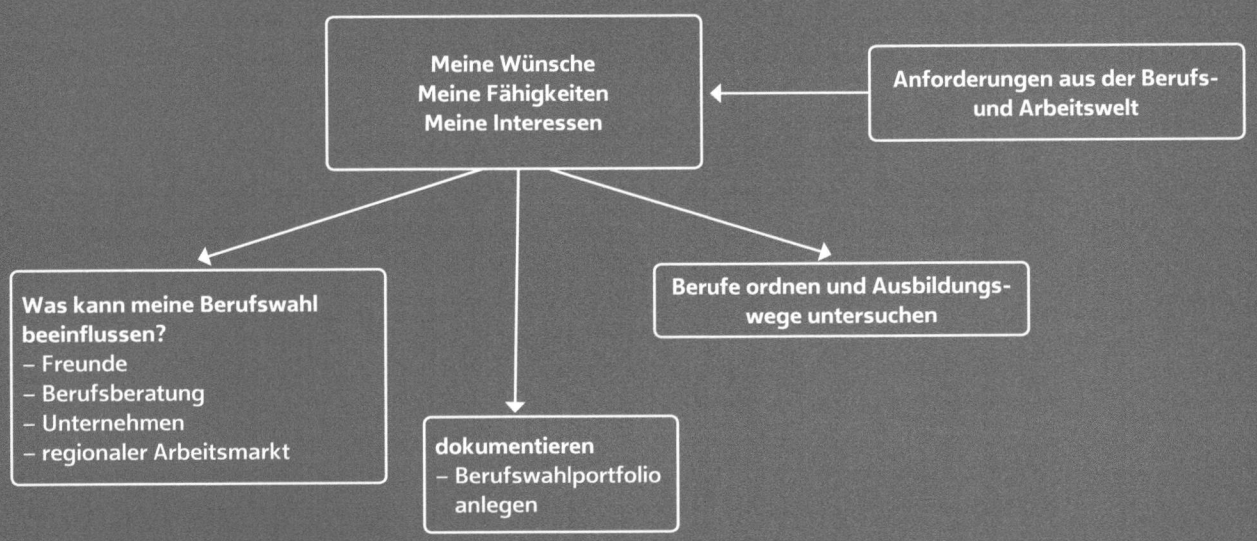

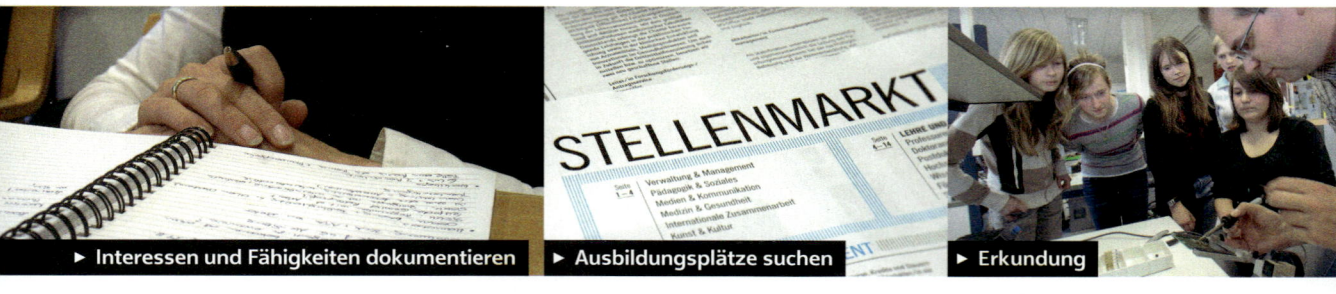

▶ Interessen und Fähigkeiten dokumentieren   ▶ Ausbildungsplätze suchen   ▶ Erkundung

Finde den richtigen Beruf für dich

Man nehme seine beruflichen Interessen, verknüpfe sie mit Berufsfeldern, mixe seine persönlichen Stärken und Verhaltensweisen dazu – fertig ist der passende Beruf. Das verspricht der Einleitungstext bei http://www.planet-beruf.de.
Es ist auf jeden Fall eine von mehreren Möglichkeiten, die Berufswahl zu unterstützen. Auf den folgenden Seiten begegnen dir noch weitere Tipps zu deiner persönlichen Berufswahl.

Ein Fahrplan zur Berufsorientierung

1. Informationsquellen nutzen
Berufsberatung, BIZ, „Beruf Aktuell", „Blätter zur Berufskunde" und Internetrecherche auf www.arbeitsagentur.de und nutzen.

2. Was willst du, was kannst du? Berufsberatung
Prüfe, welche Erwartungen, Interessen und Fähigkeiten du hast, und lass dich beraten, welcher Ausbildungsweg oder Beruf infrage kommt. Nutze die Beratung in der Schule oder in der Agentur für Arbeit.

3. Messebesuch
Eine weitere Möglichkeit, Informationen zu sammeln, ist der Besuch einer Berufswahl-

messe in deiner Region. Du kannst diese Messe auch zusammen mit deinen Eltern besuchen. Informationen findest du im Internet oder in der örtlichen Presse.

4. Praktikum/Erkundung
Praktische Erfahrungen zu machen, z.B. im Betriebspraktikum, ist wichtig. Auch die Befragung von Experten kann weiterhelfen. Also: Augen auf und beobachten im Praktikum oder bei Arbeitsplatzerkundungen!

5. Auswertung
Werte aus, ob deine Erfahrungen im Praktikum, aus Erkundungen oder Expertenbefragungen mit dem, was du von deinem zukünftigen Beruf erwartest und was du kannst, übereinstimmen. Welche Alternativen gibt es?

6. Entscheidung
Wenn die Entscheidung für einen Ausbildungsweg oder einen Beruf relativ sicher ist, muss der regionale Ausbildungsmarkt erkundet werden. Was und wo ist etwas möglich?

7. Bewerbung/Anmeldung
Bewerbungsgespräche und schriftliche Bewerbungen sollten in der Schule vorbereitet werden. Die Anmeldungsfristen für weiterführende Schulen in der Region müssen beachtet werden.

---

1. Partnergespräch: Erzähle deinem Tischnachbarn etwas über drei Berufe, von denen du schon etwas weißt und beantworte Fragen.

	August	September	Oktober	November	Dezember	Januar	Februar	März	April	Mai	Juni	Juli
Jg.7		Einführung Berufswahl-portfolio										
		Entwickeln/Entdecken eigener Interessen, Neigungen										
Jg.8		Suche nach BP-Platz				Vorbereitung BP		Betriebs-praktikum	Nachbe-reitung BP			
		Elternabend BO/Betriebspraktikum		BIZ-Besuch					Girlsday Boysday	Ggf. Poten-tialanalyse		
		Berufsinformationstag		Berufsbild erarbeiten & präsentieren		Wege zur Berufswahl Fähigkeitenparcours				Kontinuierlicher Praxistag		
	Internetnutzung im Unterricht zur BO/ Bewerbungsschreiben + Lebenslauf/ Bewerbungstraining					Intensive Arbeit mit dem Berufswahlportfolio						
	Schülerkiosk (ggf. Ausdehnung in Jg. 9)											
Jg.9		Entwickeln/Entdecken eigener Interessen, Neigungen										
		Berufsinformationstag				Vorbereitung 2. BP		2. Betriebs-praktikum	Nachbe-reitung 2. BP			
	Infoveranstaltung (Eltern) weiterführende berufl. Schulen mit Berufsschule/ Studium			Infobesuch der Berufsschule			Individuelle Berufsberatung		Kontinuierlicher Praxistag			
		Bewerbungstraining/Einstellungstests										
	Berufsschultag: Entwickeln/Entdecken eigener Interessen, Neigungen, Berufsbilder											149WX

▸ Beispiel eines Berufsorientierungskonzepts

Der Zeitplan

Das sind die Punkte, die in deinen Zeitplan zur Berufsorientierung aufgenommen werden müssen:

1. Erste Selbsteinschätzung

– Meine Wünsche
– Meine Fähigkeiten
– Meine Interessen
– Fremdeinschätzungen
– Kompetenzprofil erstellen
– Berufswahlportfolio anlegen

2. Anforderungen aus der Berufs- und Arbeitswelt

– Was erwartet mich beim Berufseinstieg in der Arbeitswelt?
– Was wird in der Arbeitswelt von mir erwartet?
– Kann ich mich mit den Anforderungen auseinandersetzen und wer kann mir helfen?

3. Berufe ordnen und Ausbildungswege untersuchen

– Neuordnung der Berufe anschauen
– Berufe erkunden (Arbeitsplatzerkundung)
– Berufsberatung nutzen
– Ausbildungsmöglichkeiten untersuchen
– Infos zu Berufen regional einholen
– Abwägen: Ausbildung oder Schule

4. Termine beachten

– Job-Messen
– Berufsberatungstermine
– Betriebspraktikum
– Bewerbungsfristen
– Termine zur Anmeldung an weiterführenden Schulen

---

1. Besorgt euch den Berufsorientierungsplan eurer Schule und markiert die für euer Konzept wichtigen Termine.

2. Erstelle deinen persönlichen Zeitplan zur Berufsorientierung mit einer Zeitleiste und erkundige dich im Vorfeld bei Lehrkräften, bei der Berufsberatung oder im Internet, wann Fristen gesetzt werden, die für dich von Bedeutung sind (z. B. Termine für die Anmeldung zu weiterführenden Schulen).
Orientiere dich bei der grafischen Gestaltung an dem abgebildeten Zeitplan.

Eigene Fähigkeiten und Interessen bei der Berufswahl

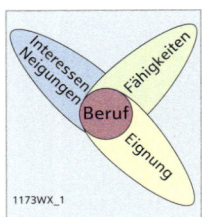

1173WX_1

„Warum schon jetzt an die Berufswahl denken? Bis zur Schulentlassung ist es noch lange hin", wirst du sagen.

Wer sich einen neuen Computer anschaffen will, besorgt sich vor dem Kauf Prospekte, erkundigt sich bei Freunden und Experten, prüft, vergleicht, rechnet und entscheidet sich schließlich. Darfst du da bei der Wahl des Berufes weniger sorgfältig sein? Die Berufswahl ist kein Glücksspiel, das du dem Zufall überlassen kannst. Einen Großteil deiner Lebenszeit wirst du nämlich an deinem beruflichen Arbeitsplatz verbringen. Deshalb ist eine sorgfältige und langfristige Planung notwendig.
Die folgende Geschichte zeigt, was schiefgehen kann:

B   Rolf, Musikfan, bewarb sich bei „Hammer Music" als Einzelhandelskaufmann. Und so hatte er sich das vorgestellt: das Hobby zum Beruf machen, immer die neuesten Hits hören, verbilligt Musik und Geräte zum Mitarbeiterpreis bekommen. Er bekam den Ausbildungsvertrag, doch noch in der Probezeit kündigte er.

Seiner Clique erklärte er: „Mein Chef fand ja ganz gut, dass ich Bescheid wusste, aber er nörgelte immer: ‚Junge, du musst den Mund aufmachen, die Leute wollen von dir was hören. Mit ‚is Klasse', ‚nö, würd ich nich kaufen' kannst du nie ein guter Verkäufer werden. Du musst anständig reden können, die Kunden überzeugen, mit den verschiedenen Kunden unterschiedlich sprechen.' Da kam ich mir wie im Deutschunterricht vor, wenn die Renner immer sagte: ‚Sprich in ganzen Sätzen, verwende auch mal andere Worte.' Außerdem habe ich das dauernde Stehen nicht ausgehalten. Auch unser Hausarzt meinte, dieser Beruf sei nichts für meine Wirbelsäule." ■

---

1. ▉ Fasse die Überlegungen zu deiner Berufswahl zusammen. Helfen kann dir das oben stehende Bild. Diese Aufgabe begleitet dich über mehrere Jahre. Deine Interessen können sich ändern und du gewinnst neue Erfahrungen durch den Berufswahlunterricht und das Testen deiner Fähigkeiten z. B. in Schulprojekten. Schreibe auf:
   – Welche Interessen und Neigungen hast du zurzeit?
   – Welche Fähigkeiten zeichnen dich aus?
   – Welchen Wunschberuf hast du?
   – Was sagen andere?

► Interessen im Unterricht

Gut, dass ich meinen Berufswahlordner mit allen wichtigen Unterlagen habe.

► Erwartung an den Beruf

Mein persönliches Berufswahlportfolio

Am besten legst du dir ein Berufswahlportfolio an. Du wirst diesen Ordner im Laufe der kommenden Jahre nach und nach mit deinen Unterlagen und Notizen füllen. Folgende Hilfestellungen erleichtern dir das Führen deines persönlichen Berufswahlportfolios:

Welche Interessen habe ich?
Was dich interessiert, weißt du selbst am besten. Um deinen Interessen auf die Spur zu kommen, die auch Bedeutung für deine Berufswahl haben, solltest du dir zunächst diese Fragen beantworten:
Welche Schulfächer machen mir Spaß? Welche Hobbys habe ich? Was macht mir mehr Mühe, was weniger?

Welche Fähigkeiten habe ich?
Seine eigenen Fähigkeiten richtig einzuschätzen ist schwieriger, als über seine Interessen Auskunft zu geben. Interesse an einem Beruf zu haben ist zwar wichtig, denn man sollte sich für einen Beruf entscheiden, der auch Freude macht. Aber man muss auch die entsprechenden Fähigkeiten für diesen Beruf mitbringen.

Welche Erwartungen habe ich?
Interessen, Neigungen und Fähigkeiten sind nicht allein ausschlaggebend. Auch das Ansehen von Berufen in der Öffentlichkeit und der Verdienst sowie berufliche Zukunftsperspektiven beeinflussen die Berufswahl. Man kann sich zwar für einen Beruf entscheiden, weil er zunächst interessant erscheint, aber eventuell nur gering entlohnt wird. Hier gilt es, auch darüber nachzudenken, welche Konsequenzen dies für die Zukunft hat.

INFO

Inhalte deines Berufswahlportfolios:

- Schulleistungen, Zeugnisse, Praktikumsbescheinigungen
- Schullaufbahn
- Interessen und Neigungen
- persönliche Stärken und Schwächen
- Erfahrungen durch Betriebserkundungen und Betriebspraktika
- Fremdbeurteilungen, z. B. Ferienjobs
- Informationsmaterialien über Berufe
- Informationsmaterialien der Berufsberatung
- Informationsmaterialien von Betrieben
- Bewerbungsunterlagen
- betriebliche Eignungstests
- Etappenziele der beruflichen Lebensplanung
- Kompetenzanalyse Profil AC

Kompetenzanalyse Profil AC
Um euren eigenen Fähigkeiten und Interessen auf die Spur zu kommen, werdet ihr euch in den kommenden Schuljahren noch ausführlicher mit verschiedenen professionellen Verfahren beschäftigen, z. B. der in Schulen durchgeführten Kompetenzanalyse Profil AC. Dabei handelt es sich um ein Assessment-Center-Verfahren, das dazu dient, eure persönlichen überfachlichen und berufsbezogenen Kompetenzen sowie Studien- und Berufsinteressen zu ermitteln.

1. Erstelle ein Inhaltsverzeichnis für dein Berufswahlportfolio nach dem Muster im Infokasten und hefte es in deine Mappe.

2. Schreibe ein Vorwort für deine Mappe mit deinen Gedanken und Wünschen an deine „berufliche Zukunft".

Selbsteinschätzung: Wie sehe ich mich selbst?

Für die Selbsteinschätzung kannst du die Tabelle zu Hilfe nehmen.

Fähigkeiten	kann ich/ist bei mir		
	gut	geht so	nicht gut
körperliche Leistungsfähigkeit	?	?	?
Gesundheit	?	?	?
räumliches Vorstellungsvermögen	?	?	?
rechnerisches Denken	?	?	?
Sprachgewandtheit	?	?	?
logisches Denken	?	?	?
Kontaktfähigkeit	?	?	?
Gewissenhaftigkeit	?	?	?
Ausdauer	?	?	?
Ideenreichtum	?	?	?
Hand- und Fingergeschick	?	?	?
Pünktlichkeit und Korrektheit	?	?	?
Hilfsbereitschaft	?	?	?
Entscheidungsfreude	?	?	?
Offenheit für Neues	?	?	?
Organisationstalent	?	?	?

Fremdeinschätzung: Wie sehen mich andere?

Viele Menschen neigen dazu, sich eher positiv zu sehen, andere sind da pessimistischer und sehen bei sich nur Schwächen.

Du kannst deine Eltern, Verwandten, Freunde, Mitschüler, aber auch deine Lehrer bitten, dich zu beurteilen. Auch Fremdbeurteilungen sind nicht immer „objektiv". Denk auch daran, ob du von einer bestimmten Person die erforderliche Ehrlichkeit bei den Einschätzungen erwarten kannst oder ob dich diese Person vielleicht nicht verletzen möchte usw.

Erst wenn die Beobachtungen anderer mit deinen Einschätzungen übereinstimmen, kannst du davon ausgehen, dass du einigermaßen richtigliegst. Beachten musst du allerdings, dass nicht alle Beteiligten deine Interessen und Fähigkeiten gleich gut einschätzen können. Unten stehenden Fragebogen kannst du für die Fremdeinschätzung nutzen.

Lege dir einen Einschätzungsbogen an und hefte das Ergebnis in dein Berufswahlportfolio.

Arbeitsplatzerkundungen und das Praktikum sind wichtige Informationsquellen. Du schätzt deine Fähigkeiten besser ein oder probierst sie sogar aus!

Einschätzung von _____?_____

_____?_____ kann besonders gut: _____?_____ kann nicht so gut:

1. _____?_____   1. _____?_____

2. _____?_____   2. _____?_____

3. _____?_____   3. _____?_____

Er/sie interessiert sich für _____?_____

_____?_____   _____?_____

Mit Menschen kann er/sie sehr gut/gut/nicht so gut umgehen.

Ich meine, folgende Berufe passen zu ihm/ihr: _____?_____

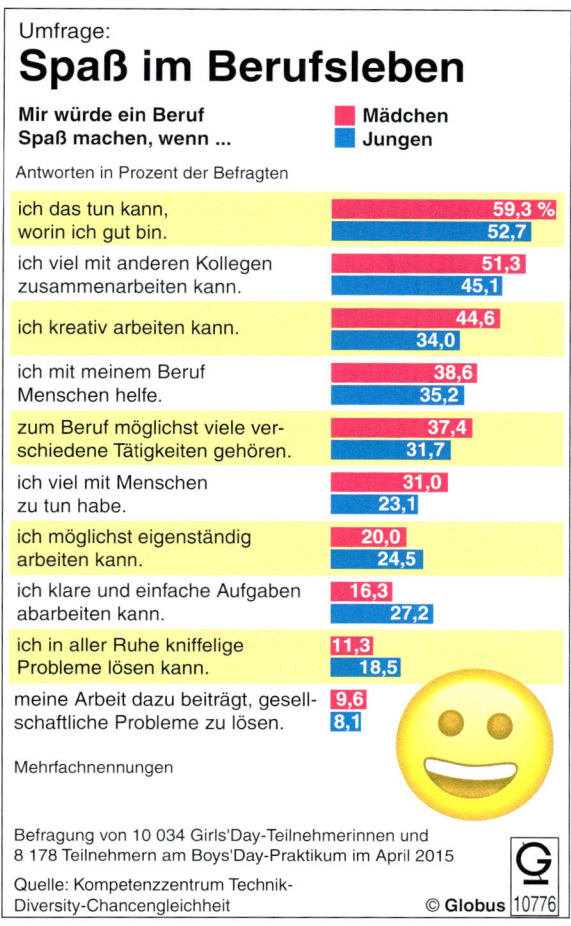

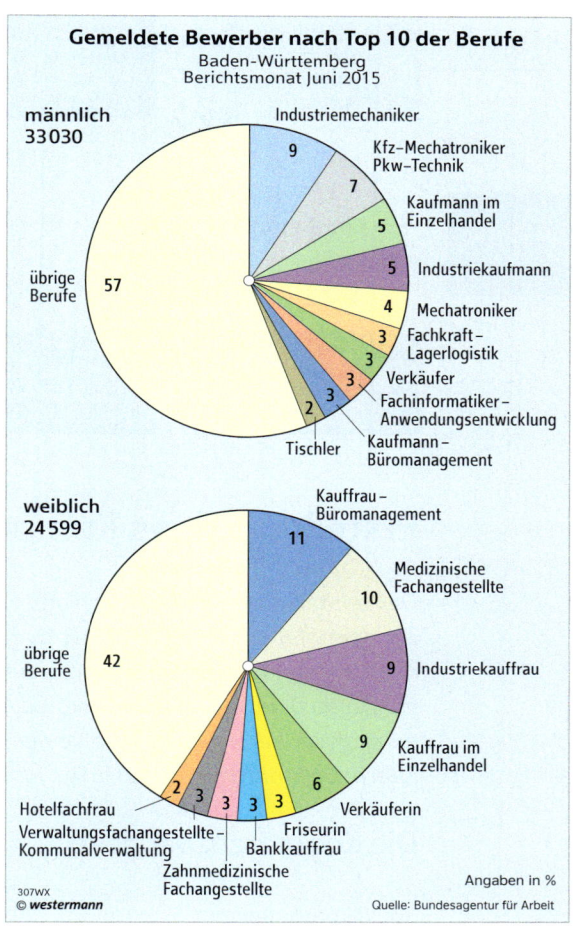

Meine Schulleistungen und meine Schullaufbahn

Lege in deinem Berufswahlportfolio ein eigenes Kapitel an, in dem du deine Schulleistungen dokumentierst. Dazu gehören nicht nur deine Zeugnisse, sondern auch Urkunden, Belege und sonstige Auszeichnungen, z. B. über sportliche Leistungen, Teilnahme an Arbeitsgemeinschaften, am Erste-Hilfe-Kurs, an Schulprojekten, Computerkursen, Wettbewerben.

Für alle Schulfächer sollst du deine Leistungsbeurteilungen bei Probearbeiten und Abfragen festhalten, damit du deine Stärken und Schwächen leichter erkennst, über Leistungsschwankungen nachdenkst und in Fächern, die für deinen Wunschberuf wichtig sind, dich besonders anstrengst.

1. Führe einen Selbsttest durch. Übertrage die Tabelle von S. 148 in dein Berufswahlportfolio und fülle sie aus.

2. Diskutiert eure Ergebnisse aus der Selbsteinschätzung. Holt euch eine Fremdeinschätzung ein und beurteilt euch gegenseitig, indem ihr den abgebildeten Fragebogen zu Hilfe nehmt.

3. Vergleiche und beurteile die Statistiken über Berufe von Mädchen und Jungen. Was fällt auf?

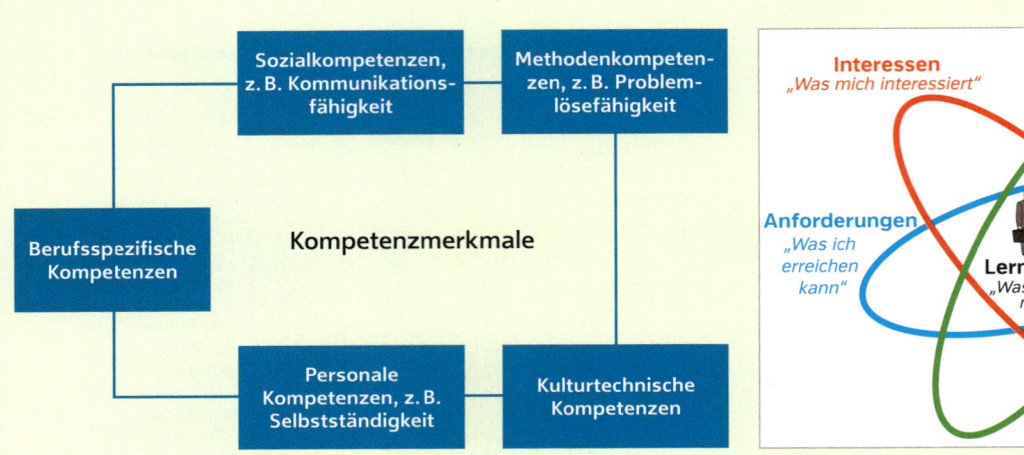

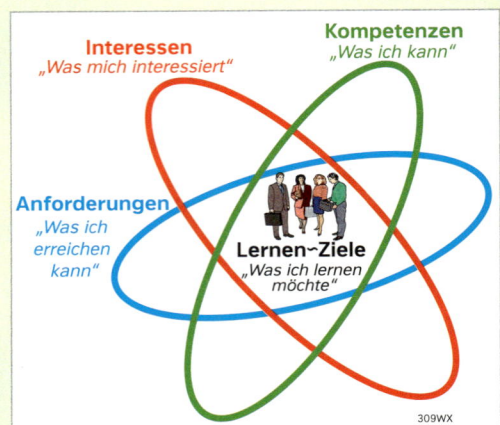

Erstellung eines Kompetenzprofils

*Deine Interessen, Erwartungen und Fähigkeiten beeinflussen deine Berufswahl in entschei-
dendem Maße. Deshalb solltest du ganz ehrlich zu dir selber sein und dich aber auch von
anderen genauso ehrlich einschätzen lassen. Die Ergebnisse einer solchen Einschätzung
kannst du dann verschieden darstellen, um dir einen Überblick zu verschaffen. Zur Einschätzung dieser Bereiche kannst du einen Selbsterkundungsbogen ausfüllen bzw. von Freunden,
Eltern, Bekannten usw. ausfüllen lassen.*

Die Kompetenzbereiche

Sozialkompetenzen:
- Kommunikationsfähigkeit
- Teamfähigkeit
- Kritikfähigkeit

Methodenkompetenzen:
- Planungsfähigkeit
- Präsentationsfähigkeit
- Problemlösefähigkeit
- PC-Kenntnisse

Personale Kompetenzen:
- Durchhaltevermögen
- Ordentlichkeit
- Selbstständigkeit
- Konzentrationsfähigkeit

Berufsspezifische Kompetenzen:
- Feinmotorik
- Arbeitsgenauigkeit
- Räumliches Vorstellungsvermögen
- Arbeitstempo

Kulturtechnische Kompetenzen:
- Umgang mit Schriftsprache
- Umgang mit Rechenoperationen

Kompetenzbereiche	Note	Note (Eltern/ Freunde)
Sozialkompetenzen		
Methodenkompetenzen		
Personale Kompetenzen		
Berufsspezifische Kompetenzen		
Kulturtechnische Kompetenzen		

1. Erstelle eine Tabelle mit den Kompetenzen und eine Beurteilung von 1–6. Trage dir
Noten für die Kompetenzen ein. Lass dich auch von Eltern und Freunden beurteilen
und vergleiche die Ergebnisse.

Was kann meine Berufswahl beeinflussen?

Unser Grundgesetz garantiert in Artikel 12 jedem die freie Wahl der Ausbildungsstätte. Aber: Niemand kann gezwungen werden, euch auszubilden. Ob ihr einen Arbeitsplatz bekommt oder nicht, hängt auch von folgenden Faktoren ab.

B **1. Antwort des Lehrers auf eine Schülerfrage:** „Ob du Bauingenieur werden kannst? Aber natürlich. Das hängt von deinen künftigen Zensuren, Schulabschlüssen und Prüfungsergebnissen ab. Wenn du möchtest, kann ich dir die verschiedenen Möglichkeiten erklären."

2. Herr Löffler, Leiter der Jugendfahrradgruppe im Sportverein, zu seiner Frau: „Claudia, erinnerst du dich noch an die kleine Katharina? Die, die schon seit sechs Jahren bei uns mitfährt, hat so viel Spaß, dass sie nun Zweiradmechatronikerin werden will. Für uns ist das toll, dann haben wir endlich professionelle Hilfe bei den Reparaturen. Klasse, wenn ein Hobby zum Beruf werden kann."

3. Kfz-Meister Hallmann zu Kollegen: „Der Mehmet macht sich wirklich gut: pünktlich, fleißig, geschickt, will alles genau wissen. Seinem Lehrer zuliebe hatte ich ihm eine Praktikumsstelle gegeben und merkte sofort, was er draufhat. Ob ich allerdings sonst meine Vorurteile hätte zurückstecken können? Ich weiß nicht ..."

4. Herr Kröger, Bäckermeister mit gut gehendem Café, zu Herrn Marks, Maschinenfabrikant, beim Skatabend: „Deine Britta und mein Sven kommen ja nächstes Jahr aus der Schule. Nimmst du meinen, nehme ich deine, abgemacht? Ich mache aus Britta eine fähige Bäckerin und Sven lernt bei dir Zerspanungsmechaniker."

5. Lehrer im Unterricht „Berufswahlvorbereitung": „Die Chancen für Schulabgänger waren früher schlechter. Damals haben sich die Firmen nicht um die Auszubildenden gerissen. Man musste sich selbst sehr früh umsehen. Heute haben sie es nötig, sich um Schulabgänger zu bemühen. Die Auszubildenden sind knapp, die Konkurrenz groß. Da müssen sie in den Schulen werben." ■

> **INFO**
>
> Artikel 12 Abs. 1 Grundgesetz
>
> Alle Deutschen haben das Recht, Beruf, Arbeitsplatz und Ausbildungsstätte frei zu wählen. Die Berufsausübung kann durch Gesetz oder aufgrund eines Gesetzes geregelt werden.

1. Erläutere zu jedem der fünf Beispiele, wodurch die Berufswahl beeinflusst werden kann.

2. Du suchst einen Ausbildungsplatz. Erkläre, worauf du achten und wie du handeln solltest, wenn
   a) viele Ausbildungsstellen frei sind, aber nur wenige Jugendliche eine Stelle suchen.
   b) nur wenige Ausbildungsstellen zur Verfügung stehen, auf die sich aber viele Jugendliche bewerben.
   c) Erkläre, welche Konsequenzen a) und b) für deine Berufswahl hätten.

3. Erinnere dich an Rolfs Geschichte auf S. 146 und erkläre, was bei ihm falsch lief.

▶ Berufsberatung   ▶ Zeitungen   ▶ Praktikum

Entscheidungshilfen bei der Berufswahl

Es gibt mehr Möglichkeiten, sich Informationen über seine berufliche Zukunft zu verschaffen, als man auf den ersten Blick meint. Einige Beispiele:

Personen:
– Eltern, Geschwister, Freund/innen, Bekannte, Nachbar/innen, Handwerker/innen und Händler/innen, mit denen ihr regelmäßig zu tun habt
– Berufsberater/innen, Ausbilder/innen, Berufspraktiker/innen, Personal- und Betriebsräte
– Lehrer/innen

Erkundungen:
– Betriebserkundungen, Analyse von Arbeitsplätzen, Interviews

Medien:
– Zeitungen, Zeitschriften
– berufskundliche Filme der Kreis-, Landesmedienzentren und der Berufsberatung
– berufsorientierende Vorträge von verschiedenen Institutionen: Berufsberatung, Handwerks- sowie Industrie- und Handelskammern, Volkshochschulen
– Internet

Schulen:
– Schulen im Sekundarbereich II, Berufsschulen
– Die Beratungslehrer an den allgemein bildenden Schulen informieren über regionale Ausbildungsmöglichkeiten nach dem jeweiligen Schulabschluss. Dort erfahrt ihr auch die jeweiligen Anmeldetermine, gesetzlichen Vorgaben und die Adressen. Diese Informationen sind genau auf eure Region zugeschnitten.

Institutionen:
– Berufsberatung der örtlichen Agenturen für Arbeit, besonders das Berufsinformationszentrum (BIZ)
– Betriebe, Kammern, Innungen, Wirtschaftsverbände, Gewerkschaften
– Polizei, Bundeswehr, Verwaltungen, Sparkassen usw.
– Regierungen (Bundes-, Landesregierung)
– Messen

Praktika:
– Schulpraktikum
– privates Praktikum in den Ferien

---

1. Nenne die Informationsquellen, die du bereits kennst und welche, die du noch nutzen könntest.

2. Überlege, welche Info-Möglichkeiten für dich besonders nützlich sein könnten.

Die Ordnung der Berufe und der Ausbildungswege

Ein Zug fährt ein. Durchsage: „Endstation. Alles aussteigen." So ähnlich könnte auch die Durchsage am Ende eurer Schulzeit lauten. Und weiter: „Hier die nächsten Anschlüsse ...", und das bedeutet: Entweder ihr beginnt eine Berufsausbildung oder ihr geht weiter zur Schule oder beginnt ein Studium. Hier müsst ihr eine erste Entscheidung fällen und eventuell auch eure Entscheidung später neu überdenken.

Gehen wir davon aus, dass ihr euch für einen bestimmten Beruf entscheidet, so stehen jetzt folgende Fragen auf eurem Fahrplan:
– Welche Faktoren sind für mich wichtig?
– Welche Voraussetzungen bringe ich mit?
– Welche Anforderungen stellt der Beruf?
– Welche Informationsquellen gibt es?
– Wie plane ich meinen Berufsweg?

Selbst dann, wenn man alle Berufe weglässt, die man nur durch den Besuch einer Berufsfachschule, Fachschule, Fachoberschule oder Hochschule erreichen kann, so bleiben immer noch über 320 anerkannte Ausbildungsberufe übrig, die man nach dem Schulbesuch erlernen kann.

Q **NEUORDNUNGEN DER BERUFE**

Berufe, deren Ausbildungsordnungen 2016 geändert wurden:
– Anlagenmechaniker für Sanitär-, Heizungs- und Klimatechnik / Anlagenmechanikerin für Sanitär-, Heizungs- und Klimatechnik
– Dachdecker / Dachdeckerin
– Fachkraft für Veranstaltungstechnik
– Fischwirt / Fischwirtin
– Graveur / Graveurin
– Hörakustiker / Hörakustikerin
– Mediengestalter Digital und Print / Mediengestalterin Digital und Print
– Metallbildner / Metallbildnerin
– Rollladen- und Sonnenschutzmechatroniker / Rollladen- und Sonnenschutzmechatronikerin ▪

Quelle: https:// www.bibb.de/de/ berufeinfo.php/ new_modernised_ occupations_by_year, Zugriff 06.02.2017

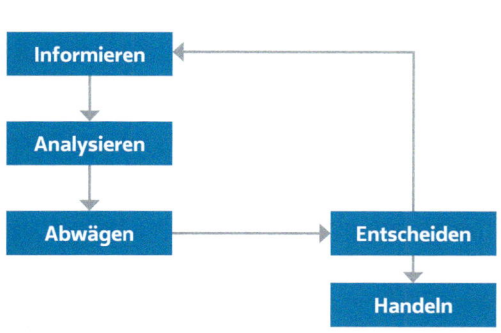

▶ **Wohin geht die Reise?**

↱ Starthilfe zu 3:

Schau z. B. auf www.planet-beruf. de.

3. Die Berufe sind in Berufsfelder gegliedert, die ähnliche Berufe zusammenfassen. Recherchiere im Internet drei Berufsfelder und dazugehörige Berufe.

4. Lege einen Notizzettel „Bewerbung" an, auf dem du all das einträgst und sammelst, was für dich wichtig ist. Hefte ihn in das Berufswahlportfolio.

5. Begründe eine mögliche Entscheidung für eine Ausbildung schriftlich.

▶ **Arbeitsvermittlung – Großer Wartesaal für ungelernte Arbeiter beim Berliner Central-Arbeits-nachweis, Gormannstraße, 1913**

Richtig entscheiden: Ausbildung oder Schule?

Bedeutung einer Ausbildung

Eigentlich sollte es heute keine Frage mehr sein, ob man eine Ausbildung macht oder sich einen Job sucht, für den man keine Aus-

bildung braucht. Denn es besteht wirklich kein Zweifel daran, dass eine Berufsausbildung in jedem Fall vorteilhafter ist. Wer eine Berufsausbildung hat,

– verdient nach der Ausbildung mehr,
– hat abwechslungsreichere Arbeit,
– arbeitet selbstständiger und trägt mehr Verantwortung,
– hat einen Arbeitsplatz, der sicherer ist,
– findet bei Arbeitslosigkeit schneller einen neuen Arbeitsplatz und
– hat viel größere Chancen für einen beruflichen Aufstieg.

Ferner ist es eine Tatsache, dass künftig kaum noch ungelernte Arbeitskräfte gebraucht werden.

1. ▌ Erkundige dich beim Berufsberater oder in einem Betrieb nach den Weiterbildungs- bzw. Aufstiegsmöglichkeiten in deinem Wunschberuf.

2. ▌ Beurteile die Aussage: „Ohne Ausbildung verdient man schneller Geld." Beziehe dabei die Karikatur mit ein.

3. ▌ Erkläre deinem Banknachbarn, was mit der Karikatur gesagt werden soll.

→ Starthilfe zu 2:

Die Grafik zeigt dir mehrere Ausbildungswege.

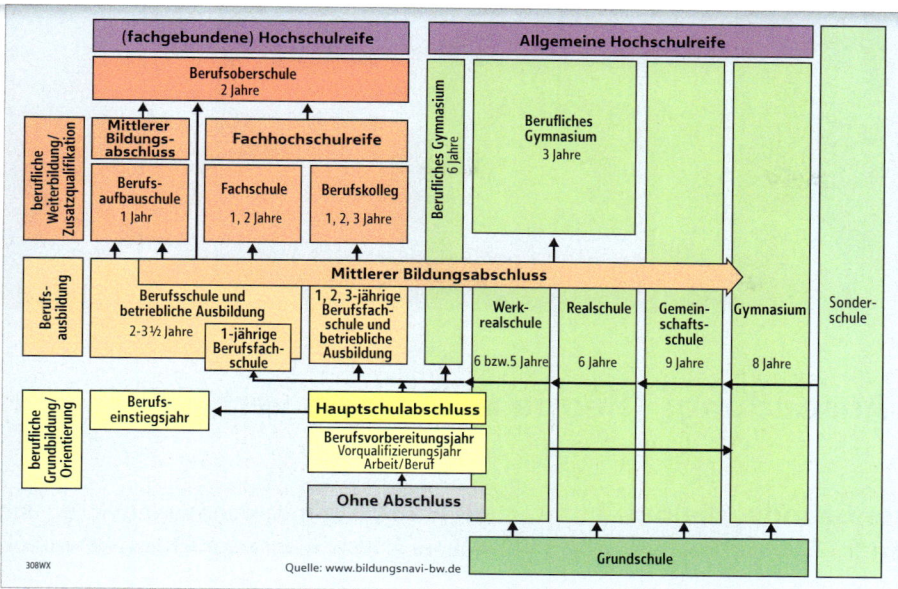

▸ Schulsystem in Baden-Württemberg

Betriebliche Ausbildung

Entscheidet ihr euch nach der Schule direkt für eine Berufsausbildung, so ergeben sich wiederum zwei Möglichkeiten: Entweder werdet ihr in einem Betrieb ausgebildet und besucht während der Ausbildungszeit die Berufsschule (**duales System**). Oder eure Berufsausbildung findet – ganz oder überwiegend – an einer Schule statt (schulische Berufsausbildung).

Welchen Schulabschluss benötige ich für einen Beruf?

Welchen Schulabschluss ihr für einen Beruf braucht, ist durch die Art der Ausbildung vorgegeben. Für anerkannte Ausbildungsberufe, die dual, d.h. sowohl im Betrieb als auch in der Schule, ausgebildet werden, ist kein bestimmter Schulabschluss als Zugangsvoraussetzung vorgegeben.

Die Einstellungsbedingungen werden von den Ausbildungsbetrieben selbst festgelegt.

Zur betrieblichen Berufsausbildung

Die betriebliche Berufsausbildung im dualen System ist der „klassische" Einstieg in einen Erstberuf. An drei bis vier Tagen in der Woche arbeiten die Auszubildenden im Ausbildungsbetrieb, in dem sie vorwiegend die berufliche Praxis erlernen. Die fachpraktische Ausbildung erfolgt entweder im Rahmen des normalen Betriebsablaufes, in einer gesonderten Lehrwerkstatt oder in betriebsinternen Schulungsräumen.

Ein bis zwei Tage pro Woche besuchen die Auszubildenden die **Berufsschule**, es sei denn, der Unterricht ist als Blockunterricht organisiert. Dann arbeiten die Auszubildenden für Monate nur im Betrieb, um dann z.B. drei Wochen lang nur zur Berufsschule zu gehen.

---

4. Erkundige dich bei der Agentur für Arbeit, welche der in der Übersicht aufgeführten Bildungsgänge für deinen Beruf in deiner Stadt bzw. in deinem Kreis angeboten werden.

5. Erstelle eine eigene Grafik der Bildungsgänge deines Schulortes. Ist es notwendig, für deine Berufswahl den Ort zu wechseln?

 Starthilfe zu 5:

Die Berufsberatung kann dir helfen.

▶ Auszubildende im Betrieb

Duale Ausbildung: Theorie und Praxis verbinden

Fünf gute Gründe, die dafür sprechen

Eine duale Berufsausbildung bietet viele Vorteile: Gute Übernahmechancen nach der Ausbildung, sofort eigenes Geld und Lernen in der Praxis.

Direkter Praxisbezug

Einerseits werden berufliche Fertigkeiten direkt an Ort und Stelle im Ausbildungsbetrieb erlernt, da die Auszubildenden meist drei bis vier Tage in der Woche dort verbringen. Andererseits werden theoretische Grundlagen an ein bis zwei Tagen pro Woche oder als Blockunterricht in der Berufsschule vermittelt.

Eigenes Einkommen

Duale Auszubildende bekommen von ihrem Ausbildungsbetrieb ein eigenes Gehalt. Sie können so, vom ersten Tag ihrer Ausbildung an, einen Teil ihres Lebensunterhalts schon selbst bestreiten und erlangen damit ein großes Stück Unabhängigkeit. Diese Ausbildungsvergütung erhöht sich in jedem Ausbildungsjahr.

Ausbildungs-Extras

Eine duale Berufsausbildung bietet weitere Möglichkeiten zur persönlichen Gestaltung des Berufswegs. Während der Ausbildung lassen sich weitere Zusatzqualifikationen erwerben. Ebenso ist es oft möglich, einen Teil der Ausbildung im Ausland zu verbringen und nebenbei eine andere Sprache zu erlernen.

Gute Übernahme- und Zukunftsaussichten

Wer eine duale Ausbildung macht, hat sehr gute Chancen auf eine Anschlussbeschäftigung im Ausbildungsbetrieb. Rund zwei Drittel der Auszubildenden werden von ihren Betrieben übernommen. Hinzu kommt, dass in Deutschland in den nächsten Jahren die Nachfrage nach Fachkräften vermutlich weiter steigen wird.

Aufstiegsmöglichkeiten

Die Möglichkeiten zur Weiterbildung und beruflichen Fortbildung während und nach einer Ausbildung sind sehr groß. Wer die Karriereleiter nach oben klettern möchte, hat sich mit einer dualen Ausbildung also eine gute Startposition verschafft.

INFO

Die Internetseite des Bundesministeriums für Bildung und Forschung www.praktisch-unschlagbar.de bietet viele weitere Informationen rund um die duale Ausbildung. Hier findet ihr Unterstützung bei der Suche nach dem richtigen Ausbildungsberuf und -platz, außerdem Informationen zum Ausbildungsablauf, der Vergütung, zu Rechten und Pflichten, Hilfen bei der Bewerbung, Prüfungen, beruflichen Weiterbildungsmöglichkeiten und vieles mehr.

Bedeutung für die Volkswirtschaft

Auch die deutsche Wirtschaft profitiert vom dualen Ausbildungssystem. Eine duale Ausbildung und die zahlreichen Möglichkeiten zur beruflichen Weiterbildung bieten eine gute Basis für eine Fach- und Führungskarriere bzw. den Weg in die unternehmerische Selbstständigkeit, während in anderen Ländern leitende Positionen oft nur über ein Hochschulstudium erreicht werden können.

Für die Unternehmen bedeutet die duale Ausbildung gut und gezielt ausgebildeten Nachwuchs, denn die Betriebe können junge Menschen angepasst an ihre Bedürfnisse und mit engem Praxisbezug ausbilden. Dies sorgt für sichere Übergänge in Beschäftigungen und damit eine geringere Gefahr der Arbeitslosigkeit. Gerade die Jugendarbeitslosigkeit in Deutschland ist verglichen mit einigen europäischen Nachbarn sehr gering. Deutschland sorgt so für qualifizierten Fachkräftenachwuchs.

Weiter zur Schule

Berufliche Schulen in Baden-Württemberg

Die meisten von euch besuchen nach Abschluss an einer allgemein bildenden Schule eine berufliche Schule. Dort könnt ihr euch zum einen gezielt auf einen Beruf vorbereiten. Zum anderen habt ihr die Möglichkeit, allgemeine Abschlüsse vom Hauptschulabschluss bis zum Abitur nachzuholen.

Die beruflichen Schulen gliedern sich in sechs Schularten: Berufsschule, Berufliches Gymnasium, Berufskolleg, Berufsfachschule, Berufsoberschule und Fachschule.
Innerhalb jeder Schulart gibt es wiederum eine Vielzahl inhaltlich und von ihrer Dauer unterschiedliche Bildungsgänge. So wird bei-

▶ Marcus recherchiert nach Berufsschulen

spielsweise in der Berufsschule deutschlandweit in 320 Ausbildungsberufen unterrichtet.

Es gibt ein-, zwei- und dreijährige Berufsfachschulen, Berufskollegs und berufliche Gymnasien mit teilweise mehreren Richtungen.

Berufliche Gymnasien

Im beruflichen Schulwesen gibt es viele Möglichkeiten für begabte Schülerinnen und Schüler, nach dem Hauptschulabschluss oder dem Mittleren Bildungsabschluss weitere Abschlüsse bis zum Abitur machen zu können. Etwa die Hälfte aller Abis oder Fachabis wird an beruflichen Schulen erworben. Fast jedes dritte Abitur (30 Prozent) wird an einem Beruflichen Gymnasium erworben.

Berufskollegs

Die Entwicklungen in der Arbeitswelt gehen hin zu anspruchsvolleren Berufstätigkeiten. Aufbauend auf einem Mittleren Bildungsabschluss vermittelt das Berufskolleg eine berufliche Qualifizierung und eine erweiterte allgemeine Bildung. Dabei ist der enge Theorie-Praxis-Bezug ein wesentliches Merkmal.

Für die Aufnahme in das Berufskolleg sind neben dem Mittleren Bildungsabschluss teilweise weitere Voraussetzungen (zum Beispiel ein Praktikumsplatz) zu erfüllen. Das Berufskolleg endet in der Regel mit einer Abschlussprüfung. Dabei kann bei mindestens zweijährigen (auch gestuften) Bildungsgängen sowohl ein Berufsabschluss (zum Beispiel „Staatlich geprüfte/r Assistent/in") als auch die Fachhochschulreife erworben werden.

Berufsfachschulen

Berufsfachschulen bieten ein-, zwei- oder dreijährige Bildungsgänge an. Je nach Dauer erreicht ihr eine berufliche Grundbildung, eine berufliche Vorbereitung oder einen Berufsabschluss. Darüber hinaus können sie zur Prüfung der Fachschulreife (mittlerer Bildungsabschluss) führen.

Berufsoberschule (BOS)

Die Berufsoberschule ist untergliedert in die Mittelstufe und die Oberstufe:

Mittelstufe (BAS)

Die Mittelstufe der Berufsoberschule wird als Berufsaufbauschule (BAS) bezeichnet. Sie gliedert sich in folgende Typen:
– gewerblich-technische,
– kaufmännische,
– hauswirtschaftlich-pflegerisch-sozial-pädagogische und
– landwirtschaftliche.

Nach einjährigem Besuch dieser Vollzeitschule können Hauptschüler/innen mit einer abgeschlossenen Berufsausbildung einen mittleren Bildungsabschluss (mittlere Reife) erwerben.

Oberstufe (BOS)

Die Oberstufe der Berufsoberschule (BOS) gliedert sich in folgende Richtungen:
– Sozialwesen (Berufsoberschule für Sozialwesen, SO);
– Technik (Technische Oberschule, TO);
– Wirtschaft (Wirtschaftsoberschule, WO).
Der Unterricht in der Oberstufe dauert zwei Jahre in Vollzeit. Unter bestimmten Bedingungen könnt ihr, wenn ihr die Fachhochschulreife schon besitzt, direkt in das zweite Jahr einsteigen.

Fachschulen

Die ein- und zweijährigen Fachschulen bieten für Berufstätige mit abgeschlossener Berufsausbildung die Möglichkeit, sich auf eine Tätigkeit im mittleren Management vorzubereiten oder sich für die berufliche Selbstständigkeit zu qualifizieren. Dazu werden die in der Berufsausbildung und im Beruf erworbenen Qualifikationen vertieft und erweitert.

INFO

Regional werden nicht alle Schulen angeboten. Bei der Berufsberatung bekommst du eine Übersicht.

→ Starthilfe zu 1:

Du kannst die Internetrecherche auf Seite 198 zu Hilfe nehmen.

1.  Beschreibe die einzelnen auf diesen beiden Seiten genannten Schulformen mit ihren Merkmalen schriftlich.

2.  Stelle deinem Banknachbarn dar, was du auf S. 157 über Berufsschulen erfahren hast.

3.  Lies in „Beruf aktuell" oder auf berufenet.de die Angaben zu den Berufen Gärtner/in, medizinische Fachangestellte, Gesundheits- und Krankenpfleger/in, Estrichleger/in und beantworte jeweils folgende Fragen:
   a) Erfolgt die Ausbildung im dualen System oder als schulische Ausbildung?
   b) Welche Eingangsvoraussetzungen (Schulabschluss usw.) werden gefordert, gibt es Ausnahmen dazu?
   c) Wie läuft die Berufsausbildung ab und wie lange dauert sie?
   d) Welcher Berufsabschluss wird erreicht?

4.  Beschreibe schriftlich die beruflichen Bildungswege für deinen eigenen Berufswunsch.

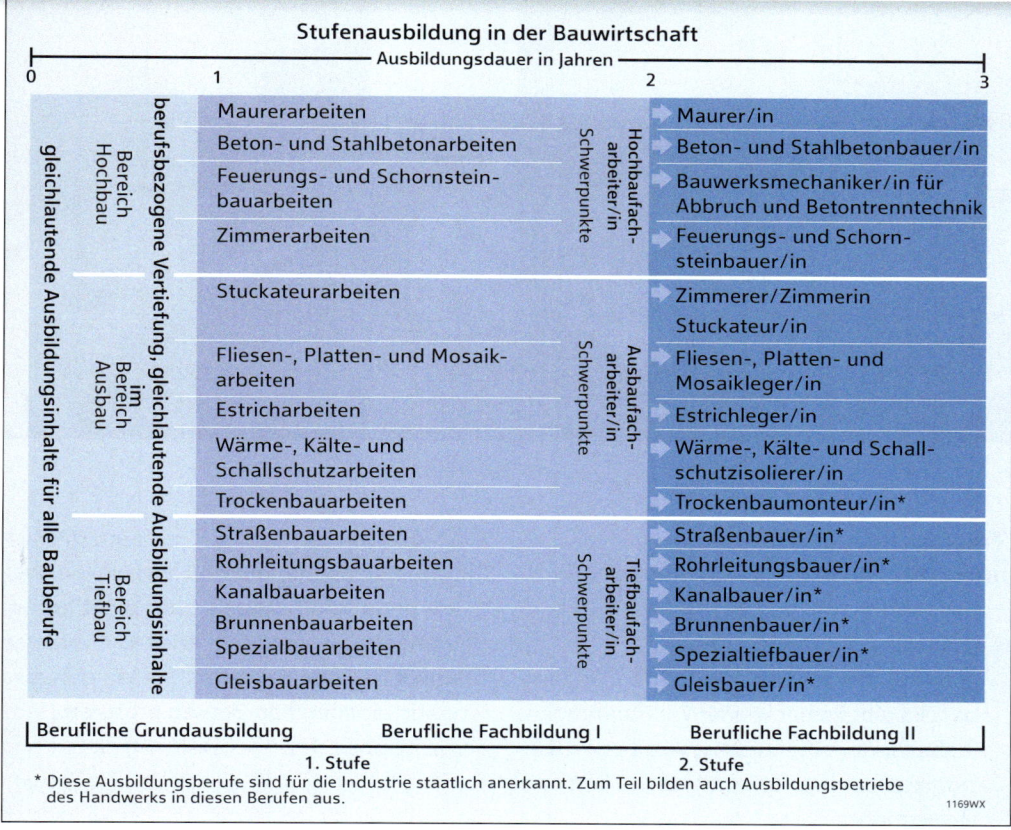

Stufenausbildung in der Bauwirtschaft

├─ Ausbildungsdauer in Jahren ─┤

0 — 1 — 2 — 3

gleichlautende Ausbildungsinhalte für alle Bauberufe	berufsbezogene Vertiefung, gleichlautende Ausbildungsinhalte			
	Bereich Hochbau	Maurerarbeiten	Hochbaufacharbeiter/in Schwerpunkte	Maurer/in
		Beton- und Stahlbetonarbeiten		Beton- und Stahlbetonbauer/in
		Feuerungs- und Schornsteinbauarbeiten		Bauwerksmechaniker/in für Abbruch und Betontrenntechnik
		Zimmerarbeiten		Feuerungs- und Schornsteinbauer/in
	im Bereich Ausbau	Stuckateurarbeiten	Ausbaufacharbeiter/in Schwerpunkte	Zimmerer/Zimmerin
				Stuckateur/in
		Fliesen-, Platten- und Mosaikarbeiten		Fliesen-, Platten- und Mosaikleger/in
		Estricharbeiten		Estrichleger/in
		Wärme-, Kälte- und Schallschutzarbeiten		Wärme-, Kälte- und Schallschutzisolierer/in
		Trockenbauarbeiten		Trockenbaumonteur/in*
	Bereich Tiefbau	Straßenbauarbeiten	Tiefbaufacharbeiter/in Schwerpunkte	Straßenbauer/in*
		Rohrleitungsbauarbeiten		Rohrleitungsbauer/in*
		Kanalbauarbeiten		Kanalbauer/in*
		Brunnenbauarbeiten Spezialbauarbeiten		Brunnenbauer/in*
				Spezialtiefbauer/in*
		Gleisbauarbeiten		Gleisbauer/in*

Berufliche Grundausbildung	Berufliche Fachbildung I	Berufliche Fachbildung II
	1. Stufe	2. Stufe

* Diese Ausbildungsberufe sind für die Industrie staatlich anerkannt. Zum Teil bilden auch Ausbildungsbetriebe des Handwerks in diesen Berufen aus.

1169WX

Stufenausbildung

In vielen <u>Branchen</u> ist die Ausbildung nach Stufen gegliedert, wobei zunächst mehrere Ausbildungsberufe zusammengefasst werden. Die Stufenausbildung führt über eine breite Grundbildung zu immer stärkerer Spezialisierung. In der Regel gibt es zwei Stufen:

– Im ersten Jahr werden **Grundfertigkeiten** vermittelt, die alle Berufe gemeinsam haben. So wird z. B. im Metallbereich für alle Fachrichtungen gemeinsam Werkstofftechnik, Maschinen- und Gerätetechnik sowie Informationstechnik gelehrt.

– Ab dem zweiten Jahr beginnt die **Fachbildung** bis hin zur Spezialisierung auf eine bestimmte berufliche Fachrichtung. In einigen Ausbildungsgängen, z. B. bei den industriellen Bauberufen (siehe Grafik oben), kann nach dem zweiten Ausbildungsjahr mit der Zwischenprüfung ein Berufsabschluss erworben werden. Wer nach dem dritten Ausbildungsjahr die Abschlussprüfung für die spezielle Fachrichtung nicht schafft, hat dann immerhin einen Facharbeiterbrief.

Die Stufenausbildung bietet auch folgenden Vorteil: Wer beispielsweise seinen Arbeitsplatz als Feuerungs- und Schornsteinbauer verliert, wird leichter einen anderen Arbeitsplatz am Bau finden, weil er aufgrund seiner breiten Ausbildung vielseitig einsetzbar ist. Durch die Stufenausbildung wird auch gesichert, dass auf neue technische Entwicklungen in einzelnen Berufsrichtungen schneller reagiert werden kann.

Branche
bestimmter Wirtschaftsbereich, z. B. Automobilbranche

→ Starthilfe zu 1:

Schau auch noch einmal auf die Seite 155.

1. Erkläre mit eigenen Worten die Begriffe „duales System" und „Stufenausbildung".

▶ Auszubildender   ▶ Weiterbildung   ▶ Meister

Weiterbildung ist lebenswichtig

Sie hat vier Aufgaben:

1. Man will fachlich auf dem Laufenden bleiben. Es gibt immer wieder Veränderungen, insbesondere technischer Art: neue Elektronikteile, neue Reparaturtechniken und vieles mehr.

2. Man möchte sich spezialisieren, um sich in seinem Betrieb eine gute Position zu erarbeiten, für bestimmte Einsatzgebiete geeignet sein, z. B. für Elektrofahrzeuge.

3. Man möchte beruflich vorankommen und kann deshalb viele Angebote zur Weiterbildung wählen. Ein Beispiel ist die Qualifizierung zum/zur Kraftfahrzeugtechnikermeister/in. Damit kann man sich schon in einem Betrieb auf eine mittlere Führungsebene vorbereiten. Aber es gibt auch unter bestimmten Voraussetzungen die Möglichkeit, ein Studium aufzunehmen.

4. Es gibt immer wieder Personen, die sich gerne selbstständig machen wollen, weil sie neue Ideen haben oder nicht immer von den Anweisungen anderer Personen abhängig sein möchten. Sie können also einen eigenen Kfz-Betrieb eröffnen.

Was gibt es Neues?

Wie kann ich mich spezialisieren?

Wie kann ich Meister werden?

Wie kann ich ein eigenes Unternehmen gründen?

1. ▪ Ermittle, welche Aufstiegsmöglichkeiten nach der Ausbildung zum/zur Kraftfahrzeugmechatroniker/in bestehen.

2. ▪ Begründe, warum eine berufliche Laufbahn nicht mit dem Abschluss der ersten Ausbildung beendet sein muss.

3. ▪ Stelle Vermutungen an, welche Qualifikationen von einem/einer Kraftfahrzeugmechatroniker/in durch die Verbreitung des Elektroautos verlangt werden.

▶ Flexibler Arbeitsort ▶ Weiterbildung ▶ Technisierung

Entwicklungen auf dem Arbeitsmarkt – Fit für die Berufswahl

Als Berufswähler/innen gestaltet ihr den Entscheidungsprozess für eure Berufswahl. Ihr vergleicht eure Ziele und Erwartungen mit den Anforderungen der Arbeitswelt mithilfe verschiedener Informations- und Beratungsangebote. Ihr beurteilt später den Wandel der Arbeitswelt im Hinblick auf die eigene Berufsorientierung. Es ist wichtig, auch Veränderungen und die Zukunft ständig im Auge zu haben. Hier drei Beispiele:

Q A) WER BLICKT DA NOCH DURCH, IMMER NEUE BERUFE

Noch nie was vom Kerzenhersteller und Wachsbildner gehört? Das kann gut sein, denn so heißt der Ausbildungsberuf des früheren Wachsziehers erst seit dem 1. August 2015. Wenn dir schon ein Traumberuf vorschwebt, solltest du besser noch einmal prüfen, ob sich die Ausbildungsverordnung nicht geändert hat oder der Beruf nun anders heißt. Denn einmal im Jahr nimmt sich das Bundesinstitut für Berufsbildung, kurz BIBB, in die Jahre gekommene Ausbildungsberufe vor und modernisiert sie oder entwickelt sie weiter. [...]

Das können Kleinigkeiten sein, z. B. dass „nur" der Name wechselt, oder auch [...], dass die Ausbildungsinhalte um neue Teilbereiche erweitert werden oder sich die Prüfungsanforderungen ändern. ■

nach: http://blog.azubiyo.de/ausbildung/neue-berufe-2015, Zugriff 06.02.2017

Q B) DIE ZUKUNFTSTRENDS AUF DEM ARBEITSMARKT

Die Arbeitsmarktstrukturen verändern sich und die Zeiten, in denen man vom ersten bis zum letzten Tag seines Berufslebens mit ein und demselben Job seine Brötchen verdient, gehören immer mehr der Vergangenheit an.

Jobhopper im Kommen

Sichere Arbeitsverhältnisse mit Kündigungsschutz und anderem mehr werden in Zukunft eher Ausnahmen sein. Stattdessen werden die meisten Berufstätigen als „Jobhopper" eine ganze Palette von verschiedenen Arbeiten ausführen müssen, um ihren Lebensunterhalt sichern zu können. Versteift euch bei eurer Karriereplanung also nicht darauf, eine Festanstellung zu bekommen, die euch bis zum Rentenalter nährt. Solche Arbeitsverhältnisse wird es vermutlich bald nur noch im öffentlichen Dienst geben. Stellt euch lieber auf befristete Arbeitsverträge ein, möglicherweise sogar als Freiberufler. ■

Quelle: www.wissen.de/die-zukunfts-trends-auf-dem-arbeitsmarkt, Zugriff 06.02.2017

B **C) DIE ARBEITSWELT MUSS SICH ANPASSEN - BEISPIEL BUCHHANDEL:**

Produkte verändern sich. Ein Buch hat einen Umschlag und darin unterschiedlich viele bedruckte Seite – so war es viele hundert Jahre lang. In nur wenigen Jahren hat sich das grundlegend geändert: Viele Menschen möchten ihre Bücher – sei es Freizeit- oder Fachliteratur – digital lesen. Wer im Verlagswesen oder in der Buchhandlung arbeitet, muss sich mit E-Books und den dafür notwendigen Lesegeräten auskennen und die unterschiedlichen Techniken, verschiedenen Formate und Wege, das Buch aufzuspielen, beherrschen. Das heißt, das bisherige buchhändlerische Wissen muss durch spezifisches technisches Wissen erweitert werden.

Absatzwege verändern sich/neue kommen hinzu: Onlinebuchhändler wie Amazon haben einen riesigen Marktanteil; stationäre Händler müssen sich darauf einstellen, indem sie beispielsweise mit verbesserten Serviceleistungen dagegenhalten oder sich anpassen und etwa auch Bestellmöglichkeiten über ihre Homepage und Buchlieferungen nach Hause anbieten. Eine weitere unübersehbare Folge in den Innenstädten ist die, dass viele Buchhandlungen schließen müssen und Arbeitsplätze in diesem Bereich verlorengehen. ■

Q **D) FACHKRÄFTEMANGEL, EIN UNTERNEHMER NIMMT STELLUNG**

Angesichts der demografischen Entwicklung müssen wir uns in den nächsten Jahren auf wachsenden Fachkräftemangel einstellen. Derzeit betrifft der Fachkräftemangel vor allem Ingenieure, technische und Informatikberufe, wo viele Stellen bereits nicht besetzt werden können. Demografiebedingt dürften die Schwierigkeiten der Unternehmen bei Stellenbesetzungen auch in anderen Bereichen in den nächsten Jahren steigen. Die Erwerbsbevölkerung wird altern und schrumpfen. Geburtenstarke Jahrgänge scheiden aus dem Erwerbsleben aus. Der Wettstreit um qualifizierte Köpfe wird deutlich an Intensität gewinnen. ■

Erst einmal scheint dies eine gute Nachricht für eure Berufswahl zu sein! Das heißt aber nicht, dass ihr eure Berufswahl nicht mehr ernst zu nehmen braucht und ihr auf jeden Fall einen Ausbildungsplatz bekommt. Es geht ja auch darum, nicht irgendeinen, sondern den richtigen Ausbildungsplatz zu finden.

Intensität
Stärke, Kraft, Wirksamkeit

Quelle: Dr. Gerhard Braun, Ausbildung hat Zukunft. Herausforderungen 2008/2009, in: Demographischer Wandel und Fachkräftebedarf, KWB, Bonn 2009

INFO

Demografischer Wandel

Wenn sich das Verhältnis der Bevölkerungsgruppen untereinander oder zueinander verändert, z. B. die Anzahl von Männern und Frauen oder der Anteil von Inländern und Ausländern, spricht man von demografischem Wandel. Im Text geht es vor allem um den Anteil von alten und jungen Menschen an der Bevölkerung. Die Älteren gehen in Rente, der Nachwuchs fehlt.

1. ▮ Stelle die wesentlichen Aussagen der Quellen und des Beispiels A bis D (Seite 161-162) dar.

2. ▮ Nenne Gründe, weshalb man nur schwer vorhersagen kann, wie sich der Arbeitsmarkt künftig entwickeln wird.

3. ▮ Beschreibe die Konsequenzen, die du auch im Hinblick auf deine eigene Berufswahl beachten solltest.

4. ▮ Recherchiere, welche Berufe in Zukunft bedroht sind.

5. ▮ Erläutere deine Ergebnisse aus Aufgabe 4.

► **Arbeitsagenturen mit Berufsinformationszentren in Baden-Württemberg**

Q Hier findest du Infos rund um die Ausbildungsmöglichkeiten sowie weiterführende Schulen und Bildungsgänge in deiner Nähe. Klicke einfach auf deine Region oder gehe über die Suchfelder.

Beispiel Heilbronn/Betriebliche Ausbildung/ Änderungsschneider/in:
Dauer: 3 Jahre
Trend: ↘
Bemerkung: wenige Ausbildungsbetriebe (BS Berufsschule – BFS Berufsfachschule –

BK Berufskolleg – MA Mindestalter)
Anmerkung zur Situation im Vorjahr/in den Vorjahren:
↗ = mehr Stellen als Bewerber/innen
→ = Verhältnis Stellen zu Bewerber/innen in etwa ausgeglichen
↘ = weniger Stellen als Bewerber/innen
Bitte beachte, dass die Lage auf dem Ausbildungsmarkt für diesen Beruf die Situation des letzten Jahres oder der letzten Jahre widerspiegelt. Die Lage kann sich mittlerweile verändert haben. ■

Quelle: www.regional. planet-beruf.de/ details.jsp?roid= 189&oid= 1002006008tid= 2&eid=3382, Zugriff 06.02.2017

1. Recherchiere, wo es in deiner Region Ausbildungsmöglichkeiten zu folgenden Berufen gibt: Mechatroniker/in, Erzieher/in, Bürokauffrau/mann.

2. Liste Berufe auf, zu denen es in deiner Region keine Ausbildungsmöglichkeiten gibt und überlege dir Gründe dafür.

Bewerbung für ein Betriebspraktikum

Das Betriebspraktikum wird von der Schule organisiert. Jede Schule legt fest, wie es abläuft und wie lange es dauert. Eure Lehrkraft leitet das Praktikum und macht im Unterricht die Einführung zum Praktikum.
Einige Betriebe verlangen eine schriftliche Bewerbung und ein Vorstellungsgespräch. Die Bewerbung zum Praktikum ist eine gute Übung für spätere Bewerbungsschreiben, aber meistens nicht so umfangreich.
Ihr seht hier ein Beispiel für eine Bewerbung um einen Praktikumsplatz; häufig erfolgt sie online.

Darauf solltest du beim Bewerbungsschreiben achten:
- Ein Bewerbungsschreiben darf nicht zu lang sein.
- Es muss alles Wichtige beinhalten.
- Es soll neugierig machen.

Das muss ein Bewerbungsschreiben zum Praktikum beinhalten:
- ansprechender Einleitungssatz,
- kurze allgemeine Informationen zu deiner Person, zur Schule und zum Praktikum (Daten),
- deine Motivation (warum möchtest du in diesem Beruf und in diesem Betrieb dein Praktikum machen?).

So könnte der Inhalt aussehen:

17.05.20..

Bewerbung für ein Praktikum zur Kauffrau für Büromanagement

Sehr geehrter Herr Zinser,
über meinen Nachbarn bin ich auf Ihr Unternehmen aufmerksam geworden und bewerbe mich um einen Praktikumsplatz als Kauffrau für Büromanagement in der Zeit vom 2.5. bis 14.5.20..
Ich weiß, dass Kaufleute für Büromanagement sehr abwechslungsreiche Tätigkeiten ausüben und gute Chancen am Arbeitsmarkt haben. Derzeit besuche ich die 8. Klasse der Frank-Realschule in Stuttgart und werde in zwei Jahren meinen Realschulabschluss machen.

Mir liegen das Organisieren und der Umgang mit Menschen. In meiner Freizeit gebe ich Nachhilfe für Mathematik und Englisch in der 5. Klasse. Dort muss ich gut organisiert sein, damit sich die Termine nicht überschneiden. Auch ist es wichtig, einen guten Draht zu den jüngeren Schülern aufzubauen.

Ich möchte sehr gerne ein Praktikum zur Kauffrau für Büromanagement in Ihrem Unternehmen absolvieren. Gern stelle ich mich Ihnen persönlich vor und freue mich auf eine Einladung zum Vorstellungsgespräch.

Mit freundlichen Grüßen

Fenja Gerdes

▶ Gespräche führen ▶ Dokumentation ▶ Erwartungen

Ich und mein Beruf: Checkliste

Am Ende dieses Kapitels geht es darum, für dich persönlich „abzuhaken", was du in Bezug auf deine Berufsorientierung schon erledigt hast, und um festzustellen, was du noch erledigen musst:

– Ermittle deine Interessen und Fähigkeiten und lasse sie von Personen, die dich gut kennen, bestätigen.
– Lege ein persönliches Berufswahlportfolio als Ordner an.
– Beschreibe deine Erwartungen an einen möglichen späteren Beruf.
– Dokumentiere deine Schulleistungen und deine Schullaufbahn.
– Stelle ein Kompetenzprofil für dich grafisch dar.
– Diskutiere mit deinen Eltern oder Freunden Faktoren, die Einfluss auf deine Berufswahl haben können, und überlege, wie du darauf reagieren könntest. Halte deine Überlegungen schriftlich fest.
– Unter www.planet-beruf.de findest du eine Checkliste „Was für die Berufswahl wichtig ist" und einen „Berufswahlfahrplan", der dir dabei hilft, einen Zeitplan für deine Berufswahl zu erstellen.

Was nützt dir das Berufswahlportfolio?
– Es ist **eine Zusammenstellung** zu deinem Berufswahlprozess. Bescheinigungen und Zertifikate (z. B. Zeugnisse vom Ferienjob und von Praktika) werden darin aufbewahrt.
– Es hilft dir, **Informationen** über Berufe, Ausbildungsabläufe usw. zu sammeln oder zu bekommen.
– Es hilft Arbeitgebern oder Ausbildern, dich besser kennenzulernen und deine **Berufswahlentscheidung** nachvollziehen zu können.
– Es dient auch als Teil der **Bewerbungsmappe**.

Wie arbeitest du mit dem Berufswahlportfolio?
– Wichtige Arbeitsblätter und Ergebnisse von Berufsrecherchen werden abgeheftet.
– Neben der Schule arbeitest du selbstständig an dem Ordner.
– Zertifikate und Zeugnisse usw. werden abgeheftet.
– Vereinsbestätigungen und Nebenjobbescheinigungen werden gesammelt.

> **INFO**
>
> **Checkliste und Berufswahlfahrplan findest du hier:**
> www.planet-beruf.de/Checkliste-Was-fuer.17561.0.html
>
> www.planet-beruf.de/fileadmin/assets/PDF/PDF_Checklisten/berufswahlfahrplan.pdf

1. Schreibe eine kleine Geschichte, in der es um deinen Traumberuf geht.

In diesem Kapitel setzt ihr euch mit den folgenden Fragen auseinander:

> Wann lohnt es sich, einen Kredit aufzunehmen und was muss dabei bedacht werden?
> Was sind die Interessen des Kreditnehmers?
> Was sind die Interessen des Kreditgebers, z. B. einer Bank?
> Wie werden Kreditnehmer und -geber geschützt?

DER KREDITNEHMER

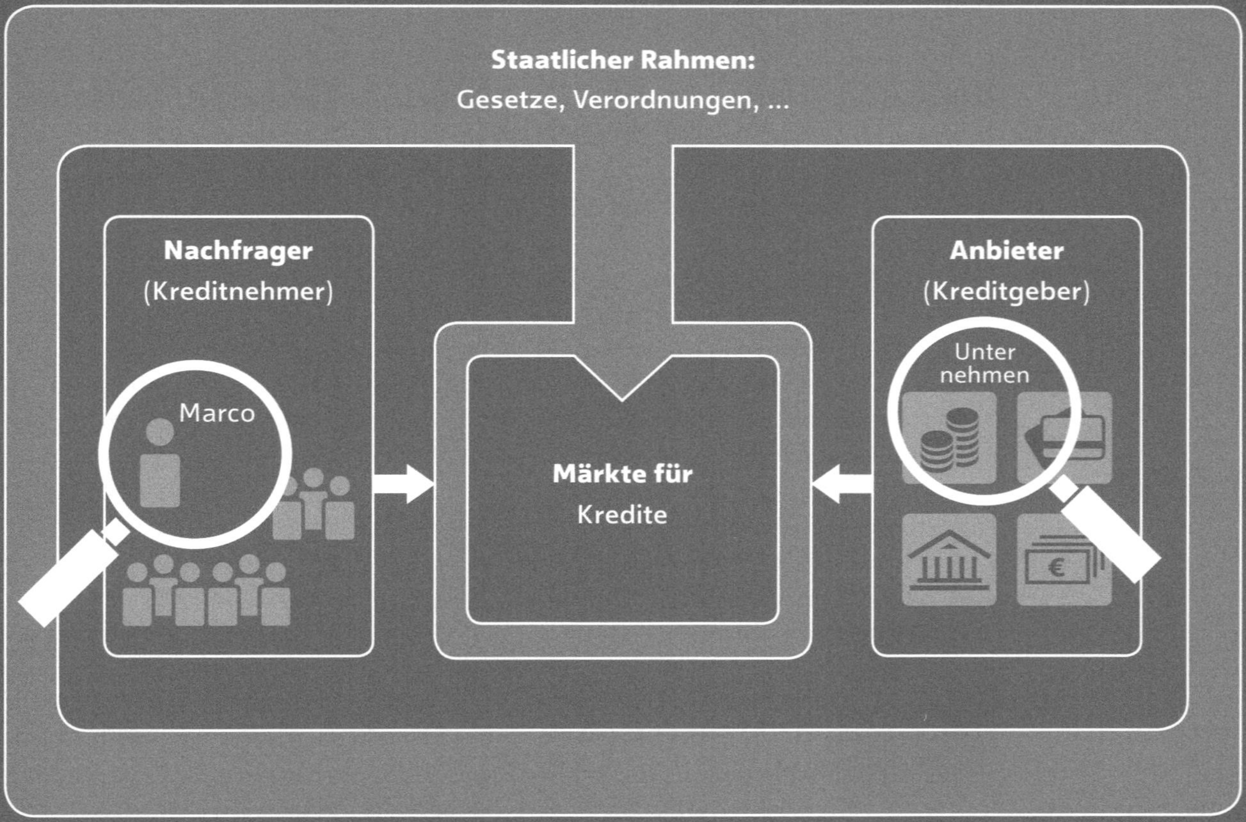

Staatlicher Rahmen:
Gesetze, Verordnungen, ...

Nachfrager
(Kreditnehmer)

Marco

Märkte für
Kredite

Anbieter
(Kreditgeber)

Unternehmen

► Leihen oder kaufen?

Vom Leihen zur Leihgebühr

Jeder hat sich schon einmal etwas ausgeliehen. Das fängt beim Stift an und hört beim Buch nicht auf. Unter Freunden ist das kein Problem, da man sich kennt und im Gegenzug ebenfalls jederzeit wieder etwas leihen kann. Gegenstände, die man nicht oft benötigt oder die in der Anschaffung sehr teuer sind, werden vorzugsweise gerne ausgeliehen. Leihen ist für viele Menschen, im Vergleich zum Besitz, ein erheblicher Unterschied und wird daher verschieden bewertet.

Möchtest du z. B. ein Musikinstrument erlernen, stellen viele Musikschulen und Musikvereine Leihinstrumente zur Verfügung.

Skifahren ist ebenfalls ein teures Hobby. Wer einen Skikurs besucht, kann zunächst die Ausrüstung leihen. In beiden Fällen wird eine Leihgebühr erhoben.

B (A) Tim hat sich von Leo überreden lassen, sein neuwertiges Mountainbike auszuleihen. Trotz eines schlechten Gefühls überlässt er es Leo für ein Wochenende, obwohl er gerne selber eine Tour gemacht hätte. Aber wofür sind Freunde da! Leo gibt Tim das Mountainbike in völlig verdrecktem Zustand zurück. Außerdem hat es mehrere tiefe Kratzer. ■

B (B) Familie Schmid macht einen Ausflug an den See. Dort ist ein Bootsverleih. Sie mieten ein Tretboot und bezahlen die Leihgebühr für eine Stunde im Voraus. Bei der Rückgabe des Bootes behauptet der Vermieter, dass sie eine Beule ins Boot gefahren hätten und verlangt Schadenersatz. ■

B (C) Sandra möchte sich Geld von ihrer Freundin Anna leihen. Sie möchte unbedingt mit ihren Freundinnen ins Kino und außer-

▶ Leihen oder kaufen?

dem hat sie noch ein schickes Oberteil im Schaufenster gesehen, das sie unbedingt haben muss. Ihr Taschengeld hat sie schon aufgebraucht, um ihre Schulden vom letzten Monat bei Tamara auszugleichen. Anna möchte ihre Freundin Sandra nicht enttäuschen. ▪

B (D) Familie Maurer leiht sich von ihren Nachbarn ein hochwertiges mobiles Navigationsgerät für ihren Wanderurlaub in den österreichischen Alpen aus. Trotz aller Vorsicht wird das Gerät während ihres Aufenthaltes gestohlen. ▪

INFO

Leihvertrag

Mit dem Ausleihen eines Gegenstandes kommt ein Vertrag zustande (vgl. S. 54 ff.). Rechtlich gesehen ist Leihen also die Überlassung der geliehenen Gegenstände gegen Geld.

Leihverträge sind **Mietverträge**, die vor allem bei längerer Leihdauer und höheren Leihkosten bzw. wertvollen Leihgütern oft schriftlich geschlossen werden.

---

1. ▌ Vergleiche die Bilder und begründe, was du eher leihen oder kaufen würdest.

2. ▌ Nenne Gegenstände, die du schon einmal ausgeliehen hattest. Welche Gegenstände hast du gegen Leihgebühr ausgeliehen?

3. ▌ Überprüfe die Fallbeispiele. Erläutere mithilfe der Beispiele denkbare Probleme, die das Verleihen mit sich bringen kann.

Wenn das vorhandene Geld nicht reicht

> Dieses Jahr wird unser Auto leider keinen neuen TÜV mehr bekommen, da werden wir uns nach einem anderen Fahrzeug umsehen müssen.

> Ihr habt mir aber seit langem einen neuen Computer versprochen. Den brauche ich jetzt unbedingt, da auf meinem alten nicht mehr die neueste Software läuft.

TÜV:
Abkürzung für Technischer Überwachungsverein, der technische Sicherheitskontrollen, z. B. an Fahrzeugen durchführt.

> Ich freue mich aber so auf unseren gemeinsamen Jahresurlaub. Bleibt dann dafür noch Geld übrig?

> Mein Sprachaufenthalt in England für zwei Wochen muss auch finanziert werden. Der ist wichtig für meine berufliche Zukunft.

Bei Familie Hermann sind viele Wünsche vorhanden. Wie du schon gelernt hast, heißt Wirtschaften mit der Knappheit der Mittel bei unbegrenzten Bedürfnissen auszukommen. Familie Hermann kann ihr Geld nur einmal ausgeben und muss jetzt entscheiden, welche Bedürfnisse vorrangig befriedigt werden müssen. Sollte das zur Verfügung stehende Geld nicht ausreichen, um wichtige Bedürfnisse zu befriedigen, besteht die Möglichkeit, Geld zu leihen, um die Anschaffung wichtiger Güter vorzuziehen.

Das Problem von Familie Hermann ist eines der ökonomischen Probleme, mit denen jede Familie fast täglich zu kämpfen hat. Sie muss sich entscheiden, ob sie einen Neuwagen oder einen Gebrauchtwagen anschafft. Das gleiche Problem stellt sich für jedes Familienmitglied anders dar. Beim Abendessen kommt es zur Diskussion zwischen den Familienmitgliedern. Dabei versucht jeder, zu begründen, warum sein Bedürfnis befriedigt werden sollte. So setzt sich z. B. Luis für seinen neuen Computer ein, den er sofort haben möchte und die Mutter für die Urlaubsreise, die zwar alle betrifft, an der aber unterschiedlich großes Interesse besteht.

Ausschlaggebend für die Lösung ist, welche Dringlichkeit hinter den Wünschen steckt.

→ Starthilfe zu 1:

Lies dazu die Anleitung auf S. 83-84.

1. Bearbeite die nachfolgende Seite zum Rollenspiel.

2. Lies die Spielsituation und die Rollenspielkarten für die Familienmitglieder.

3. Bildet zur Vorbereitung des Rollenspieles Gruppen für Mutter, Vater, Carla und Luis. Entwickelt in den Gruppen Argumente für die Standpunkte der Familienmitglieder.

4. Überprüft und bewertet die gefundenen Lösungen danach, wie gerecht und sinnvoll diese für die beteiligten Akteure erscheinen.

Verlauf des Rollenspiels

Eine ausführliche Beschreibung der Methode „Rollenspiel" findet ihr auf den Seiten 83-84.

Schritt 1: Informationsphase
Wir lesen und besprechen den Fall, die Situation.

Schritt 2: Vorbereitungsphase
Wer möchte spielen? Die Rollen und die Beobachtungsaufträge werden verteilt.

Schritt 3: Rollenspielphase
Die Spieler/innen spielen das Rollenspiel, die Zuschauer/innen machen Notizen, um das Spiel beurteilen zu können.

Schritt 4: Diskussionsphase
Das Spielgeschehen wird besprochen und untersucht. Vor allem geht es um das Verhalten und die Aussagen der Spieler/innen.

Schritt 5: Ergebnisphase
Zusammenfassen der Diskussionsergebnisse

Schritt 6: Verallgemeinerungsphase
Zusätzliche Informationen vermitteln allgemeine Erkenntnisse; evtl. weitere Rollenspiel-Durchgänge.

Schritt 7: Übertragungsphase
Das Spielgeschehen wird ausgewertet. Was ist aus ihm für Konfliktfälle zu lernen?

Sabine Hermann, 43 Jahre, Hausfrau und teilzeitbeschäftigt:
- mag es nicht, wenn über Geld gestritten wird.
- findet, dass ihre tägliche Arbeit im Haushalt und ihr Beitrag zur Familienkasse zu wenig gewürdigt wird.
- legt großen Wert auf Urlaub und will darauf nicht verzichten.

Luis Hermann, 15 Jahre, Schüler:
- braucht dringend einen neuen PC, weil der alte seinen Anforderungen als Computerfreak nicht genügt.
- erwartet von seinen Eltern, dass sie seinen Wunsch erfüllen, da er sich mit der Computerarbeit auch auf das spätere Berufsleben vorbereitet.
- ihm ist völlig egal, was für ein Auto die Familie fährt bzw. wohin sie in Urlaub fährt, er will sowieso nicht mehr mit.

Klaus Hermann, 48 Jahre, Angestellter:
- bringt den Großteil des Geldes nach Hause.
- ist der Meinung, dass seine Kinder alles haben, was man sich wünschen kann.
- ist seit langem mit dem alten Auto unzufrieden und möchte die entstandene Situation für die Neuanschaffung des Pkw nutzen.

Carla Hermann, 17 Jahre, Schülerin:
- hat das Gefühl, sich in der Familie nie durchsetzen zu können. Sie ist der Meinung, dass sich am Ende ihr Vater sowieso durchsetzt.
- denkt, dass sie die letzten Jahre auf vieles verzichten musste, weil ihr Bruder und andere Familienmitglieder ihre Wünsche durchsetzten.
- ist der Meinung, dass sie jetzt auch mal dran ist, und dass der Sprachaufenthalt wirklich nicht zu viel verlangt ist.
- sieht den Sprachaufenthalt als ausgesprochen wichtig für ihre weitere berufliche Karriere an.
- kann die Enttäuschung darüber, dass ihre Klassenkameradinnen letztes Jahr schon beim Sprachaufenthalt waren, kaum verbergen.

Konsum und Ratenkredit

Es können nicht alle Güter mit dem vorhandenen Geld angeschafft werden. Schon gar nicht zum selben Zeitpunkt.

Die von den Familienmitgliedern vorgebrachten Bedürfnisse sind aus der jeweiligen persönlichen Sicht besonders wichtig. Die gemeinsame Entscheidung muss gut bedacht werden. Die unterschiedlichen Perspektiven sollten in der familiären Diskussion fair verglichen und bewertet werden.

Schritt 1: Ermittlung des momentan zur Verfügung stehenden Geldes:
Im Fall von Familie Hermann sind das 2.000 €, ohne die Ersparnisse der Kinder, die nicht angetastet werden sollen.

Schritt 2: Die voraussichtlichen Kosten der Güter kalkulieren:

Vater Klaus:
anderes Fahrzeug (gebraucht)
ca. 15.000 €
Mutter Sabine:
Jahresurlaub ca. 2.000 €
Sohn Luis:
neuer Computer ca. 500 – 600 €
Tochter Carla:
Sprachaufenthalt ca. 1.000 €

Familie Hermann versucht nach dieser Aufstellung zu einer gemeinsamen Entscheidung zu kommen. Das zur Verfügung stehende Geld reicht auf keinen Fall, um alle vorgebrachten Bedürfnisse zu befriedigen.

Schritt 3: Eine mögliche Entscheidung:

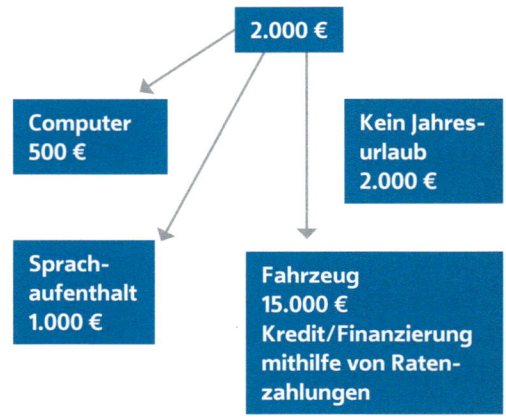

Für die Anschaffung eines Autos kann sich Familie Hermann Geld leihen, also einen Kredit aufnehmen, und damit die Anschaffung vorziehen. Wie Familie Hermann das genau macht, erfährst du im weiteren Verlauf dieses Kapitels. Auf die Anschaffung weiterer Güter muss Familie Hermann zum derzeitigen Zeitpunkt verzichten, da für die Geldleihe zusätzliche Kosten anfallen und kein weiteres Geld übrig ist.

INFO

Kredit

Unter **Kredit** versteht man die Überlassung von Geld auf Zeit gegen Zahlung eines Zinses. Basis eines jeden Kredits ist das Vertrauen (lat. credere = vertrauen) in die künftige Zahlungswilligkeit und -fähigkeit der kreditnehmenden Person.

1. Beschreibe mit eigenen Worten, was man unter einem Kredit versteht.

2. Stelle mithilfe des Schaubildes eine andere mögliche Entscheidung von Familie Hermann dar.

3. Entwickle alternative Entscheidungsmöglichkeiten. Denke dabei auch an Geldbeschaffung durch die Kinder, z. B. Ferienjobs usw., und Kompromissvorschläge.

Merkmale von Ratenkrediten

Die Entscheidung ist gefallen: Familie Hermann möchte für die Anschaffung eines neuen Fahrzeugs einen Kredit aufnehmen. Den passenden Kredit für diese Situation nennt man **Ratenkredit**. Manchmal findet man auch die Bezeichnung Konsumenten- oder Privatkredit.

Q **DIE DEUTSCHEN LEBEN HÄUFIGER AUF PUMP**

An der Kasse schnell den Kreditvertrag abschließen – und das neue Smartphone in Raten abzahlen. Mehr als jeder vierte Haushalt in Deutschland nutzt regelmäßig Konsumenten- kredite und die Tendenz ist weiter steigend. ■

Es handelt sich um eine der häufigsten Kreditformen. Er wird einmalig nach der Genehmigung des Kreditgebers bereitgestellt und in einer Summe ausgezahlt. Die Laufzeit des Ratenkredits, der <u>Zinssatz</u> und die <u>Tilgung</u> haben direkten Einfluss auf die Kosten der Finanzierung.

Ratenkredite werden über eine vereinbarte Laufzeit geschlossen. Die über diesen vereinbarten Zeitraum fällige monatliche Rate setzt sich aus den Zinsen und der Tilgung zusammen. Die Zinsen sind die Leihgebühr und die Tilgung ist der monatlich zurückzuzahlende Betrag.

Merkmale des Ratenkredites:

– fester Kreditbetrag
– feste Laufzeit
– fester Zinssatz
– feste Kreditraten
– nur auf Antrag
– oft zweckgebunden (z. B. Autokredit)
– langfristige Finanzplanung

Zinssatz
Der **Zinssatz** ist der in Prozent ausgedrückte Preis für geliehenes Geld.

Tilgung
Tilgung nennt man die Rückzahlung von Schulden in Form von Teilbeträgen.

Quelle: http://www.handelsblatt.com/finanzen/vorsorge/altersvorsorge-sparen/mehr-ratenkredite-die-deutschen-leben-haeufiger-auf-pump/8109006-all.html, Zugriff 06.02.2017

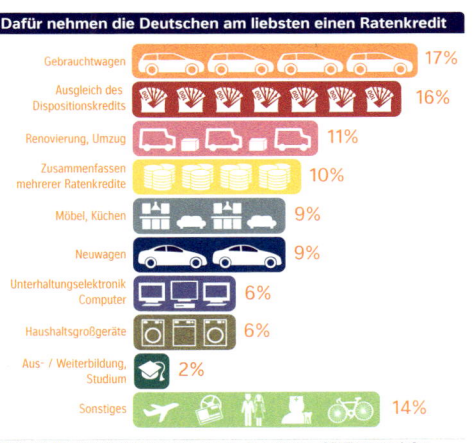

Quelle: © Marktstudie 2014 Konsum- und Kfz-Finanzierung, GfK Finanzmarktforschung im Auftrag des Bankenfachverbandes e. V.

---

1. ▤ Nenne Situationen, für die sich der Ratenkredit eignet und für welche weniger.

2. ▤ Erläutere, warum ein Ratenkredit mal mehr, mal weniger geeignet ist.

3. ▤ Recherchiere und vergleiche aktuelle Zinssätze von Ratenkreditangeboten im Internet.

4. Arbeite die Hauptaussagen der Schaubilder heraus.
   ▤ a) Welche Anschaffungen werden mit Ratenkredit hauptsächlich finanziert?
   ▤ b) Welche Finanzierungsarten werden zum Einkaufen bevorzugt?

 Starthilfe zu 3:

Gib die Stichworte „aktuelle Zinssätze" + „Ratenkredit" in die Suchmaschine ein.

Nicht täuschen lassen: Kosten eines Ratenkredites

Für die Anschaffung eines neuen Fahrzeuges benötigt Familie Hermann einen Kredit in Höhe von 15.000 €. Folgendes Kreditangebot liegt Familie Hermann vor:
Laufzeit: 48 Monate
Zinssatz: 4 % effektiv

Budget
Haushaltsplan

Formel zur Berechnung der Zinskosten:

$$Z = \frac{K \cdot M}{12} \cdot \frac{p}{100}$$

Für das Beispiel ergibt sich folgende Formel:

$$Z = \frac{15.000 \cdot 48}{12} \cdot \frac{4}{100}$$

$$z = 2.400 \text{ €}$$

Hinweis:
Der effektive Zinssatz wird auf der Folgeseite erklärt.

Die Gesamtkosten des Kredites lassen sich folgendermaßen berechnen:

$$Gesamtkosten = K + Z$$
$$Gesamtkosten = 15.000 \text{ €} + 2.400 \text{ €}$$

$$Gesamtkosten = 17.400 \text{ €}$$

Die monatliche Rate lässt sich dann näherungsweise folgendermaßen berechnen:

$$= \frac{Gesamtkosten}{Laufzeit \text{ in Monaten}}$$

$$= \frac{17.400 \text{ €}}{48} = 362,50 \text{ €}$$

Bei der Prüfung der Kreditangebote ist eine genaue Aufstellung der eigenen Einnahmen und Ausgaben, wie beim Haushaltsbuch (vgl. S. 30), sehr wichtig. Erst dann kann realistisch eingeschätzt werden, welche monatliche Belastung für Familie Hermann bezahlbar ist.

Nur wenn die zusätzliche Ausgabe über die gesamte Laufzeit des Kredites, bei Familie Hermann also über 48 Monate, ins monatliche Budget passt, kann der Ratenkredit ohne das Risiko der Überschuldung und Zahlungsunfähigkeit aufgenommen werden.

INFO

In der Zinsformel steht
Z für die Zinsen
K für das Kapital (= den Kreditbetrag)
p für den Zinssatz
t für die Zeit: M = Monat / T = Tage

Autokredit
3,99 % effektiv

– für alle Marken, alle Modelle, neu oder gebraucht
– Der Effektivzinssatz von 3,99 % gilt für alle Laufzeiten von 1 bis 6 Jahren.
– Unser Angebot richtet sich an alle privaten Autokäufer in unserem Geschäftsgebiet.

1. Berechne die Gesamtkosten und monatlichen Raten für den Kredit von 15.000 € bei folgenden Laufzeiten:
   a) 36 Monate
   b) 60 Monate

2. Erkläre das Verhältnis von monatlicher Rate zu Laufzeit. Arbeite dabei heraus, wie sich die Verkürzung bzw. Verlängerung der Laufzeit auf die Höhe der monatlichen Raten und die Gesamtkosten auswirkt.

Der effektive Zinssatz bei Ratenkrediten

Der effektive Zinssatz stellt die Vergleichbarkeit bei Ratenkreditangeboten sicher. Er enthält alle Kosten und Zinsen umgerechnet auf ein Jahr. Er legt fest, wie viel Prozent ein Kreditnehmer für einen Kredit tatsächlich bezahlen muss und ist Bestandteil jedes Kreditangebotes und Kreditvertrages.

B Markus (19) möchte einen Gebrauchtwagen für 10.000 € kaufen. Er hat 2.000 € angespart, die als Anzahlung dienen sollen, und möchte den fehlenden Betrag von 8.000 € finanzieren. Die Laufzeit soll nicht mehr als 36 Monate betragen. Er hat Ratenkreditangebote von verschiedenen Anbietern eingeholt. Die drei interessantesten unterzieht er jetzt einem direkten Vergleich. ■

Voraussetzung für einen Vergleich von Angeboten ist der effektive Zinssatz und dieselbe Laufzeit der Darlehen, hier 36 Monate.

Direktbank A:
effektiver Zinssatz: 3,33 %
nominaler Zinssatz: 3,28 %
Internetbank

Internetbank B:
effektiver Zinssatz: 3,89 %
nominaler Zinssatz: 3,45 %

Regionalbank/Filialbank C:
effektiver Zinssatz: 4,19 %
nominaler Zinssatz: 4,02 %
konkret – sofort verfügbar
Markus Hausbank

Der effektive Zinssatz enthält unter anderem die anfallenden Nebenkosten für die Verwaltung des Kredits und die Kosten für die Kreditvermittlung.

Nicht im Effektivzins enthalten sind bestimmte Kosten wie z. B. Kontoführungsgebühren, die gegebenenfalls noch anfallen.

> **INFO**
>
> **Nominaler und effektiver Zinssatz**
>
> Der **nominale Zinssatz** wird auch als Sollzinssatz bezeichnet. Er wird häufig als niedrigerer Zinswert bei den Ratenkreditangeboten mit angegeben und deckt nur die reine vereinbarte Zinsrate ab. Im **effektiven Zinssatz** sind alle weiteren Kosten mit eingerechnet. Deshalb eignet sich nur der effektive Zinssatz zum Vergleich der Angebote, allerdings nur bei gleicher Laufzeit.

▶ Regional-/Filialbank

Direktbank = Internetbank. Es gibt keine Filialen.

Regional- bzw. Filialbank: Sie verfügt über zahlreiche Filialen und bietet dadurch eine persönliche Beratung vor Ort an.

1. ▤ Ermittle das günstigste Angebot für Markus mithilfe der Formel auf Seite 174.

2. ▤ Erörtere mögliche Vor- bzw. Nachteile bei Abschluss mit den unterschiedlichen Kreditgebern (Direktbank, Großbank bzw. Regional- oder Filialbank). Arbeite heraus, welche weiteren Punkte außer dem Zinssatz bei der Wahl der Bank noch wichtig sein könnten.

Großbank: Kreditinstitut, das an vielen Orten vertreten und international tätig ist.

▶ Sparen   ▶ Konsumieren   ▶ günstige Kredite

Beispiel für Einflussfaktoren für Kredite

Niedrige Zinsen treiben die Deutschen in den Konsum

In Deutschland wird nur noch für kurzfristige Ziele gespart. Langfristige Finanzprodukte sind unattraktiv, weil sie keine Zinsen mehr abwerfen. Die lange Nullzinsphase treibt die Deutschen in den Konsum. Sogar für die Altersvorsorge und für Wohneigentum wird weniger Geld zurückgelegt.

Quelle: http://deutsche-wirtschafts-nachrichten.de/2015/04/16/niedrige-zinsen-zwingen-die-deutschen-in-den-konsum, Zugriff 06.02.2017

Meldungen wie diese sorgen seit einigen Jahren dafür, dass viele Konsumenten ihr Geld eher ausgeben anstatt mit wenig Gewinn zu sparen. Für diejenigen, die Geld auf der Bank sparen möchten, ist das schlecht, weil das Geld im Laufe der Zeit nicht mehr, sondern eher weniger wert wird (vgl. Inflation auf S. 126). Dies ist für die Betroffenen umso schlimmer, weil sie für ihre Altersvorsorge

sparen müssen, um die Lücke zwischen voraussichtlicher Rente und derzeitigem Lohn so klein wie möglich zu halten. Gerade diese Lücke zu schließen, ist derzeit nur mit sicheren Geldanlagen kaum zu schaffen.

Alle Konsumenten, die z. B. ein Haus finanzieren oder andere Kredite abbezahlen, zählen zu den Gewinnern der Niedrigzinsphase. Noch nie war es so günstig, Kredite aufzunehmen. Die Attraktivität der billigen Kredite heizt die Kaufbereitschaft der Konsumenten vorerst weiter an.

Die Wirkungen der niedrigen bzw. hohen Zinssätze aus Sicht der Privaten Haushalte stellen sich folgendermaßen dar:

Niedriger Zinssatz	Hoher Zinssatz
Kredite sind günstig → mehr Konsum, aber auch Gefahr der fahrlässigen Ausgaben	Kredite werden teurer → weniger Konsum
Sparen wird unattraktiver	Sparen wird attraktiver

1. ▣ Erkläre den Zusammenhang zwischen Niedrigzinsphase und Konsumentwicklung.

2. ▣ Erörtere die Vor- und Nachteile von niedrigem Zinssatz und hohem Zinssatz aus Sicht der Sparer und Konsumenten

Expertenbefragung: Der Weg zum Kredit

Ist die Entscheidung für eine Kreditaufnahme gefallen, müssen Kreditangebote eingeholt und verglichen werden. Da dies nicht einfach ist, bietet sich hierzu die Befragung eines Experten an.

Schritt ❶
Zielsetzung

Wer als Experte für eure Befragung zur Auswahl steht, bzw. überhaupt infrage kommt, das können euch eure Lehrkräfte, die regionalen Finanzdienstleister und Kreditinstitute (Banken) sowie Verbraucherberatungsstellen sagen.
Im Vorfeld solltet ihr die Fragen erarbeiten und am besten eine Auswahl dieser Fragen festlegen.

Ihr müsst euch auch überlegen, auf welche Art und Weise ihr die Ergebnisse eurer Befragung dokumentieren wollt, z. B. auf einer Wandzeitung, im Film, als Interview oder Fotostrecke.

Schritt ❷
Durchführung

Entsprechend eurer Vorbereitung führt ihr die Expertenbefragung durch.

Schritt ❸
Auswertung

Für die Auswertung fasst ihr eure Notizen und Aufzeichnungen zusammen. Ihr könnt das Gespräch in Form eines Protokolls auswerten und z. B. in der Schülerzeitung oder der Schulhomepage veröffentlichen. Schickt das Protokoll auch an den befragten Experten.

▸ **Fragen sammeln**

Schritte zum Kreditvertrag

So verschieden die Lebenssituationen sind, müssen doch in jeder Situation dieselben Überlegungen und Berechnungen durchgeführt werden. Bevor ein Kredit in Anspruch genommen wird, müssen die persönlichen Verhältnisse geprüft werden. Wie viel Kredit kann mit dem zur Verfügung stehenden Geld gekauft werden? Wie hoch dürfen die Raten pro Monat sein? Welche Laufzeit kommt in Betracht? usw.

Du hast schon im Kapitel Konsument Märkte als Orte, an denen Nachfrage und Angebot aufeinander treffen, kennengelernt. Kreditinstitute, Banken und Finanzdienstleister sorgen für das Angebot an Krediten. Kunden, wie Familie Hermann, sorgen für die Nachfrage nach einem möglichst günstigen Kredit. Genau wie bei anderen Geschäften möchte Familie Hermann nun einen Kredit kaufen. Bei wem Familie Hermann ihren Kredit kauft, liegt in ihrer freien Entscheidung. Kreditinstitute, Banken und Finanzdienstleister sind Geschäftspartner, sobald das Geschäft zustande kommt. Auch wenn ein sogenannter Kreditantrag gestellt wird, den die Kreditinstitute „bewilligen", „gewähren" oder „ablehnen" können, handelt es sich doch um gleichwertige Geschäftspartner.

Planung des Kredites

Ist die Entscheidung für eine Kreditaufnahme gefallen, müssen Kreditangebote eingeholt und verglichen werden. Für das weitere Vorgehen sind folgende Schritte notwendig:

1. Was wird benötigt?

Wie auch bei anderen Finanzdienstleistungen muss am Anfang die Ermittlung des Bedarfs stehen. Hier sollte genau überprüft werden, wie viel Geld benötigt wird. Auch kann noch einmal überlegt werden, ob ein Ratenkredit sinnvoll ist oder ob es auch möglich ist, die Summe in absehbarer Zeit zusammenzusparen.

2. Der Haushaltsplan

Es ist notwendig, sich einen genauen Überblick über die monatlichen Einnahmen und Ausgaben zu machen.

3. Die Ratenhöhe

Es sollte überlegt werden, wie hoch die monatliche Rate sein kann.

4. Sicherheit

Es sollte überlegt werden, welche Sicherheiten man der Bank anbieten kann.

5. Informieren

Vor dem ersten Kontakt mit dem Anbieter sollten Informationen zum angestrebten Kredit eingeholt werden. Diese werden u. a. von der Stiftung Warentest und den Verbraucherzentralen zur Verfügung gestellt.

6. Termin vereinbaren

Beim Vereinbaren eines Termins bei der Bank sollte gefragt werden, welche Unterlagen mitgebracht werden sollen.

---

1. Stelle die Rollen der Geschäftspartner beim Kreditgeschäft dar.

2. Nenne die wichtigsten Punkte des Weges zum Kredit.

3. Erläutere denkbare Folgen für den Kreditnehmer, sollte die Planung nicht sorgfältig erfolgen.

Voraussetzungen für die Kreditaufnahme

Nehmen wir noch einmal Familie Hermann in den Blick. Um einen Ratenkredit zu bekommen, muss sie eine Vielzahl an Informationen offenlegen. Trotz dieser Informationen, die von Familie Hermann freiwillig herausgegeben wurden, ist das Risiko eines Kreditausfalls, das heißt, dass sie den Kredit nicht bezahlen kann, für die Bank noch nicht genau genug einschätzbar.

Um weitere Informationen zu beschaffen, gibt es z. B. die SCHUFA (Schutzgemeinschaft für allgemeine Kreditsicherung). Hier kann sich das Kreditinstitut die fehlenden Informationen besorgen: Hatte der Kreditnehmer schon mal Schulden? Gibt es weitere Kreditverträge? Wurden frühere Kreditverträge fristgerecht zurückgezahlt? usw.

Die SCHUFA sammelt Daten zu abgeschlossenen Verträgen, Bankkonten, Anfragen, Krediten usw. und bewertet die <u>Bonität</u> von Verbrauchern sehr detailliert. In einem hoch komplexen Verfahren, in das übrigens auch statistische Rahmendaten zu Regionen und Stadtvierteln einfließen, wird aus dieser Datenflut tagesaktuell ein sogenannter Score-Wert berechnet.

Bei der Einschätzung des Risikos für den Ratenkredit von Familie Hermann liefert die Auskunft der SCHUFA die Informationen. Sie bilden die Grundlage für das Ratenkreditangebot. In der Vergangenheit nicht bezahlte Rechnungen oder Kredite können eine weitere Kreditaufnahme unmöglich machen.

Die beiden folgenden Punkte werden standardmäßig bei jeder Kreditanfrage an Kreditinstitute überprüft:

Kreditfähigkeit

Kreditfähig sind alle Privatpersonen, die rechtswirksam einen Kreditvertrag abschließen können; hierfür müssen sie mindestens 18 Jahre alt sein und damit voll geschäftsfähig.

Kreditwürdigkeit

Kreditwürdig sind Privatpersonen, wenn sie aufgrund ihrer Zahlungsfähigkeit (Bonität) den Verpflichtungen aus dem Kreditvertrag nachkommen können. Hier werden auch die „Vergangenheit" und die bisherige Zuverlässigkeit des zukünftigen Kreditnehmers geprüft und Auskünfte bei der SCHUFA eingeholt.

Bonität
Zahlungsfähigkeit

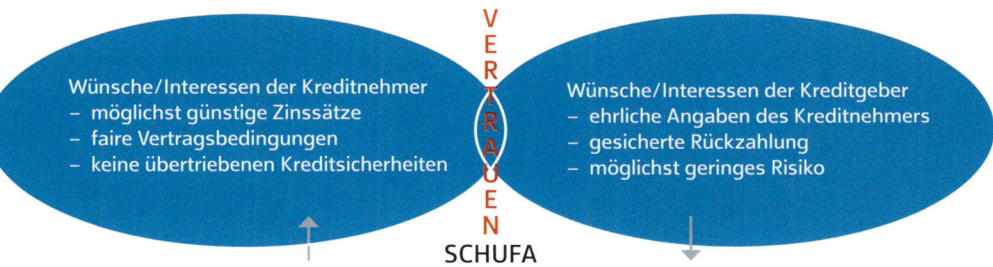

Überprüfung der Bonität von Verbrauchern und Unternehmen vor Vertragsabschlüssen

1. Beschreibe die Aufgaben der Schufa und vergleichbarer Unternehmen bei der Kreditaufnahme.

2. Arbeite die Informationen heraus, die für das Kreditscoring (Score-Wert) notwendig sind. Recherchiere hierzu auch im Internet.

3. Überprüfe, welche Schwierigkeiten bei der Vereinbarung von Kreditverträgen ohne die Schufa und vergleichbarer Unternehmen entstehen würden.

Der Dispositionskredit

Grundlagen des Dispositionskredites

B Erkan (18) hat die Rechnung für die Reparatur seines Autos von der Werkstatt bekommen. Die Rechnungssumme von 423 € übersteigt sein Guthaben auf dem Girokonto. Verschiedene Möglichkeiten kommen für den kurzfristigen Geldbedarf infrage, z. B. von den Eltern oder den Freunden leihen. Trotzdem informiert sich Erkan kurz bei seiner Bank über die Möglichkeiten, den Zeitraum zu überbrücken, bis wieder Lohn auf seinem Konto eingeht. ■

Typischerweise wird der „Dispo" für einen kurzfristigen und meist unerwarteten Kreditbedarf in Anspruch genommen. Er ermöglicht als sogenannter Überziehungskredit, das Girokonto im vereinbarten Rahmen zu belasten.

Voraussetzungen für den Dispositionskredit sind ein Girokonto, Volljährigkeit und regelmäßige Gehaltseingänge. Die Höhe des Dispositionskredits bewegt sich in der Regel bis zum Dreifachen des normalen Einkommens und wird bei Kontoeröffnung eingeräumt. Bis zu diesem genehmigten Kreditlimit fallen nur Zinszahlungen an, falls der Kredit in Anspruch genommen wird. Allerdings liegt der Zinssatz deutlich höher als bei einem Ratenkredit. Wird das Girokonto über das genehmigte Kreditlimit hinaus belastet, fallen noch höhere Zinskosten an, die Überziehungszinsen.

Merkmale des Dispokredites:

- sofort verfügbar
- keine feste Laufzeit
- finanzielle Engpässe können kurzfristig überbrückt werden
- bei Einkommenseingang verringert sich die Kreditsumme
- Dispozinssatz ist an das Girokonto gebunden
- flexibel einsetzbar

Der Dispositionskredit wird nicht für eine geplante Anschaffung eingesetzt. Er soll als Notnagel für kurze Phasen dienen, hauptsächlich bei überraschenden und ungeplanten Ereignissen, wie Reparaturen oder der Neuanschaffung von defekten Haushaltsgeräten.

Das Ziel jedes Verbrauchers sollte jedoch sein, möglichst ohne den Dispositionskredit auszukommen.

Die Kreditarten

nach

Laufzeit	Bereitstellung	Verwendungszweck	Sicherung
● Kurzfristige Kredite (3 – 6 Monate) Kontokorrentkredite Diskontkredite	● Bar- oder Buchkredite Persönliche Kleinkredite Kontokorrentkredite	● Produktivkredite Investitionskredite Betriebsmittelkredite	● Personal- oder Blankokredite ● Verstärkte Personalkredite
● Mittelfristige Kredite (bis zu 4 Jahren) Persönliche Kleinkredite Teilzahlungskredite	● Kreditleihe Akzeptkredite Avalkredite	● Konsumkredite	● Dinglich gesicherte Kredite Mobiliarpfandrecht Zession Sicherungsübereignung
● Langfristige Kredite (länger als 4 Jahre) Hypothekarkredite	● Warenkredite Lieferantenkredite	Persönliche Kleinkredite Anschaffungsdarlehen Teilzahlungskredite	● Realkredite Hypothek · Grundschuld

ZAHLENBILDER
463 810

© Erich Schmidt Verlag

---

1. ▋Beschreibe die Voraussetzungen für einen Dispositionskredit.

2. ▋Erkläre, für welche Situationen sich der Dispokredit eignet und für welche weniger. Denke auch an das Fallbeispiel Erkan.

3. ▋ Analysiere das Schaubild. Nach welchen Kriterien werden die Kreditarten unterschieden?

Kosten eines Dispositionskredites

Erkan möchte die Rechnung von der Auto-werkstatt in Höhe von 423 € begleichen. Sein Problem: Auf seinem Girokonto sind nur noch 100 € Guthaben und bis zur nächsten Lohn-zahlung sind es noch 14 Tage. Von seiner Bank erfährt er die momentane Höhe des Zinssatzes: 10,0 %.

Zinsformel

Beim Dispositionskredit kann sich die Kredit-summe täglich ändern. Deshalb rechnet die Bank auch täglich nach folgender Formel ab:

$$Zinskosten = \frac{K \cdot T}{360} \cdot \frac{p}{100}$$

Hinweis: Für die Berechnung setzen die Kre-ditinstitute der einfacheren Berechnung zu-liebe 1 Jahr mit 360 Tagen und jeden Monat mit 30 Zinstagen an.
Die Berechnung der Kosten des Dispokredi-tes bis zur nächsten Lohnzahlung:
voraussichtlicher Kreditbetrag: 323 €

$$Zinskosten = \frac{323 \text{ €} \cdot 14}{360} \cdot \frac{10}{100}$$

$$Zinskosten = 1,26 \text{ €}$$

Da Erkan wahrscheinlich für die 14 Tage ebenfalls noch Geld benötigt (ca. 200 €), pas-sen wir die vorläufigen Kosten an:

$$Zinskosten = \frac{523 \text{ €} \cdot 14}{360} \cdot \frac{10}{100}$$

$$Zinskosten = 2,03 \text{ €}$$

Der Dispositionskredit wird taggenau abge-rechnet. Nur der Betrag, mit dem das Giro-konto überzogen wird, fällt bei der Berech-nung an. Auf ein Jahr gerechnet können bei häufiger Nutzung des Dispokredits schnell höhere Kosten zusammenkommen.
Die große Gefahr liegt in der schleichenden und, oft unbemerkten, steigenden Kredit-höhe. Wer dauerhaft sein Girokonto im Dis-pokredit führt, zahlt unverhältnismäßig hohe Zinsen. Regelmäßig zur finanziellen Katas-trophe führen in dieser Situation unvorher-gesehene Vorkommnisse, wie z. B. der Ver-lust des Ausbildungs- bzw. Arbeitsplatzes und damit des regelmäßigen Einkommens.

Dispozinsen der überregionalen Banken mit den meisten Girokonten

Commerzbank	Deutsche Bank	Postbank	Targobank
9,25 bis 11,25 Prozent[2]	7,95 bis 10,95 Prozent[1]	9,08 bis 10,95 Prozent[2]	7,79 bis 12,75 Prozent[2]

1) Abhängig von der Bonität des Kunden.   2) Abhängig vom gewählten Kontomodell.   Stand: 1. Juli 2015

Grafik: Finanztest

---

1. Stelle die Vor- und Nachteile des Dispositionskredites dar.

2. Berechne die Kreditkosten für folgende Laufzeiten für den Betrag von 400 €:
   a) 40 Tage
   b) 120 Tage

3. Vergleiche die Kosten des Dispokredites (s. Aufgabe 2) mit den Kosten des Raten-kredites (S. 174).

4. Beschreibe mögliche Gefahren bei der unbedachten, regelmäßigen Nutzung des Dispokredites.

5. Arbeite die unterschiedliche Höhe der Dispokreditkosten aus der Grafik heraus. Er-läutere den Einfluss, den diese auf die Entscheidung für oder gegen eine Bank haben können.

Herausforderungen und Risiken der Kreditaufnahme

Das Beratungsgespräch

Jede Kreditaufnahme ist mit einigen Risiken verbunden:

Verlust des Überblicks über die eigenen finanziellen Verpflichtungen

unrealistische Einschätzung der eigenen finanziellen Lage

unkritischer Umgang mit den Angeboten und Empfehlungen der Kreditinstitute

RISIKEN

Unerwartete Ereignisse treten ein, z. B. Arbeitslosigkeit, Scheidung, Krankheiten

sorgloser Konsum statt Notgroschen für Reparaturen, defekte Geräte usw. anlegen

niedrige Monatsraten verursachen hohe Kreditkosten durch lange Laufzeiten

Wichtig ist es zu erkennen, dass es sich bei Banken um Unternehmen handelt, die Gewinn erzielen wollen.

Somit wird ein fest angestellter **Kundenberater** zunächst einmal die Interessen seines Arbeitgebers beachten. Er ist verpflichtet, die hauseigenen Produkte zu verkaufen. Außerdem sichert er mit dieser Maßnahme auch seinen eigenen Arbeitsplatz. Bei vielen Banken erhalten die Mitarbeiter auch Provisionen bei Verkauf der Produkte; die Provisionen sind in der Höhe auch dem Wert der verkauften Produkte angepasst. Dies bedeutet, dass ein Berater, der mehr verdienen möchte, vor allem mit hohen Provisionen bedachte Produkte an den Kunden verkaufen will. Ob bei dieser Art der Kundenberatung der Kunde auch optimal bedient und beraten wird, ist fraglich. Aus Kundensicht empfiehlt es sich auf jeden Fall mehrere Beratungen bei verschiedenen Anbietern in Anspruch zu nehmen sowie selber Informationen einzuholen, z. B auch bei Stiftung Warentest.

Provision
erfolgsabhängige Zahlung

Eine mögliche Alternative können **Kreditvermittler** darstellen. Sie sind nicht an die Produkte einer Bank gebunden und können sozusagen aus dem vollen Angebot vermitteln. Man muss sich hierbei im Klaren sein, dass die Kosten des Kreditvermittlers in das Darlehensangebot mit eingerechnet sind. Ob für den Kunden noch ein Vorteil übrig bleibt, lässt sich nur durch konkrete Angebote im Vergleich überprüfen.

Außerdem gibt es noch die Möglichkeit, sich von sogenannten unabhängigen **Honorarberatern** beraten zu lassen. Diese beraten im Gegensatz zu den vorgenannten Vermittlern nicht für Provision, sondern stellen für ihre Beratung ein vorher vereinbartes Honorar in Rechnung. Vorteil des Kunden soll hier die völlige Unabhängigkeit vom Verkauf eines bestimmten Produktes sein, angefangen bei der Beratung selbst, die die Interessen des Kunden in den Mittelpunkt stellt.

1. Nenne mögliche Risiken bei der Kreditaufnahme. Arbeite dabei denkbare Interessenkonflikte zwischen Beratern und Kunden heraus.

2. Diskutiere, ob es „gute" Kundenberatung geben kann.

3. Vergleiche die Vor- und Nachteile der verschiedenen Beratungsformen.

4. Vergleiche und bewerte alternative Formen der Kreditaufnahme, z. B. Crowdlending, Kredit von privat an privat über Online-Plattformen, z. B. auxmoney oder smava.

Risiken einer Verschuldung und Überschuldung

B Herr Lehmann ist geschieden und bewohnt eine kleine Zweizimmerwohnung. Er arbeitet in einer Druckerei als Druckformhersteller. Da er gut verdient, kauft er über einen Kredit in Höhe von 8.000 € einen Gebrauchtwagen. Er hat aber schon bei einem großen Möbelhändler einen Kundenkredit für einen Teil der Wohnungseinrichtung aufgenommen.

Kurze Zeit später meldet der Betrieb Insolvenz an und Herr Lehmann verliert seine Arbeit. Eine andere Stelle findet er nicht. Vom Arbeitslosengeld kann er seinen Lebensstandard nicht halten. Da Herr Lehmann keine Möglichkeit sieht zu sparen, bezahlt er die fälligen Kredite nicht und gerät mit der Miete in Rückstand. Mahnungen liest er nicht und merkt daher nicht, dass er über Verzugszinsen immer tiefer in die Schuldenfalle gerät. Die Wohnung wird ihm gekündigt, ebenso die Kredite, der Gerichtsvollzieher kommt zu ihm nach Hause. ■

Gründe für die Überschuldung

Herr Lehmann ist kein Einzelfall. Rund drei Millionen Bundesbürger sind überschuldet. Manche haben die Übersicht verloren und Bank- und Kundenkredite in Kaufhäusern aufgenommen, dazu den Dispokredit ausgeschöpft und nur noch mit Kreditkarten bezahlt. Sie haben die Gefahr nicht erkannt, die besteht, wenn man das Geld nicht in den Händen hält, sondern wenn bargeldlose Zahlungsströme fließen. Viele Haushalte sind auch überschuldet, weil eine Kreditrückzahlung durch z. B. Arbeitslosigkeit, Krankheit oder Scheidung nicht mehr möglich ist.

Verhalten bei Überschuldung

In Zeitungsanzeigen sind regelmäßig Umschuldungsangebote zu lesen. In ihnen wird Schuldnern angeboten, dass sie alle Schulden an ein Büro abtreten sollen. Häufig wird noch damit gelockt, dass ein weiterer Kredit gewährt würde. Abgesehen davon, dass durch die Zusammenfassung der Schulden an einer Stelle diese nicht weniger werden, müssen in der Regel an solche Anbieter weit höhere Zinsen bezahlt werden.

Statt auf solch zweifelhafte Angebote einzugehen, sollte man Schuldnerberatungsstellen aufsuchen. Diese gibt es in allen Städten und Kreisen. Träger können kommunale Verwaltungen, Wohlfahrtsverbände oder Verbraucherberatungsstellen sein. Sie beraten in finanziellen und rechtlichen Fragen beim Abbau von Schulden und untersuchen die Ursachen, die zur Überschuldung geführt haben.

Verschuldung oder Überschuldung

Verschuldung liegt immer vor, wenn ein Mensch Schulden hat. Überschuldung liegt hingegen nur dann vor, wenn der Haushalt trotz Einschränkungen seiner Lebenshaltung seinen Zahlungsverpflichtungen aus dem laufenden Einkommen nicht mehr vollständig nachkommen kann.

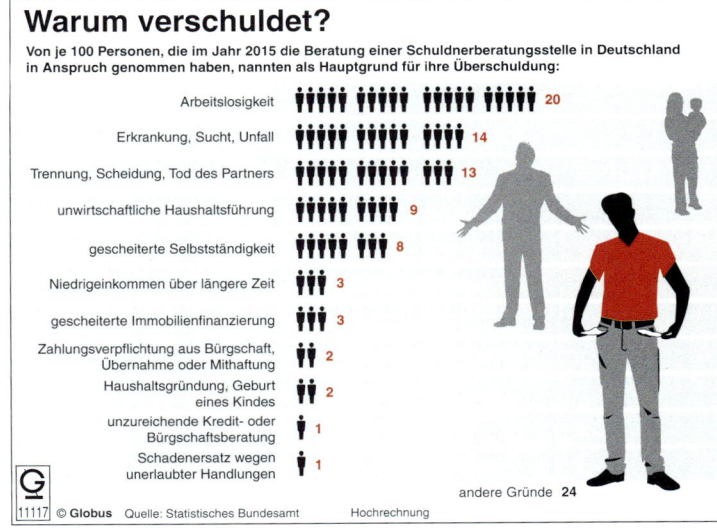

Warum verschuldet?

Von je 100 Personen, die im Jahr 2015 die Beratung einer Schuldnerberatungsstelle in Deutschland in Anspruch genommen haben, nannten als Hauptgrund für ihre Überschuldung:

Arbeitslosigkeit	20
Erkrankung, Sucht, Unfall	14
Trennung, Scheidung, Tod des Partners	13
unwirtschaftliche Haushaltsführung	9
gescheiterte Selbstständigkeit	8
Niedrigeinkommen über längere Zeit	3
gescheiterte Immobilienfinanzierung	3
Zahlungsverpflichtung aus Bürgschaft, Übernahme oder Mithaftung	2
Haushaltsgründung, Geburt eines Kindes	2
unzureichende Kredit- oder Bürgschaftsberatung	1
Schadenersatz wegen unerlaubter Handlungen	1
andere Gründe	24

G 11117 © Globus   Quelle: Statistisches Bundesamt   Hochrechnung

▶ Angebote zur 0-%-Finanzierung

0%-Finanzierung – ein Schnäppchen?

Wenn man der Werbung glauben dürfte, dann wäre man tatsächlich „blöd", wenn man nicht auf diese angeblich vorteilhaften Angebote eingehen würde. Besonders beliebt ist die 0%-Finanzierung für teure Produkte wie Autos, Küchen, Möbel und Elektronik.

Grundsätzlich gilt zunächst einmal wie bei allen Angeboten: Kein Anbieter hat etwas zu verschenken. Wird also dem Kunden versprochen, dass die Finanzierung nichts (0%) kostet, müssen die eigentlichen Kosten entweder beim Produktpreis eingerechnet sein oder mit zusätzlichen Leistungen verdient werden, die bei diesem Geschäft zusätzlich berechnet werden. Solche zusätzlichen Leistungen können z. B. Kontoführungsgebühren oder Restschuldversicherungen sein. Seit 2014 dürfen die Banken allerdings keine Gebühren mehr für die Kreditbearbeitung verlangen.

Bestandteile der 0%-Finanzierung

Bei einem Kauf mit 0%-Finanzierung schließt der Kunde auf einen Schlag zwei Verträge ab: zunächst einmal den Kaufvertrag für das Produkt und dann einen Ratenkreditvertrag bei einer Bank. Der Händler tritt hier als reiner Vermittler für den Ratenkreditvertrag auf.

Q Ein Beispiel aus einem Elektronikmarkt zeigt, wie aus einer Null-Prozent-Finanzierung ein Ratenkredit mit einem Zinssatz von 15 Pro-

zent werden kann. Herr L. möchte einen Computer für 1.000 Euro in zehn Monatsraten zu 100 Euro abbezahlen. Stattdessen werden aber nur 30 Euro monatlich abgebucht. Nach zehn Monaten sind von 1.000 Euro also erst 300 Euro abgezahlt. Für die restlichen 700 Euro verlangt die Bank ab dem elften Monat einen Zins von 15 Prozent – mehr als beim durchschnittlichen Dispokredit auf dem Girokonto. ■

B **Tipps der Verbraucherzentrale:**

1. Preise vergleichen:
0 % Finanzierung bedeutet nicht, dass ein Produkt günstig ist. Häufig bekommt man es in einem anderen Geschäft billiger.

2. Nachfragen:
Fragen Sie ausdrücklich nach, ob die Kaufsumme nach Ablauf der vereinbarten Laufzeit tatsächlich komplett und zu 0 % Zinsen abbezahlt ist.

3. Durchlesen:
Nehmen Sie den Vertrag mit nach Hause und studieren Sie ihn gründlich. Unterschreiben Sie erst, wenn Sie keine zweifelhaften Details mehr entdecken.

4. Nicht drängen lassen:
Seien Sie besonders vorsichtig, wenn Sie das Gefühl haben, man wolle Sie zur Unterschrift drängen.

Quelle: NDR Markt: Die Tücken der Null-Prozent-Finanzierung. www.ndr.de/ratgeber/verbraucher/Die-Tuecken-der-Null-Prozent-Finanzierung ratenzahlung100. html, Zugriff 06.02.2017

5. Vorteile prüfen:
Prüfen Sie genau, ob eine 0%-Finanzierung tatsächlich Vorteile bringt. Wer das Geld für die monatlichen Raten nicht übrig hat und mit seinem Girokonto ins Minus gerät, muss extrem hohe Dispozinsen bezahlen.

6. Koppelgeschäfte erkennen:
Oft ist die 0%-Finanzierung an den Auftrag für eine Kreditkarte gekoppelt. Das ist zulässig, der Verkäufer muss aber darauf hinweisen.

7. Ärger um Gewährleistung vermeiden:
Ein gebührenfreier Ratenkauf muss auch dann abbezahlt werden, wenn das gekaufte Produkt beschädigt ist. In diesem Fall kann der Käufer nur bei einer Kreditfinanzierung mit Zinskosten vom Kaufvertrag und vom Darlehensvertrag zurücktreten und muss die Raten nicht weiter abbezahlen. ◼

Im Test: „SCHUFA-freie" Kredite

Im Jahr 2012 wurde im Auftrag der SCHUFA eine weitere Studie zum Thema SCHUFA-freie Kredite durchgeführt. Im Verlauf der Studie wurden 177 Kreditanfragen bei Anbietern von SCHUFA-freien Krediten abgegeben. Es wäre jedoch nur in zwei Fällen tatsächlich zum Kreditangebot gekommen.

Abzocke statt Kredite
Vorsicht vor unseriösen „SCHUFA-freien" Angeboten

Trotz 177 Testanfragen bei diversen Anbietern...
... wäre es nur in zwei Fällen tatsächlich zu einer Kreditgewährung gekommen.

Trotz der sehr geringen Vermittlungsquote werden für fast alle „SCHUFA-freien" Kreditangebote teure Vorabgebühren verlangt, sinnlose Beratungsverträge verkauft und unsinnige Versicherungen angeboten.

Indizien für unseriöse Angebote
- Vorabgebühren werden erhoben und Vertragsunterlagen per Nachnahme verschickt.
- Angebot von unsinnigen Versicherungen und gefährlichen Beteiligungen
- sinnlose Beratungsverträge werden verkauft
- Auslagen werden geltend gemacht, aber nicht nachgewiesen
- teure Beratungshotlines müssen genutzt werden
- unnötige und teure Hausbesuche werden angeboten
- Kreditsuchende werden mit Finanzsanierungsangeboten getäuscht
- Überschuldeten wird eine Insolvenzberatung durch nicht befugte Anbieter versprochen.

Quelle: nach Maltry/ Grote aus der Studie „SCHUFA-freie" Kredite 2012

1. Stelle die Vor- und Nachteile einer 0%-Finanzierung mithilfe des Fallbeispiels dar.
2. Beschreibe die Vorteile, die jeweils der Händler bzw. die Bank durch die 0%-Finanzierung hat.
3. Nenne die Tipps der Verbraucherzentrale. Welche Punkte gilt es besonders zu berücksichtigen?
4. Was versteht man unter SCHUFA-freien Krediten?
5. Recherchiere im Internet nach entsprechenden Angeboten.
6. Analysiere den Text „Abzocke statt Kredit". Beurteile das Ergebnis der Studie.
7. Erläutere die Hinweise für unseriöse Kreditangebote.

▶ Diskussion

Wirtschaftliches Handeln unter der Lupe
Beispiel Kreditnehmer

Der Fall:

Beispiele für moralische Probleme und Konflikte im Wirtschaftsgeschehen findet ihr auf den Seiten 26-29, 96-97 und 114-115.

Quelle: Stiftung Warentest, www.test.de/Kreditberatung-Die-Kreditversager-4374697–0/, Zugriff 06.02.2017

Europäische Standardinformation:
Das Formular soll einen Überblick über die wichtigsten Bedingungen des Kreditvertrags geben und muss die folgenden wichtigen Informationen enthalten: Betrag und Kosten des Kredits, effektiver Jahreszins, einmalig und laufend verrechnete Kosten, Laufzeit, Anzahl und Häufigkeit der Ratenzahlungen, verlangte Sicherheiten (zum Beispiel Versicherung) und Hinweise auf wichtige rechtliche Fragen (zum Beispiel Widerrufsrecht).

Q **Kreditberatung: Die Kreditversager**

Kreditkunden sollten vor dem Vertrag Preis und Leistung vergleichen – genau wie beim Waschmaschinenkauf. Doch wer das tut, hat oft den Schaden. Die Finanztest-Experten waren bestürzt, wie schlecht ihre Tester von den Banken beraten wurden. Für die Untersuchung haben 23 kreditwürdige Männer und Frauen bei zwölf Banken jeweils fünf Gespräche geführt. Sie sollten testen, wie sie beraten werden, wenn sie ein Angebot für einen Kredit über 4.000 Euro haben wollen. Keine der getesteten Filialbanken erfüllte die Aufgabe. [...] Vor allem zwei Verfehlungen haben die Tester erschreckt: Den Kreditangeboten fehlten oft die gesetzlich vorgeschriebenen Informationen, die dem Kunden einen übersichtlichen Vergleich verschiedener Angebote ermöglichen. Außerdem beschädigten einige Bankberater mittelfristig die gute Kreditwürdigkeit der Tester durch falsche Einträge bei der Schufa, der Schutzgemeinschaft für allgemeine Kreditsicherung. ■

Bei Beratungsgesprächen treten immer zwei Probleme auf:

1. Die Anbieter und Nachfrager haben gemeinsame, allerdings auch **unterschied-**

liche Interessen und Ziele. Beim Kreditgeschäft möchten einerseits beide einen Vertrag abschließen. Andererseits wollen die Anbieter möglichst viel verdienen, und der Bankberater will erfolgreich sein, während die Nachfrager die Kosten und Risiken so gering wie möglich halten wollen.

2. Die **Informationen sind unterschiedlich verteilt**. Der Anbieter weiß alles zu den Kosten und Risiken des Kredites, während der Nachfrager in den meisten Fällen nicht alle Punkte überblicken kann.

Ganz grundsätzlich lässt sich an diesen Ausgangsbedingungen nichts ändern. Und so stellt sich die Frage: Wie können unzureichende Beratungsgespräch verhindert werden? Heute muss zu jedem Kreditangebot die „Europäische Standardinformation für Verbraucherkredite" individuell für den Kunden ausgefüllt und ihm ausgehändigt werden. Damit soll der Vergleich von Kreditangeboten erleichtert werden. Das passiert aber nicht immer bzw. reicht offensichtlich nicht aus (s. Fallbeispiel).

Zudem gibt es mittlerweile auch Vergleichsportale im Internet, die man zur Suche nutzen kann. Doch ist immer klar, wie gut deren Informationen sind?

Die Analyse

Manchmal erscheint die Lösung eines solchen Problems sehr einfach. Doch schon beim zweiten Blick merkt man, dass vieles oft komplizierter ist. Deshalb ist es notwendig, sich mit einem solchen Problemfall in mehreren Schritten auseinanderzusetzen. Dabei soll folgende Vorgehensweise helfen.

	**1. Welches Problem ist gegeben?** *Fragen, die helfen können …:* – Was verursacht die Probleme, die zu lösen sind? – Warum muss nach einer Lösung gesucht werden? – Ist das Problem auf Deutschland begrenzt oder international bedeutsam? – …
	**2. Wer ist beteiligt oder betroffen?** *Fragen, die helfen können …:* – Wodurch oder durch wen wird das Problem verursacht? – Wer muss mit den Folgen des Problems umgehen? – Sind bestimmte Bevölkerungsgruppen besonders betroffen? – …
	**3. Welche Ziele verfolgen die Beteiligten/Betroffenen?** *Fragen, die helfen können …:* – Wem nutzt die derzeitige Situation? – Wer hat das Interesse, etwas zu ändern und warum? – Gibt es Ziele, die alle miteinander teilen? – Wo treten Konflikte auf und kommt es zu Streit? – …
	4. Welche Lösungsmöglichkeiten sind denkbar? *Fragen, die helfen können …:* – Müssen die Lösungen a) beim Einzelnen, b) beim Unternehmen oder c) beim Staat ansetzen? – Gibt es schon Lösungsansätze und was wird diskutiert? – Können die Beteiligten das Problem selbst lösen oder muss der Staat Regeln setzen? Wenn ja, warum? – Welche Lösung scheint euch am angemessensten und sinnvollsten zu sein? – …

1. Analysiert den Problemfall „Kredit-Beratungsgespräch" mithilfe des Analyserasters und weiterer Informationsrecherchen in Kleingruppen.

2. Vergleicht anschließend eure Ergebnisse und diskutiert vor allem die von euch als sinnvoll erachteten Lösungsvorschläge.

3. Überprüft, ob es mittlerweile staatliche Regelungen gibt und wie diese aussehen.

Die Verschuldung Jugendlicher

Q **FÜR DIESE DINGE VERSCHULDEN SICH JUGENDLICHE**

Jugendliche und junge Erwachsene leihen sich öfter und mehr Geld. Doch das erste Auto oder schicke Kleidung sind kein Grund mehr für die Schulden. Die Top-Plätze haben inzwischen andere eingenommen.

Nach: Für diese Dinge verschulden sich Jugendliche, www.welt.de/finanzen/verbraucher/article144339461/Fuer-diese-Dinge-verschulden-sich-Jugendliche.html, Zugriff 06.02.2017

Junge Leute machen heute öfter Schulden als noch vor drei Jahren. Knapp jeder Dritte (31 Prozent) der 14- bis 24-jährigen hat schon einmal Schulden gemacht. [...]
Der Kauf technischer Geräte ist der Top-Grund für Schulden. Die Anschaffung des Smartphones bildet oft den Anfang der Verschuldung. [...] ■

Für Smartphone und Co. verschulden sich immer mehr Jugendliche. Die folgenden Tabellen zeigen die Gründe für Jugendliche, Schulden zu machen (in Prozent und Nennung ab 1 %).

	2012	%	
1	Technische Geräte	4	
2	Auto kaufen	3	
3	Lebensunterhalt	2	
4	Ausbildung/Lehre/Schule	2	
5	Kleidung/Schmuck	2	
6	Reisen/Urlaub	1	
7	Essen/Trinken	2	
8	Telefon-/Handyrechnung	1	
9	Immobilien	1	
	Sonstiges	4	
	keine Angabe	1	

	2015	%	
1	Technische Geräte	7	
2	Auto kaufen	5	
3	Lebensunterhalt	4	
4	Kleidung/Schmuck	3	
5	Essen/Trinken	2	
6	Luxusgüter kaufen	2	
7	Ausbildung/Lehre/Schule	2	
8	Immobilien	1	
9	Reisen/Urlaub	1	
	Sonstiges	4	
	keine Angabe	1	

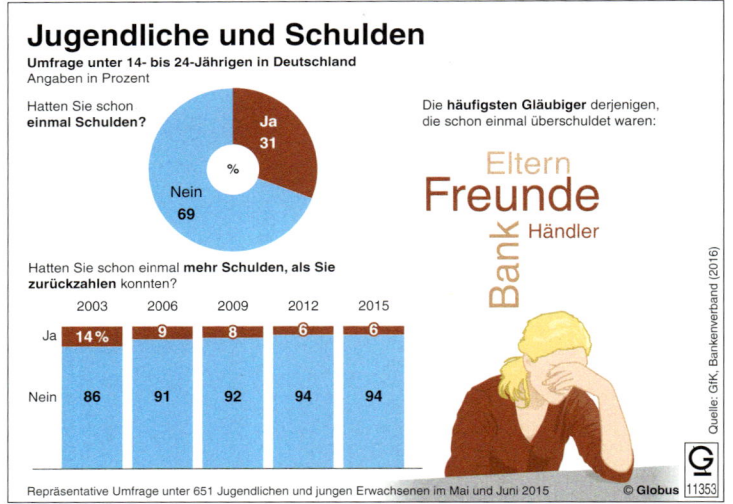

Jugendliche und Schulden
Umfrage unter 14- bis 24-Jährigen in Deutschland
Angaben in Prozent

Hatten Sie schon einmal **Schulden**?
Ja 31 %
Nein 69 %

Die **häufigsten Gläubiger** derjenigen, die schon einmal überschuldet waren:
Eltern Freunde Bank Händler

Hatten Sie schon einmal **mehr Schulden, als Sie zurückzahlen** konnten?

	2003	2006	2009	2012	2015
Ja	14 %	9	8	6	6
Nein	86	91	92	94	94

Quelle: GfK, Bankenverband (2016)

Repräsentative Umfrage unter 651 Jugendlichen und jungen Erwachsenen im Mai und Juni 2015   © Globus 11353

1. ▊ Analysiere das Schaubild und die Tabellen.

2. ▊ Stelle die Ursachen für die Verschuldung mithilfe der Tabellen dar.

3. ▊ Erläutere, warum Jugendliche heute mehr Schulden haben als früher.

4. ▊ Erörtere mögliche Vor- und Nachteile von Schulden.

5. ▊ Begründe, für welche Anschaffungen du dich verschulden würdest.

6. ▊ Gestalte einen Flyer für Jugendliche mit Empfehlungen bzw. Hinweisen, um der Verschuldung Jugendlicher vorzubeugen.

Das Verbraucherinsolvenzverfahren

Verbraucher, die in der Schuldenfalle gefangen sind, können mithilfe des Verbraucherinsolvenzverfahrens nach festgelegtem Ablauf ihre Schulden loswerden:

- Bevor ein Insolvenzverfahren und eine Restschuldbefreiung beim Amtsgericht beantragt werden können, muss der Schuldner beweisen, dass er versucht hat (z. B. mithilfe einer Schuldenberatungsstelle), einen „Schuldenbereinigungsplan" aufzustellen.
- Während einer sechs Jahre dauernden „Wohlverhaltensphase" muss der Schuldner den pfändbaren Teil seines Einkommens an einen Treuhänder abtreten, der das Geld an die Gläubiger verteilt.

Die Schuldner können ihre Restschuldbefreiung seit einer Anpassung der Insolvenzordnung (vom 01.07.2014) zusätzlich über folgende Wege erreichen:

- auf Antrag des Schuldners schon nach drei Jahren der Eröffnung des Insolvenzverfahrens, wenn 35 % der Schulden und die Verfahrenskosten bezahlt sind
- nach fünf Jahren, wenn zumindest die Verfahrenskosten bezahlt sind.

Diese gesetzliche Möglichkeit zeigt, dass in jedem Fall mit Krediten vorsichtig umgegangen werden muss, denn sechs Jahre „Wohlverhalten" sind eine lange Zeit.

Pfändung
Beschlagnahmung/ Abnahme von Gegenständen, um die Interessen von Gläubigern zu wahren

Gläubiger
derjenige, der etwas gegen Zinsen verleiht und Anrecht auf die festgelegten Zahlungen des Schuldners hat

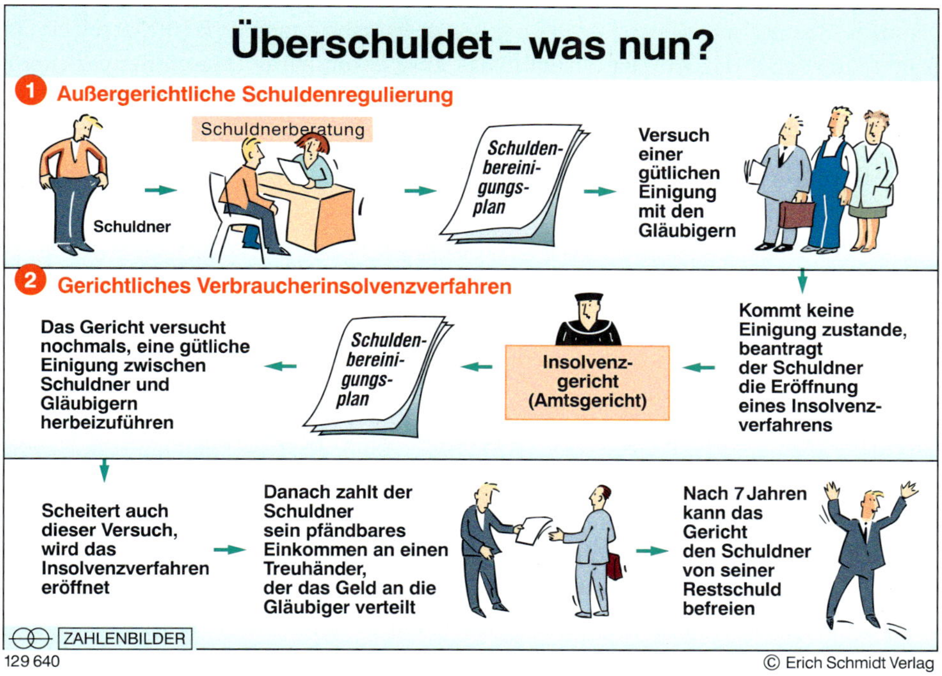

Überschuldet – was nun?

1. Außergerichtliche Schuldenregulierung
2. Gerichtliches Verbraucherinsolvenzverfahren

ZAHLENBILDER
129 640
© Erich Schmidt Verlag

1. Erkläre die einzelnen Schritte der Grafik oben zum Weg aus der Überschuldung.
2. Beschreibe die beiden neuen Wege zur Restschuldbefreiung.
3. Führe eine Expertenbefragung bei einer Schuldnerberatungsstelle durch. Lege dabei den Schwerpunkt auf das Thema „Jugendliche Schuldner".

▶ Rathaus von Ulm

▶ Maschinenfabrik Brenner

Volkswirtschaftliche Bedeutung der Kredite

Kredite haben ihre Bedeutung und Funktion sowohl bei den privaten Haushalten, den Unternehmen als auch beim Staat. Werfen wir einen Blick auf diese Akteure:

B Familie Hermann

ist euch schon von ihrem Autokauf bekannt. Der Autokauf wurde erst ermöglicht durch einen Ratenkredit. Außer diesem Ratenkredit bedient Familie Hermann seit vielen Jahren einen Immobilienkredit für ihr Eigenheim. Nur durch diesen war sie überhaupt in der Lage, ihren Traum vom eigenen Haus zu verwirklichen. ▪

B Autohaus Ehrlich

verkaufte Familie Hermann den Gebrauchtwagen. Herr Ehrlich ist mit der wirtschaftlichen Entwicklung sehr zufrieden. Er hat die letzten beiden Jahre mehr Gebrauchtwagen verkauft als er gehofft hatte. Durch den wirtschaftlichen Erfolg ermutigt, hat er sich entschlossen, einen Kredit beim örtlichen Kreditinstitut zu beantragen. Mit diesem Kredit möchte er seine Ausstellungsfläche erweitern. Außerdem hat Herr Ehrlich einen weiteren Autoverkäufer eingestellt. ▪

B Bauunternehmung Klotzen

hat vor einigen Jahren das Eigenheim von Familie Hermann gebaut. Herr Klotzen konnte durch den Bauboom der letzten Jahre sein Bauunternehmen Zug um Zug erweitern. Zeitweise musste er Aufträge ablehnen, da er über die nächsten zwei Jahre schon ausgebucht war. Mit einem Kredit vom örtlichen Kreditinstitut möchte Herr Klotzen den in die Jahre gekommenen Maschinenpark der Bauunternehmung modernisieren. Außerdem hat er in den letzten beiden Jahren vier weitere Mitarbeiter eingestellt. ▪

B Stadt/Bürgermeister

Herr Reder ist Bürgermeister. Er kann seit einigen Jahren endlich unverantwortliche Kredite seines Vorgängers abschreiben und damit Zug um Zug die Altlasten abbauen. Unter seiner Führung wurde in den letzten sechs Jahre die Schuldenlast der Stadt halbiert. Hierzu hat auch die wirtschaftlich gute Entwicklung der örtlichen Unternehmen beigetragen, die immer höhere Summen an Gewerbesteuer an die Stadtkasse zahlten, eine der wichtigsten Einnahmequellen der Stadt. ▪

B Das örtliche Kreditinstitut

verfügt über genügend Mittel, um Kredite an Kunden, z. B. Familie Hermann, Autohaus Ehrlich oder Bauunternehmung Klotzen, zu vergeben. Auch die Stadt hat hier noch Kredite laufen. ▪

B **Die örtliche Schule**

wurde seit 40 Jahren nicht mehr saniert bzw. modernisiert. Die Stadt hat beschlossen, die notwendigen Reparaturen in Angriff zu nehmen und mit der örtlichen Bank einen Kredit ausgehandelt sowie mit der Bauunternehmung Klotzen eine langfristige Bezahlung vereinbart. ■

B **Maschinenfabrik Brenner**

liefert den modernen Maschinenpark für die Fertigbetonteile, die Bauunternehmung Klotzen an vielen Neubauten, auch bei der Modernisierung der Schule verbaut. Herr Brenner vergrößert die Maschinenfabrik aufgrund der guten Verkaufszahlen und investiert mit einem Kredit des örtlichen Kreditinstitutes in einen neuen Standort, um neue Kunden zu gewinnen. ■

B **Land Baden-Württemberg/Bundesrepublik Deutschland**

Dem Land Baden-Württemberg, dem Bund und den Kommunen steht jeweils ein Teil der Einkommensteuer zu. Die Einkommensteuer ist eine Gemeinschaftssteuer, die auf das Einkommen erhoben wird. Herr Hermann, das Personal von Autohaus Ehrlich sowie Bauunternehmung Klotzen zahlen auf ihr Einkommen diese Steuer. Das Land Baden-Württemberg kann dieses Geld verwenden, um z. B. Straßen zu modernisieren oder Lehrer/innen und Polizist/innen einzustellen. Ebenfalls kann das Land Baden-Württemberg diese Zahlungen verwenden um die bestehenden Kredite zu bedienen. ■

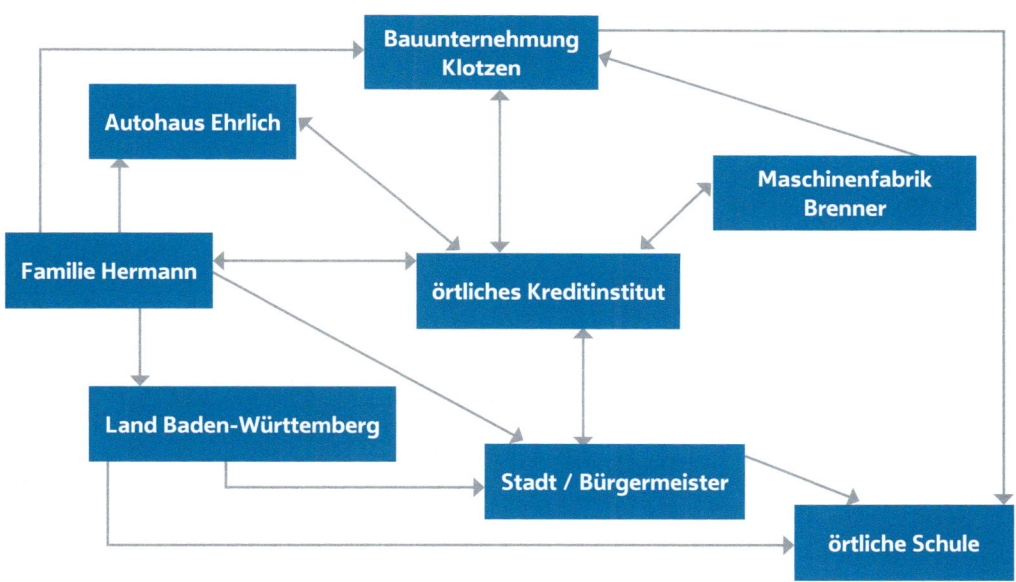

1. ▤ Erläutere die Motive der einzelnen Akteure.

2. ▤ Erkläre mithilfe der Grafik grob die wirtschaftlichen Beziehungen der verschiedenen Akteure. Welche Funktion haben in diesen Beziehungen die Kredite? Überlege dir mögliche Beschriftungen für die Pfeile.

3. ▤ Erläutere anhand des Gesamtzusammenhangs die Rolle von Krediten in der Volkswirtschaft. Überprüfe u. a., in welchen Bereichen Güter kaum ohne sie gekauft und verkauft werden könnten.

Jung und pleite – Gefangen in der Schuldenfalle ...

Zeitarbeit (auch Leiharbeit)
Zeitarbeitsfirmen vermitteln Arbeitnehmer für gewisse Zeiträume an Unternehmen, wenn diese einen zeitweilig größeren Bedarf an Arbeitskraft haben und keine Festanstellungen vornehmen wollen. Im Vergleich verdienen Zeitarbeiter weniger als diejenigen, die eine feste Stelle in einem Unternehmen haben.

Quelle nach Zentrale Schuldnerberatung Stuttgart: „Menschen hinter den Schulden" www.zsb-stuttgart.de/buch/, Zugriff 06.02.2017

Q HANNA S. BERICHTET

Nichts deutete darauf hin, dass ich einmal Schwierigkeiten im Umgang mit Geld bekommen würde. Schon als Schülerin habe ich mir Geld mit Nebenjobs dazu verdient. Nach dem Schulabschluss machte ich eine Ausbildung zur Altenpflegerin und verdiente dort [...] schließlich 1.000 € netto. Nach einem halben Jahr Arbeitslosigkeit fand ich Arbeit bei einem Zeitarbeitsunternehmen, zunächst in der Altenpflege, später in der Fabrik.

Kurz vor meinem 18. Geburtstag zog ich in meine erste eigene Wohnung. Damit musste ich Miete, Strom, Nebenkosten, Wasser, Müllgebühren und Ähnliches bezahlen. Für die Miete reichte es meistens gerade, aber am Ende des Monats war oft kein Geld mehr da. Zur selben Zeit war ich viel unterwegs [...].

Der sorglose Umgang mit meinem Handyvertrag und die explodierenden Kosten ließen mich den Überblick über meine Ausgaben verlieren und zwangen mich, mir von Freunden Geld zu leihen. Den Briefkasten habe ich zu dieser Zeit gar nicht mehr aufgemacht; er quoll über vor lauter Rechnungen und Mahnungen. Als ich schon keinen Ausweg mehr sah, wurde ich noch einmal arbeitslos und wandte mich in meiner Verzweiflung an die zentrale Schuldnerberatung Stuttgart. ■

Jugendliche haben Schulden bei
(Verbraucher bis 24 Jahre)

87 %	Onlinehändler
85 %	Telekommunikationsunternehmen
60 %	Fitnessstudios
60 %	Versandhändler
53 %	Internet-Serviceanbieter
40 %	Banken/Kreditinstitute
26 %	Vermieter
17 %	Energieversorger
13 %	Verwandte und Freunde
12 %	Arzt/Gesundheit
12 %	Sonstige Dienstleistungen
10 %	Einzelhandel/Warenhäuser
3 %	Behörden
1 %	Handwerker

© Bundesverband Deutscher Inkasso-Unternehmen e.V. Juni 2016

Gründe Jugendverschuldung
(Verbraucher 18 bis 24 Jahre)

78 %	schlechtes Vorbild des Elternhauses
78 %	zu hohe Konsumausgaben
66 %	zu wenig Eigenverantwortung
64 %	zu wenige Kenntnisse über vertragliche Verpflichtungen (z. B. Internetgeschäfte)
60 %	mangelnde Thematisierung des Umgangs mit Geld und Schulden in Schulen
47 %	zu wenige Kenntnisse über wirtschaftl. Zusammenhänge
42 %	zu früh Dispokredite eingeräumt
34 %	Arbeitslosigkeit/keine Lehrstelle
10 %	Löhne/Gehälter zu gering
8 %	schlechte Zukunftsperspektiven

© Bundesverband Deutscher Inkasso-Unternehmen e.V. Juni 2016

► Hanna S.

---

1. ▌ Beschreibe den Weg von Hanna S. in die Überschuldung.

2. ▌ Vergleiche Hannas genannten Gründe für die Überschuldung mit dem Schaubild „Gründe Jugendverschuldung".

3. ▌ Erläutere die in der Grafik „Jugendliche haben Schulden bei" aufgeführten Gläubiger.

▶ Finanzierungsangebot ▶ Einkauf mit Kreditkarte ▶ Handykauf

Marktentwicklung für Konsumkredite

Q **Europas Verbraucher schließen munter Kredite ab**

[...] Mal eben ein Handy kaufen, einen Fernseher oder ein Auto: Dafür nehmen Verbraucher wieder zunehmend Konsumkredite auf, sowohl in Europa wie auch in Deutschland. Ende 2015 haben die europäischen Verbraucher Konsumentenkredite im Volumen von 1.124 Milliarden Euro in Anspruch genommen. Das waren 3 Prozent mehr als im Vorjahr.

In Deutschland nahm das Volumen der in Anspruch genommenen Verbraucherkredite um ein Prozent auf 225 Milliarden Euro zu. Das ist das Ergebnis der regelmäßig von der französischen Bank Crédit Agricole erstellten Studie zum Verbraucherkredit in 28 europäischen Ländern.

[...] Das Jahr 2015 markiere einen Wendepunkt, lautete das Fazit der französischen Bank. Erstmals seit 2008 finanzierten die Verbraucher wieder mehr Konsumausgaben über Kredite. Als einen wichtigen Treiber hat die Studie das florierende Auto-Geschäft ausgemacht. Allerdings ist die Entwicklung keineswegs einheitlich. In einigen Ländern wurden sogar weniger Kredite abgeschlossen, allen voran Ungarn mit einem Minus von 17 Prozent.

[...]

Das zeigt, dass der Markt für Konsumkredite mit der realwirtschaftlichen Entwicklung in enger Wechselbeziehung steht. Die Nachfrage nach Konsumentenkrediten ist ein guter <u>Indikator</u> für die Stimmung der Verbraucher. ■

Selbstverständlich wird das individuelle Konsumverhalten der Verbraucher nicht nur von der konjunkturellen Entwicklung beeinflusst. Wichtig sind auch andere Faktoren, z. B. kulturelle, soziale, psychologische, finanzielle Möglichkeiten.

Quelle: FAZ, www.faz.net/ -hsn-8kqbf, Zugriff am 06.02.2017

Indikator:
Ein volkswirtschaftlicher Indikator ist eine Messgröße, die Aussagen über die wirtschaftliche Situation im Allgemeinen von Volkswirtschaften erlaubt.

---

4. Stelle die im Zeitungsartikel aufgeführte Marktentwicklung für Konsumkredite dar.

5. Bewerte die unterschiedliche Nachfrage nach Konsumkrediten in den europäischen Ländern. Recherchiert hierfür zusätzliche Informationen mithilfe des Internets.

6. Beurteile die Aussage, dass der Markt für Konsumentenkredite mit der realwirtschaftlichen Entwicklung in enger Wechselbeziehung steht.

Das Wichtigste in Kürze

Wenn das vorhandene Geld nicht reicht und Anschaffungen vorgezogen werden sollen oder müssen, besteht die Möglichkeit, Geld über einen Kredit zu leihen. Für das Leihen fallen Gebühren in Form von Zinsen an und die Rückzahlung der geliehenen Summe über den vereinbarten Zeitraum beim Ratenkredit und bis zum nächsten Gehaltseingang beim Dispositionskredit. Um einen Kredit zu bekommen, müssen Angebote eingeholt und verglichen werden. Außerdem muss die eigene Bonität überprüft werden um die Frage zu beantworten, ob man sich den Kredit leisten kann. Die sorgfältige Prüfung der eigenen finanziellen Lage, am besten mithilfe eines Haushaltsbuches, minimiert das Risiko der dauerhaften Überschuldung. Die Banken und Händler überlassen diese Prüfung der SCHUFA und vergleichbaren Unternehmen.

Besonders vorsichtig sollte man bei 0 %-Finanzierungen sein. Sie sind in den meisten Fällen Werbeaktionen, bei denen die Kreditkosten schon im Preis enthalten sind, bzw. über zusätzliche Kosten (z. B. Restschuldversicherung) bei Kreditaufnahme bezahlt werden.

Sollte die Überschuldung trotz aller Vorsicht eingetreten sein, bietet das Verbraucherinsolvenzverfahren einen möglichen Weg aus der „Schuldenfalle".

WICHTIGE BEGRIFFE	Ratenkredit	SCHUFA	Schulden
	Dispositionskredit	effektiver Zins	Überschuldung
	Kreditwürdigkeit	nominaler Zins	Verbraucherinsolvenz-
	Kreditfähigkeit	Bonität	verfahren

Kompetenzcheck

1. Erkläre, was Leihen ist.

2. Beschreibe grob Situationen, in denen ein Kredit die Lösung sein kann.

3. Erstelle einen Vergleich zwischen Dispositionskredit und Ratenkredit.

4. Nenne die wichtigsten Schritte auf dem Weg zum Kredit.

5. Arbeite die Aussagen aus folgenden Karikaturen heraus.

„Aber bei deinem Vermögensaufbau solltest du dich vielleicht beraten lassen..."

„Und wenn das Geld mal knapp wird, nehmen Sie einfach einen neuen Kredit auf..."

6. Gestalte ein Plakat über die Risiken bei der Kreditaufnahme.

7. Erkläre anhand eines Beispiels den Unterschied zwischen effektivem und nominalem Zinssatz.

8. Erläutere die Gründe, die gegen eine Kreditvergabe an einen Kunden sprechen.

9. Erkläre, woher das Geld für die Kredite kommt.

10. Kredite werden gegen Kreditsicherheiten vergeben. Diese können je nach Land und Region durchaus auch anders ausfallen als bei uns üblich. Vergleiche die hier aufgeführten.

Quelle: www.check24.de/konto-kredit/imgs/products/finance/infografik/kreditsicherheiten.jpg, Zugriff 28.06.2017

Top 10 der kuriosesten Kreditsicherheiten

Während deutsche Banken Verbraucherkredite üblicherweise durch eine Lohnpfändungsklausel, das Pfandrecht an Immobilien oder die Sicherungsübereignung von Fahrzeugen gegen einen möglichen Zahlungsausfall absichern, vergeben einige Institute weltweit ihre Darlehen gegen weitaus originelle Kreditsicherheiten. [...]

1. Bei einer „Kuh-Bank" in Simbabwe erhalten Bauern einen Kredit, wenn sie ihre **Kuh** bis zur Rückzahlung des Geldes als Sicherheit bei der Bank abgeben – schafft der Besitzer es nicht, das geliehene Geld zurückzuzahlen, behält die Bank das Tier. [...]

2. Als Sicherheit für einen Kredit akzeptierte die amerikanische Investmentbank Goldman Sachs von einem ehemaligen Mitarbeiter 15.000 Flaschen hochwertigen **Wein**es. [...]

3. Um sich Geld von der EZB zu leihen, bot eine spanische Bankia Kreditforderungen. Darunter [...]ein Kredit von knapp 80 Millionen Euro, den die [...] Caja Madrid für die Transferzahlungen von **Cristiano Ronaldo** [...] vergeben hatte.

4. Den möglichen Kreditausfall eines Kunden sicherte die russische OAG-Bank ab, indem sie mehr als 40.000 **Schweine** des Schuldners als Sicherheit in Beschlag nahm. So wollte die Bank einen Kredit in Höhe von 100 Millionen Rubel (ca. 1,3 Millionen Euro) gegen eine mögliche Zahlungsfähigkeit absichern.

5. Einzelne Banken in Norditalien akzeptieren **Parmesankäse** als Kreditsicherheit und ermöglichen es den Käseherstellern damit, während der zweijährigen Reifezeit des Traditionsproduktes liquide zu bleiben.

6. Wer bei einem Pfandhaus teuren **Schmuck**, Luxusuhren oder Edelmetalle als Sicherheit hinterlegt, erhält im Gegenzug einen Kredit. Dessen Höhe kann je nach Pfandhaus beispielsweise 50 Prozent des aktuellen Marktwertes betragen.

7. Einige deutsche Banken akzeptieren neben Immobilien und Fahrzeugen auch die **Wertpapierdepots** ihrer Kunden als Absicherung für Kredite. In diesem Fall erhält der Kunde einen bestimmten Anteil des aktuellen Kurswertes als Kredit [...].

8. An mehreren Orten in Deutschland kann man mit einer **Waffe** zu Geld kommen, ohne dabei eine Straftat zu begehen: Einige Pfandhäuser beleihen laut ihren Webseiten Waffen. [...]

9. In bestimmten Fällen akzeptieren Banken gute **Ideen** in Form von Patenten, Marken oder Lizenzen als Kreditsicherheiten. Hierzu übereignet ein Unternehmen einer Bank zum Beispiel eine Marke oder ein Patent als Sicherheit.

10. In Hannover ließ ein Autofahrer seine **Ehefrau** als Sicherheit in einem Tattoo-Studio zurück und erhielt im Gegenzug einen Kredit in Höhe von 60 Euro, mit dem er seine offene Tankrechnung begleichen konnte.

In diesem Kapitel setzt ihr euch u. a. mit den folgenden Fragen auseinander:

> Welche Hilfen stehen dir zur Verfügung und wie kannst du zur Vorbereitung deiner Entscheidung Arbeitsplätze näher untersuchen?
> Wie führst du erfolgreich eine Erkundung durch?

DER BERUFSWÄHLER II

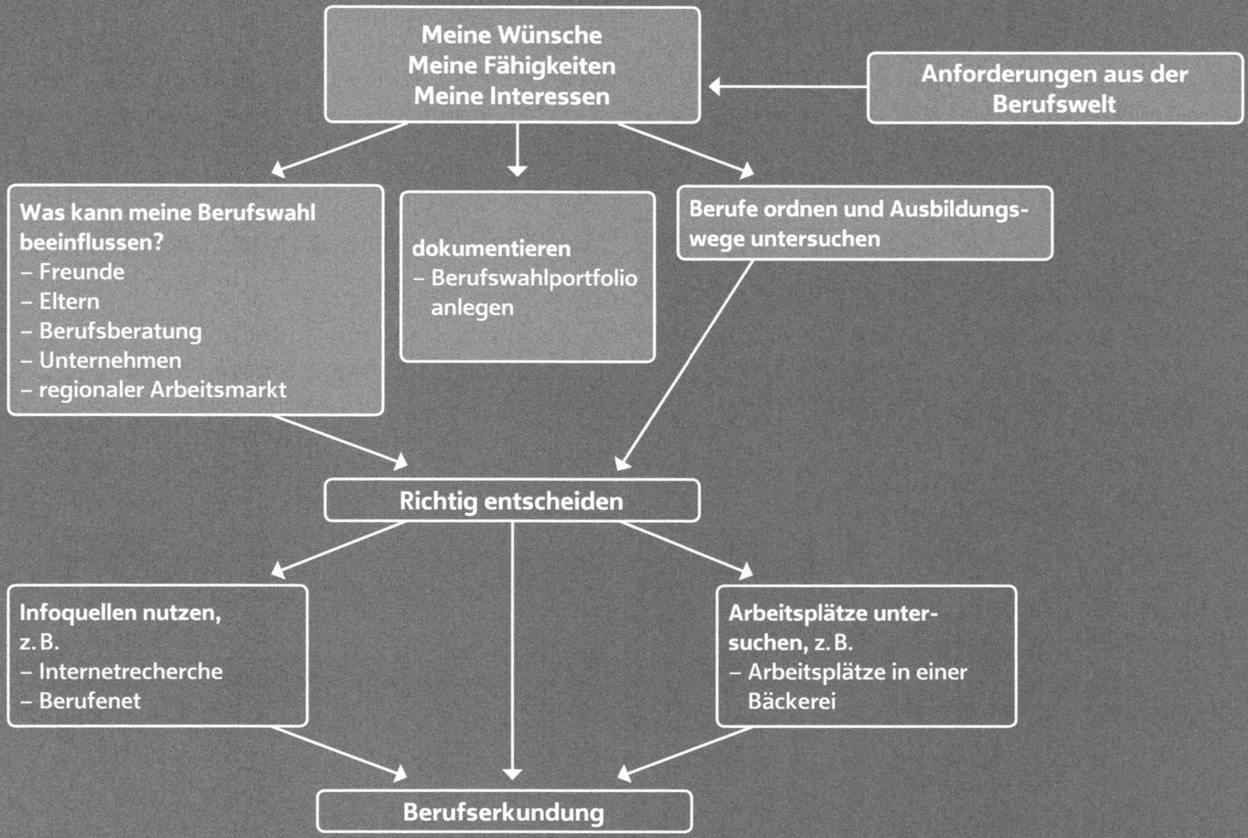

**Meine Wünsche
Meine Fähigkeiten
Meine Interessen**

Anforderungen aus der Berufswelt

Was kann meine Berufswahl beeinflussen?
– Freunde
– Eltern
– Berufsberatung
– Unternehmen
– regionaler Arbeitsmarkt

dokumentieren
– Berufswahlportfolio anlegen

Berufe ordnen und Ausbildungswege untersuchen

Richtig entscheiden

Infoquellen nutzen, z. B.
– Internetrecherche
– Berufenet

Arbeitsplätze untersuchen, z. B.
– Arbeitsplätze in einer Bäckerei

Berufserkundung

Richtig entscheiden: Berufsinformationen finden

Internetrecherche

Der einfachste Weg, schnell Informationen zu Berufen zu finden, sind die Internetrecherche und die Informationen durch „Berufenet". Die Bundesagentur für Arbeit bietet unter https://berufenet.arbeitsagentur.de aktuelle Informationen rund um euren Wunschberuf. Ihr könnt so im Internet alle Informationen zu den gewünschten Berufen und zur Ausbildung in den Berufen finden. Dabei ist es wichtig, auch Besonderheiten in der Region zu beachten. Ein Besuch im BIZ ist ebenfalls sinnvoll.

Berufenet
https://berufenet.
arbeitsagentur.de

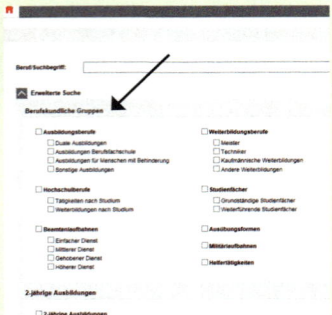

1. Klickt auf der Startseite der Arbeitsagentur auf „Berufenet".
   Du kannst hier auch nach „Berufskundlichen Gruppen" suchen und erhältst eine entsprechende Auswahl an Berufen.

2. Hier den gewünschten Beruf eingeben, z. B. Kfz-Mechatroniker, dann auf die Lupe klicken oder die Enter-Taste drücken.

3. Schon erscheint die Seite mit dem gewählten Beruf. Hier kannst du eine Kurzbeschreibung des Berufes und die Tätigkeitsinhalte anklicken. Suche nach typischen Branchen.

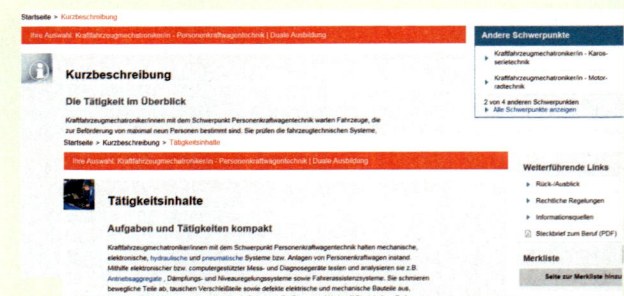

4. Weitere Felder lassen sich aufklappen, um noch mehr Infos zu erhalten.
   Ein Klick auf die einzelnen Links führt zu den Informationsseiten. Sie können über den „Druck-Button" ausgedruckt werden. Informiere dich z. B. über die rechtlichen Regelungen und den Verdienst.

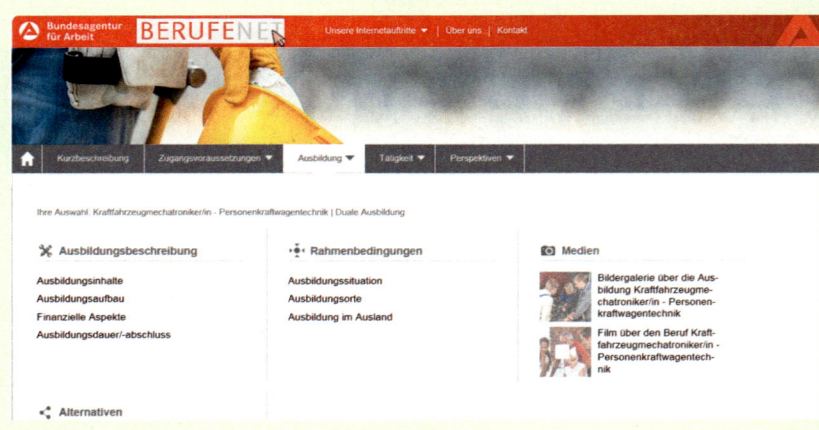

▶ Internetrecherche ▶ Infos zu Berufen ▶ zusätzliche Praktika

Erkundung mit „Berufenet"

Mit Sicherheit werdet ihr während eurer Schulzeit mit der Berufsberatung der Agentur für Arbeit zu tun haben, vor der ersten Begegnung könnt ihr aber schon Informationen mit „Berufenet" bekommen.
Die Suchwege bei „Berufenet" sind folgendermaßen gegliedert:
– Suche nach Berufen
– Suche nach berufskundlichen Gruppen
– Übersicht über 2-jährige Ausbildungen und Fortsetzungsberufe

1. Zur Vorbereitung der Arbeit mit „Berufenet"
– Legt eure Erkundungsschwerpunkte auf einem Erkundungsbogen fest.
– Welche Informationsmöglichkeiten bietet „Berufenet"? (Medien?)
– Wie sind die Informationsangebote zu handhaben und zu nutzen?
– Welche technischen Fertigkeiten müsst ihr beherrschen?
– Welche Berufe wollt ihr erkunden?
– Welche weiteren Fragen ergeben sich daraus für die Berufsberatung?

2. Durchführung
– Führt eine Recherche hinsichtlich der ausgewählten Berufe durch.
– Wertet die Ergebnisse aus.

– Diskutiert die Ergebnisse mit anderen Personen und wertet sie aus, z. B. auf einer Info-Wand oder in dem Berufswahlordner.

3. Auswertung der Erkundung in einer Abschlussdiskussion:
– Habt ihr eure Erkundungsziele alle erreicht? Wenn nicht, woran lag es? Nehmt den Erkundungsbogen dazu.
– Hat es Schwierigkeiten gegeben? Wie habt ihr euch dabei verhalten?
– Welche Erfahrungen haben Mitschüler gemacht?
– Welche Bedeutung haben die Informationen, die ihr zu euren Wunschberufen erhalten habt, für eure Berufswahl?
– Welche Bedeutung hat die Recherche für euer weiteres Berufswahlverhalten?

4. Entscheiden, den weiteren Weg planen
Wenn ihr festgestellt habt, in welche Richtung eure Interessen bei der Berufswahl gehen, könnt ihr anfangen, den weiteren Berufsweg zu planen.
– Welchen Schulabschluss muss ich erreichen?
– Sollte ich außerhalb der Schule noch Kurse belegen oder Aktivitäten starten?
– Sollte ich noch praktische Erfahrungen sammeln?
– Wo gibt es Ausbildungsmöglichkeiten für den Wunschberuf in der Region?
– Wann muss ich mich bewerben?

Erkundung eines BIZ

Der Kontakt mit der Berufsberatung wird über die Schule organisiert und dann steht auch der Besuch im Berufsinformationszentrum (BIZ) an.

Schritt ❶
Vorbereitung der Erkundung

1. Findet heraus, wo das für euch zuständige BIZ liegt. Wie kommt man am besten dorthin?
2. Erfragt, wer euer Ansprechpartner im BIZ ist. In der Regel ist es der Berufsberater der Schule.
3. Vereinbart einen Termin.
4. Legt eure Erkundungsschwerpunkte auf einem Erkundungsbogen fest, beispielsweise:
   - Welche Informationsmöglichkeiten bietet das BIZ?
   - Wie sind die Informationsangebote zu handhaben und zu nutzen?
   - Welche technischen Fertigkeiten müsst ihr beherrschen?
   - An welchen Berufen wollt ihr die Möglichkeiten, die das BIZ bietet, persönlich bzw. allgemein erproben? Schaut vorher in Berufenet.
   - Welche weiteren Fragen habt ihr an die Berufsberatung?

Schritt ❷
Durchführung der Erkundung

1. Den Berufsberater interviewen,
2. die Angebote des BIZ erklären lassen,
3. Erkundungen hinsichtlich der ausgewählten Berufe durchführen,
4. auch nach neuen, ungewöhnlichen Berufen fragen.
5. Welche Besonderheiten gibt es in der Region?

Schritt ❸
Auswertung der Erkundungsergebnisse

1. Ergebnisse diskutieren und auswerten, z.B. auf einer Info-Wand, durch den Entwurf eines Merkblattes „Tipps für den BIZ-Besuch".
2. Bewertung der Erkundung in einer Abschlussdiskussion:
   - Habt ihr eure Erkundungsziele erreicht? Wenn nicht, woran lag es? Nehmt die Erkundungsunterlagen dazu.
   - Hat es Schwierigkeiten gegeben? Wie habt ihr euch dabei verhalten?
   - Welche Bedeutung haben die Informationen, die jeder zu seinen Wunschberufen erhielt, für seine Berufswahl?
   - Welche Bedeutung hat der BIZ-Besuch auf euer weiteres Berufswahlverhalten?
   - Ist etwas unerwartetes dabei herausgekommen?

Schritt ❹
Den weiteren Weg planen

Wenn ihr festgestellt habt, in welche Richtung eure Interessen bei der Berufswahl gehen, könnt ihr anfangen, den weiteren Berufsweg zu planen.

- Welchen Schulabschluss muss ich erreichen?
- Sollte ich außerhalb der Schule noch Kurse belegen oder Aktivitäten starten?
- Wo gibt es Ausbildungsmöglichkeiten für den Wunschberuf in der Region?

▶ Girls' Day

▶ Boys' Day

Berufserkundung

Wenn ihr mit „Berufenet" und BIZ-Besuch einen Einblick in mögliche Berufe bekommen habt, ist es sinnvoll, sich einen Beruf genauer anzusehen, also zu erkunden. In vielen Schulen wird hierfür der „Girls'Day" und der „Boys'Day" (Zukunftstag) genutzt. Ihr könnt aber auch eine solche Erkundung als Hausaufgabe oder im Unterricht durchführen.

Schritt ❶
Vorbereitung

– Ihr müsst einen Betrieb finden, der euch die Möglichkeit gibt, einen Beruf genauer zu erkunden. Das erfordert Absprachen. Ein Brief der Schule oder auch persönliche Anfragen oder Kontakte könnte euch die Türen öffnen.
– Legt fest, was ihr über den Beruf erfahren wollt.
– Wie wollt ihr eure Erkundung dokumentieren und der Klasse präsentieren? Ihr müsst vor der Erkundung klären, ob ihr im Betrieb Fotos und Interviews machen dürft.

Schritt ❷
Durchführung

Achtet bei der Durchführung darauf, dass ihr pünktlich und höflich seid, dass ihr Material und Geräte dabeihabt und dass ihr nicht stört. Notiert euch alles und bedankt euch anschließend.

Schritt ❸
Auswertung

– Erstellt eine Präsentation des erkundeten Berufes nach Zeitvorgabe.
– Erstellt einen Stichwortzettel zum Beruf für die Mitschüler. Notiert darauf Tätigkeiten, Kompetenzen, erforderliche Ausbildung und Angaben zum Arbeitsplatz.
– Bewertet eure Erfahrungen mit der Erkundung.

Q BÄCKER/-INNEN

Tätigkeit: Bäcker/innen stellen Brot, Kleingebäck, Feinbackwaren, Torten und Desserts sowie Backwarensnacks her.

Bäcker/innen arbeiten sowohl im Nahrungsmittelhandwerk als auch in der Nahrungsmittelindustrie, z. B. in Großbäckereien. Beschäftigung finden sie darüber hinaus in Spezial- und Diät-Bäckereien sowie in der Gastronomie und im Cateringbereich.

Ausbildung: Bäcker/in ist ein anerkannter Ausbildungsberuf nach dem Berufsbildungsgesetz (BBiG) und der Handwerksordnung (HwO). Diese bundesweit geregelte 3-jährige Ausbildung wird in Industrie und Handwerk angeboten. ■

nach: http://berufe net.arbeitsagentur. de/ → Bäcker/-in, Zugriff 06.02.2017

▶ Lackierarbeiten

▶ Fehlersuche

Arbeitsplätze unter der Lupe

Arbeitsplätze in einer Kraftfahrzeugwerkstatt

Der Ausbildungsberuf Kraftfahrzeug-mechatroniker/in

Dieser Beruf ist in Deutschland bei vielen Jugendlichen noch immer der beliebteste aller Ausbildungsberufe. Ein Grund dafür ist, dass in Deutschland das Auto für Personen und Familien einen hohen Stellenwert besitzt. Es gibt in Deutschland ca. 42 Millionen Pkws.

Dies bedeutet auch, dass es „rund um das Auto" einen hohen Reparaturbedarf gibt und damit auch zahlreiche Reparaturwerkstätten. Die Automobilbranche gehört zu einer der wichtigsten Wirtschaftsbranchen in Deutschland. Man spricht davon, dass jeder siebte deutsche Beschäftigte in der Automobilbranche und in den davon abhängigen Wirtschaftsbereichen tätig ist.

Aufgaben und Tätigkeiten

B Herrn Meyer ist bei einer Stadtfahrt der Pkw stehen geblieben. Er ruft seine Werkstatt an und der Wagen wird abgeschleppt. Nun wird der Wagen unter die Lupe genommen. ■

Bei technischen Untersuchungen wird z. B. mithilfe einer Checkliste der Wagen nach dem aufgetretenen Fehler überprüft. Es werden Diagnosestände genutzt, es gibt besondere Prüfstände und Messgeräte für Motoren und Bremsen, die technischen Unterlagen müssen eingesehen werden. Man sucht nach Informationen des Herstellers aus dem Internet. Teile müssen aus- und eingebaut werden, wie z. B. undichte Kühler. Defekte Auspufftöpfe sind zu prüfen und evtl. auszutauschen und vieles mehr.

Aber auch solche Dienstleistungen sind erforderlich: Der Pkw ist winterfest zu machen, Winterreifen müssen aufgezogen werden.

Damit wird deutlich, dass es eine breite und anspruchsvolle Ausbildung gibt, die vor allem technisches Verständnis verlangt und Mathematik- und Physikkenntnisse erforderlich macht.

Die Ausbildung dauert 3 ½ Jahre. Du kannst aus verschiedenen Schwerpunkten auswählen: Karosserie, Nutzfahrzeug, Personenkraftwagen, Motorradtechnik oder System- und Hochvolttechnik.

Im Berufenet findest du dazu ausführliche Informationen.

▶ Fehlersuche

▶ Daten auswerten

▶ Diagnosestation

▶ Service

▶ Unterbodenschutz aufbringen

▶ Reifenlager

1. Benenne mithilfe von https://berufenet.arbeitsagentur.de oder „Beruf aktuell",
welche Fähigkeiten und Interessen man für die Ausbildung zum/zur Kfz-Mechatro-
niker/in braucht.

2. Ermittle die Fähigkeiten und Fertigkeiten für einen Beruf deiner Wahl.

3. Beschreibe mithilfe von https://berufenet.arbeitsagentur.de oder „Beruf aktuell"
die Arbeitsumgebung eines/einer Kfz-Mechatronikers/in.

Berufs- und Studienwahl – Zukunftswünsche gestalten

Wenn ihr eure Zukunftswünsche im Auge behalten wollt, müsst ihr ständig auf dem Laufenden sein und unterschiedliche Angebote zur Information nutzen. Die Region spielt dabei sicher eine wichtige Rolle, aber man sollte auch über die Region hinausblicken. Hier einige Beispiele um aktuelle Informationen zu nutzen.

Q 1. DER „BILDUNGSNAVI"

Der Bildungsnavi zeigt dir Bildungswege innerhalb des Schulsystems in Baden-Württemberg. Er bietet erste Orientierungen und führt die gängigsten Bildungswege zu deinem Wunschziel auf. Unter „Weitere Infos" findest du außerdem ergänzende Tipps zu Schule, Ausbildung und Studium.

Der Bildungsnavi ersetzt keine persönliche Beratung. Deswegen nutze auch die Beratungsmöglichkeiten an deiner Schule oder an einer der 19 Agenturen für Arbeit in Baden-Württemberg. ■

Du kannst deinen individuellen Berufswahlfahrplan erstellen und auch Dinge aus deiner Region erfahren.

Quelle zu 1:
www.bildungsnavi-bw.de, Zugriff 06.02.2017

Quelle zu 2:
www.arbeitsagentur.de, Zugriff 06.02.2017

Quelle zu 3:
www.coaching4future.de/index.php?id=225, Zugriff 06.02.2017

Q 2. BERUFSWAHLFAHRPLAN „ZIEH DEIN TICKET..."

Der Berufswahlfahrplan ist für Schülerinnen und Schüler in der Sekundarstufe I der allgemein bildenden Schulen. Er zeigt ihnen, wer sie auf dem Weg zum passenden Beruf begleitet und unterstützt und welche Aktivitäten dazu gehören. [...] ■

Q 3. DISCOVER INDUSTRY – CHANCEN | BERUFE | ZUKUNFT

Das Arbeiten in der Industrie ist monoton und öde und Ingenieure sind allesamt langweilige Nerds ... DISCOVER INDUSTRY räumt auf mit solchen Vorurteilen und beweist das Gegenteil: Das einzigartige Fahrzeug mit knapp 100 m² Ausstellungsfläche auf zwei Ebenen bringt die spannende Welt der Industrie direkt an Schulen in Baden-Württemberg. Dabei zeigen zwei junge Coaches – eine Physikerin und ein Ingenieur – den Jugendlichen, wie vielfältig Ingenieur- und andere MINT-Berufe sein können, welche attraktiven Chancen sie bieten und wie dabei der Arbeitsalltag aussieht. Und das ist alles andere als langweilig! ■

▸ Startseite des Bildungsnavi

INFO

Unter dieser Überschrift findest du im Netz viele Medien, die dir bei der Informationsbeschaffung weiterhelfen können:

Print- und Onlinemedien zur Berufsorientierung der Bundesagentur für Arbeit

Positivrekord

Im vergangenen Wintersemester gab es so viele Studenten wie nie zuvor an deutschen Hochschulen. 2,7 Millionen waren 2014/15 immatrikuliert. Laut Angaben des Statistischen Bundesamtes ist die Zahl der Studierenden im Laufe der vergangenen zehn Jahre um mehr als ein Drittel gestiegen. Im Studienjahr 2014 sind eine halbe Million Studienanfänger registriert worden. Das ist ein leichter Rückgang im Vergleich zum Vorjahr. Grund ist das Abklingen des Effekts der doppelten Abiturjahrgänge. Die meisten Erstsemester haben sich übrigens in niedersächsischen und saarländischen Hochschulen eingeschrieben.

Negativrekord

Während Hochschulen sich über Studierende freuen, hat die Zahl unbesetzter Ausbildungsplätze 2014 einen neuen Höchststand erreicht. Das zeigt der aktuelle Berufsbildungsbericht der Bundesregierung. Für mehr als 37.000 betriebliche Ausbildungsstellen hat sich kein passender Azubi gefunden – das sind zehn Prozent mehr freie Stellen als im Jahr zuvor. Auch die Zahl neu abgeschlossener Ausbildungsverträge ging mit rund 520.000 etwas zurück. Hier ist ein Minus von 1,4 Prozent im Vergleich zu 2013 verzeichnet worden.

Quelle:
Karriere – Das Ratgebermagazin für Berufs- und Studienanfänger Abi 2015/16, S. 6

Q DER GOLDENE MITTELSTAND

Kleine und mittlere Betriebe, der sogenannte Mittelstand, bekommen weniger Bewerbungen als Großkonzerne. „Jeder stürzt sich auf Porsche & Co., aber wenige auf Mittelständler", sagt Hensgens. Das bedeutet, dass sich Bewerber hier gegen weniger Konkurrenten durchsetzen müssen.

Außer für Absolventen ergeben sich auch für Führungskräfte im Mittelstand 2015 großen Chancen, weiß Manfred Siebenlist: „Nächstes Jahr stehen zahlreiche Generationenwechsel in den Chefetagen an; viele Geschäftsführer gehen in Pension." Für Führungspositionen im Mittelstand eignen sich vor allem Manager aus anderen mittelständischen Unternehmen.

Kollegen aus Großkonzernen oder Unternehmensberater sind weniger gern gesehen. „Wer lebenslang im Konzern gearbeitet hat, wird sich in einem Familienunternehmen mit kleinen Hierarchien schwieriger zurecht finden", sagt Siebenlist. [...] ■

Quelle: nach www.wiwo.de/erfolg/jobsuche/neues-jahr-neues-glueck-sprungbrett-mittel-stand/11143376-2.html, Zugriff 06.02.2017

---

1. ▤ Recherchiert bei einer der auf diesen Seiten angegebenen Quellen und erstellt einen Vermerk für euer Berufswahlportfolio, inwiefern ihr diese Informationen nutzen wollt. Was spricht für eine Ausbildung?

2. ▤ Werte die „statistischen Daten" aus Positivrekord und Negativrekord aus und überlege, welche Konsequenzen du daraus für dich ziehen kannst.

3. ▤ Erkläre: Welche Gründe könnten dazu führen, eine Ausbildung oder ein duales Studium im Mittelstand zu absolvieren?

Angebot und Nachfrage – die Lage auf dem Ausbildungsmarkt

Die Ausbildungsplatzsuche habe ich mir wirklich leichter vorgestellt. Dabei steht mein Wunschberuf schon lange fest: Mechatroniker, am liebsten im Fahrzeugbau. Ich habe schon 45 Bewerbungen geschrieben, aber bislang nur Absagen bekommen. Zugegeben, meine Noten waren nicht ganz so gut, vor allem in Mathe. Vielleicht muss ich mich auch außerhalb meiner Region bewerben, eigentlich will ich das aber nicht.

In diesem Jahr gibt es zum sechsten Mal in Folge mehr unbesetzte Ausbildungsplätze als unversorgte Bewerber. Die Unternehmen haben in vielen Regionen zunehmend Rekrutierungsprobleme. Auch die mangelhafte Ausbildungsreife vieler Bewerber macht es den Unternehmen immer schwieriger, die angebotenen Stellen zu besetzen.

Wer die Zahlen auf dem Ausbildungsmarkt begrachtet, müsste meinen, dass es bei der Suche nach einem Ausbildungsplatz eigentlich keine großen Schwierigkeiten geben dürfte. Viele Unternehmen suchen händeringend qualifizierten Nachwuchs. Gleichzeitig finden viele Jugendliche keinen Ausbildungsplatz. Damit Bewerber/innen und Unternehmen zusammenfinden, müssen viele Punkte passen: die erforderlichen Qualifikationen, der Ausbildungsort, die Interessen der Bewerber/innen etc.

Der Chef eines großen Unternehmens kommt verstört nach Hause. „Manfred, was ist denn los?", fragt ihn seine Frau. „Ach weißt du, ich habe heute mal aus Spaß den Eignungstest für unsere Lehrlinge gemacht. Mensch, bin ich froh, dass ich schon Direktor bin!"

INFO

unversorgte Bewerber für Ausbildungsstellen: 20.550

unbesetzte Berufsausbildungsstellen: 43.478

1. Überlege, aus welchen Gründen viele Ausbildungsstellen unbesetzt bleiben, obwohl gleichzeitig viele Jugendliche Ausbildungsplätze suchen.
2. Überlege, was sich auf Seiten der Bewerberinnen und Bewerber sowie der Unternehmen ändern muss, damit mehr freie Ausbildungsplätze besetzt werden können.
3. Diskutiert die Problematik, die der abgedruckte Witz anspricht.

Im Folgenden findest du Beispiele von Stellenausschreibungen und Ausbildungsangeboten.

Ausbildung zur/zum Bankkauffrau/Bankkaufmann

Wir bieten

- praxisnahe und interessante Aufgaben in der Kundenbetreuung und -beratung
- attraktive Ausbildungsvergütung von durchschnittlich 800 Euro und zahlreiche Zusatzleistungen
- umfangreiche Schulungen durch interne Kurse sowie Verhaltens- und Verkaufstrainings
- zahlreiche Weiterbildungsmöglichkeiten und Aufstiegschancen

Was bringen Sie mit

- Kontaktfreude und Spaß am Umgang mit Menschen
- Kunden- und Serviceorientierung
- positive Einstellung zum Verkauf
- Kommunikationsvermögen, Teamfähigkeit
- freundliches, sicheres und offenes Auftreten
- Mittlere Reife, Realschulabschluss oder Abitur/Fachabitur

Wir freuen uns darauf, Sie kennenzulernen.

Ausbildung Heilerziehungspfleger/-in (staatlich anerkannt)

Wir bieten Ihnen:
- Fachpraxisplätze in unseren 17 verschiedenen Niederlassungen
- Schulische Ausbildung im Seminar (Fachschule für Sozialwesen)

Die fachpraktische Ausbildung gliedert sich in folgende Schwerpunkte:
- Heilerziehungspflegerische Praxis
- Pädagogik und Methodik
- Individuelle Projektphase

Im Rahmen Ihrer praktischen Ausbildung
- leben Sie in einer unserer 17 sozialtherapeutischen Wohngemeinschaften
- erfahren Sie die Vielfalt unserer 12 Werkstätten
- erweitern Sie das Erfahrungsfeld in Ihrer sozialen und personalen Kompetenz

Ihre Voraussetzungen:
Mittlere Reife und ein Jahr Praktikum im sozialen Bereich

Wir bieten außerdem die Möglichkeit, Vorpraktika für soziale Berufe oder Praktika im Rahmen eines freiwillig sozialen Jahres „FSJ" sowie den Bundesfreiwilligendienst bei uns zu leisten.

Wollen Sie uns kennenlernen und einen Weg mit uns gehen?-

Kollege gesucht! Du!

Wir sind ein expandierendes Unternehmen im Bereich der Elektroinstallation und suchen zum nächstmöglichen Eintrittstermin:

Elektromeister/Projektleiter (m/w)
Elektrohelfer (m/w)
4 Auszubildende Elektroniker (m/w)

Wir bieten:
Angenehmes Betriebsklima, leistungsgerechte Bezahlung, Aufstiegsmöglichkeiten

Wir erwarten:
Hohe Flexibilität, Zuverlässigkeit, Eigeninitiative, Verantwortungsbewusstsein

Sollten wir dein Interesse geweckt haben ...

Für unsere Filiale in Mannheim suchen wir
engagierte Verkäufer/-innen in Voll- und Teilzeit.

Als Verkäufer/-in unseres Spielwarenladens tragen Sie grundlegend zum Erfolg und zur Entwicklung unseres Unternehmens bei. Im direkten Kontakt sorgen Sie für Kundenbindung und prägen unser Unternehmensimage.

Ihr Tätigkeitsbereich umfasst folgende Aufgaben:

- Kunden empfangen und beraten
- auf Grundlage der Bedürfnisse Produkte empfehlen und deren Funktionen und Werte erklären
- den Verkauf abschließen
- Kassieren und Kontrolle der Kasse
- Warenannahme und Bestellung
- Inventur
- Pflege und Organisation des Ladens

Anforderungsprofil:
Wir suchen dynamische und motivierte Personen, die gerne verkaufen und im Team arbeiten und gut kommunizieren können.

Anforderungen:
- Mindestens ein Jahr Erfahrung im Verkauf und/oder in der Kundenberatung
- Ausbildung in den Bereichen Handel und Verkauf von Vorteil
- Ergebnisorientierte, dynamische Personen mit Eigeninitiative, die gerne verkaufen und im Team arbeiten
- Bereitschaft, Verantwortung zu übernehmen und die Unternehmensphilosophie zu verinnerlichen und zu vermitteln
- Flexibilität und Bereitschaft, zu Ladenöffnungszeiten zu arbeiten

1. Setz dich mit den Stellenanzeigen und Ausbildungsangeboten auseinander, indem du die folgenden Arbeitsaufträge bearbeitest.

a) Nenne die Berufe/Ausbildungswege, die jeweils angesprochen werden.

b) Notiere in Stichpunkten, was jeweils geboten wird und was man erwartet.

c) Vergleiche die Erwartungen in den Stellenanzeigen mit deinen eigenen Fähigkeiten und Wünschen.

▶ Berufsfeld Medien ▶ Betriebliche Ausbildung ▶ Berufsschule

Checkliste

Jetzt geht es darum, Berufe und Berufs- oder Ausbildungswege, die für dich infrage kommen, zu prüfen und alle Informationsmöglichkeiten zu nutzen. Außerdem solltest du für dich festhalten, was noch zu tun ist.

1. Wähle aus den Berufsfeldgruppen die Bereiche aus, die für dich am ehesten infrage kommen, und suche Berufe, die dazugehören.
2. Begründe, welchen Schulabschluss du anstrebst. Musst du noch etwas tun, um ihn zu erreichen?
3. Benenne Argumente für oder gegen eine betriebliche Ausbildung.
4. Wenn du eine duale Ausbildung planst, ermittle, wie der Berufsschulunterricht organisiert ist.
5. Prüfe anhand von „Beruf aktuell", ob es für die von dir gewünschten Berufe eine Stufenausbildung gibt.
6. Finde heraus, welche Betriebe in deiner Region Ausbildungsplätze anbieten, die für dich überhaupt in Betracht kommen. Sichere das Material über diese Betriebe in deinem Berufswahlordner.
7. Begründe, welche Personen, Institutionen oder Medien dir bei deiner Berufswahl helfen können. Schreibe zu nachfolgenden Möglichkeiten kurz auf, was du dir davon versprichst: Eltern, Berufstätige (Nachbarn, Bekannte, Handwerker, Ausbilder ...), Berufsberater, BIZ, Betriebe (Praktikum, Erkundung, Interview ...), Kammern, Innungen, Berufsschulen, Zeitungen, Zeitschriften, berufskundliche Filme, Internet, Freund/Freundin.
8. Wenn du ein Studium anstrebst, informiere dich über Studienmöglichkeiten.

Lehrstellenradar

Per App zum Ausbildungsplatz: Mit dem Lehrstellenradar kannst du dich schnell und unkompliziert über freie Lehrstellen und Praktikumsplätze in der Region informieren. Außerdem kannst du ein persönliches Profil erstellen. Gehen passende Angebote ein, wirst du informiert. Zudem werden bei aktiviertem Radar über die Kamera Lehrstellen im näheren Umkreis angezeigt. Interessante Lehrstellenangebote können per SMS, E-Mail oder Facebook weiterempfohlen werden.
Die App findest du bei Google Play oder im App Store unter dem Suchbegriff „Lehrstellenradar".

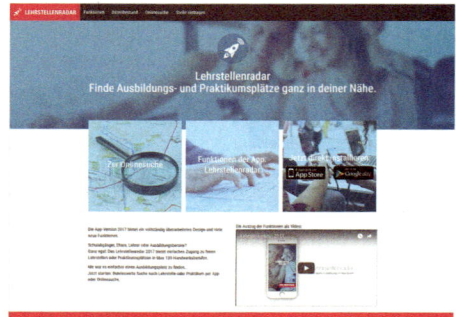

▶ www.lehrstellen-radar.de

▶ Praktika: Werkstätten, Kindergarten

Das Betriebspraktikum

Im Betriebspraktikum kann man nicht nur Informationen zur Berufswahl und zu den Aufgaben und der Organisation von Betrieben bekommen, sondern, was noch viel wichtiger ist, es können auch erste eigene betriebliche Erfahrungen gesammelt werden. Dabei darf man nicht außer Acht lassen, dass die Zufriedenheit von den Tätigkeiten abhängt, die man in einem Betrieb als Praktikant erledigen kann, aber auch von den Kolleginnen und Kollegen, denen man begegnet. In einer Rechtsanwaltskanzlei, in der Geheimhaltung, juristisches Fachwissen und selten praktische Arbeit gefordert ist, kann der Tag für einen Praktikanten sehr lang werden, während es in einem Kfz-Betrieb viele Aufgaben für Praktikanten geben kann.

Wie man mit den Mitarbeiterinnen und Mitarbeitern in einem Unternehmen auskommt, hängt einerseits von eurer eigenen Persönlichkeit und Bereitschaft ab, die Zeit des Praktikums intensiv für neue Erfahrungen zu nutzen, und andererseits davon, wie interessiert und hilfsbereit oder kommunikativ ihr seid und wie offen ihr für neue Erfahrungen seid.

Häufig hat man aber auch nicht den Wunsch-Praktikumsplatz gefunden, weil man sich zu spät gekümmert hat oder weil es in der Region keine oder wenige Angebote für den gewünschten Betrieb gibt.

Erfahrungen, die man für die künftige berufliche Orientierung sammeln kann:

– Wie geht man bei der Arbeitsplatzsuche vor, woran sollte man denken (Qualifikationen, Interesse, Ausbildungsweg ...)?
– Welche interessanten Betriebe gibt es in der Region, welche Berufe gibt es dort?
– Welche schulischen Voraussetzungen braucht man für die Berufe?
– **Achtung**: Ausbildung in einem Betrieb heißt nicht, dass man nach der Ausbildung dort auch weiter beschäftigt werden kann.
– **Achtung**: Die Tätigkeiten, die man als Praktikant ausführen kann, sind nicht unbedingt dieselben wie die, die man in diesem Beruf tatsächlich ausüben muss.

> **INFO**
>
> **So wirst du der perfekte Praktikant/die perfekte Praktikantin und was man alles über dich sagen könnte**
>
> Er/sie zeigt sich immer interessiert und stellt viele Fragen,
>
> ... hält sich immer an Anweisungen und Regeln,
>
> ... zeigt Freude und Begeisterung,
>
> ... erledigt auch gerne nicht so spannende Arbeiten,
>
> ... sucht sich selbstständig mit Absprache sinnvolle Aufgaben,
>
> ... fügt sich gut in den Kreis der Kollegen ein,
>
> ... ist immer zuverlässig und pünktlich,
>
> ... informiert den Praktikumsbetreuer über die Aufgaben aus der Schule und hält ihn über seine Projekte auf dem Laufenden.

▶ Praktikum: Werkstatt ...

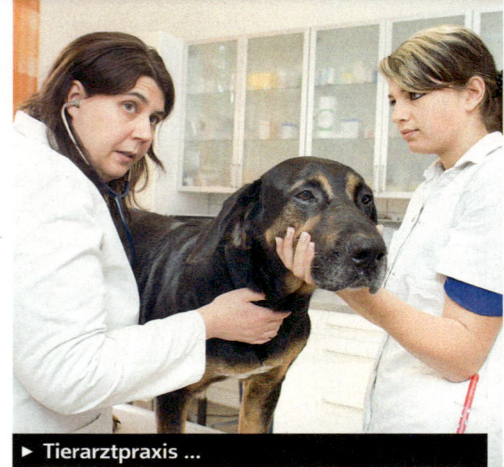

▶ Tierarztpraxis ...

Die Vorbereitung

1. Organisatorische Vorbereitungen

z. B. zu folgenden Fragen:

– Welche Praktikumsbetriebe stehen uns zur Verfügung?
– In welchen Praktikumsbetrieb wollen die einzelnen Schüler?
– Welche rechtlichen Gesichtspunkte sind vorher zu klären, z. B. Unfallverhütungsvorschriften?
– Wie verhalten wir uns in bestimmten schwierigen Situationen, wenn z. B. Probleme mit dem betrieblichen Betreuer, Konflikte mit den Betriebsangehörigen auftreten?

2. Vorbereitungen:

Über welche Arbeitstechniken müssen wir verfügen? (Z. B. Skizzen anfertigen, einen Arbeitsplatz beschreiben, ein Protokoll erstellen, einen Tagesbericht abfassen, ein Diagramm zeichnen, einen Produktionsablauf darstellen, eine Präsentation erstellen, z. B. PowerPoint.)

3. Inhaltliche Vorbereitungen:

Ohne ein Hintergrundwissen ist ein Betriebspraktikum nicht besonders ergiebig: Wer z. B. nichts mit den Begriffen „Absatz" oder „Aufbauorganisation" verbindet, wird im Betrieb

all die Dinge übersehen, die sich dahinter verbergen und ohne die Betriebsabläufe nicht verstanden werden können.

Außerdem zeigt das Wissen über bestimmte betriebliche Abläufe auch das Interesse der Schüler und auch, wie ernst die Schule die Vorbereitung nimmt.

Während des Praktikums, aber auch danach, müsst ihr damit rechnen, dass euch Lehrer/innen, Mitschüler/innen und Eltern Fragen zu eurem Praktikumsbetrieb stellen, z. B.:

– Wie lange besteht der Betrieb schon und welche Zukunft hat er?
– Wie haben sich in den letzten Jahren die Arbeitsplätze entwickelt?
– Was wird dort hergestellt, und wie wird es verkauft?
– Wie ist der Aufbau des Betriebs?
– Wie sieht der Herstellungsablauf aus?
– Welche Abteilungen gibt es?
– Was ist das Betriebsziel?

Das bedeutet für euch: Augen auf und nachfragen! Sonst könnt ihr nicht beurteilen, ob der Betrieb für eine spätere Bewerbung infrage kommt.

Ihr müsst auch darauf vorbereitet sein, Fragen zu eurer Schule zu beantworten.

▶ Praktika: Einzelhandel, Großküche, Büro, Kfz-Werkstatt

Im Praktikum

Wie erfolgreich dein Praktikum verläuft, hängt nicht nur von deinem Praktikumsbetrieb ab, sondern auch von dir selbst: Wie du in der Lage bist, dich in eine neue Situation einzufühlen; wie du lernst, mit anderen Menschen umzugehen und wie genau du beobachtest und Fragen stellst. Und natürlich auch, wie engagiert du die dir übertragenen Aufgaben erledigst. Denk daran, auch die Betriebsangehörigen müssen sich auf dich einstellen, denn auch für sie ist es keine alltägliche Situation, einen Praktikanten bei sich zu haben. Natürlich können auch mal Konflikte auftreten. Es ist wichtig, dass du dich in Konfliktsituationen richtig verhältst. Von deinem Verhalten kann es abhängen, ob der Betrieb auch weiterhin Praktikanten von eurer Schule aufnimmt.

Auswertung des Praktikums

Wer sich mit den Ergebnissen des Praktikums sorgfältig auseinandersetzen will, muss dessen Verlauf dokumentieren und die gesammelten Erfahrungen beurteilen.
Sehr verbreitet ist der Praktikumsbericht, obwohl viele Schüler darüber stöhnen und häufig nicht berichten, was sie getan haben, sondern „was sie hätten tun können". Aber es gibt keinen Zweifel: Der Wert des Praktikums wird davon beeinflusst, wie ernsthaft ihr euch damit auseinandersetzt, was ihr im Praktikum tatsächlich gesehen, erfahren, empfunden habt und welche Erkenntnisse sich daraus, auch im Hinblick auf eure Berufswahl, ergeben. Deshalb dürft ihr vom Beginn bis zum Ende des Praktikums die Präsentation oder Auswertung nicht aus den Augen verlieren.

1. ▌ Erstelle eine Praktikumspräsentation. Die nachfolgenden Methodenseiten helfen dir dabei.
2. ▌ Beurteile dein Praktikum rückwirkend. Gehe dabei u. a. auf folgende Punkte ein: positive Erfahrungen, schwierige Situationen, Arbeitsatmosphäre, Betreuung während des Praktikums, erfüllte bzw. nicht erfüllte Erwartungen. Analysiere auch, ob bzw. inwiefern das Praktikum Auswirkungen auf deinen momentanen Berufswunsch hat.

Die Praktikumspräsentation

Denkt daran, dass ihr den Praktikumsbetrieb auch vorstellen müsst. Sammelt während des Praktikums entsprechendes Material.
Damit sich jeder, der die Präsentation anschaut, eine Vorstellung vom Praktikumsbetrieb machen kann, solltet ihr auch seine Geschichte und die Entwicklung der Arbeitsplätze vorstellen.

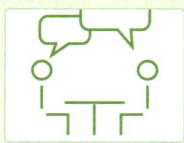

Schritt ❶
Überlegungen zur Vorbereitung

– Kann ich mit jemandem zusammenarbeiten? (gleicher Beruf/im selben Betrieb)
– Was kann ich an Medien und Materialien nutzen? (Fotos, Film, Prospekte, Muster, Skizzen …)
– Planung der Präsentation (Aufbau/Zeit, Technik, Zielgruppe)
– Was brauche ich an Materialien? (Karton/ Computer …)
– Was ist von der Schule für die Präsentation gefordert?

Schritt ❸
Präsentation

– Technik vorher prüfen
– Muss ich auf Erklärungen vorbereitet sein?
– Beim Vortrag: laut und deutlich sprechen, Gliederung beachten, Folien oder Beispiele zeigen,
– nach Rückmeldung fragen,
– bei einer „stummen" Ausstellung Fotos für die Mappe machen (beobachten, wie die Ausstellung ankommt/wie lange bleiben die Betrachter stehen?).
– Prospekte und Muster auslegen.

Schritt ❷
Erstellung der Präsentation

– Bei Fotos vorher fragen
– Zielgruppe beachten (für wen soll die Ausstellung sein? Eltern/jüngere Schüler/innen …),
– sauber und übersichtlich arbeiten (Überschriften hervorheben),
– nicht zu viele Texte (lange Texte vermeiden),
– Blickfänge schaffen (Muster/Modelle …)
– Ein Interview könnte viele Erkenntnisse bringen.
– Die Präsentation beim Lehrerbesuch besprechen.
– Was soll nach der Präsentation mit den Materialien passieren?

Viele weitere Möglichkeiten

Wandzeitung
- Material muss besorgt werden,
- es muss Material gesammelt werden (Fotos),
- alles muss gut lesbar sein, keine langen Texte schreiben,
- Blickfänge einfügen (Grafiken/Werkstücke/etwas Besonderes).

Werkstücke/Muster
- evtl. Werkstücke für die Präsentation erstellen oder aus dem Betrieb mitbringen,
- Arbeitsschritte durch Muster/Beispiele dokumentieren,
- Materialproben sammeln und beschriften.

Foto-Serie
- im Betrieb um Erlaubnis fragen,
- vorher eine Bildplanung erstellen,
- mehr Fotos erstellen als ihr braucht (Auswahl treffen),
  Gefahr: Die Foto-Serie darf die eigene Arbeit im Praktikum nicht beeinflussen!
- frühzeitig um den Ausdruck kümmern.

Interview
- Vorbereitung der Fragen und Absprache mit Befragten,
- auf Tonband oder schriftlich,
- deutlich sprechen,
- auf Antworten reagieren/eingehen,
- sich bedanken.

Prospekte/Informationsmaterialien nutzen
- Prospekte vor dem Abheften kommentieren oder beschriften,
- evtl. Collagen anfertigen (wichtig: keine weißen Flächen lassen),
- Grafiken mit Bildern aus Prospekten unterstützen.

Skizzen/Grafiken
- gut geeignet sind z. B. Arbeitsplatz-Skizzen, Grundrisse von Räumen mit Angaben von Geräten und Maschinen,
- Skizzen/Grafiken von Arbeitsabläufen (Arbeitsschritte),
- die Aufbauorganisation des Unternehmens als Grafik,
- seht euch Grafiken in Büchern an (wie sind sie gestaltet?),
- Grafiken über betriebliche Zusammenhänge (wer beliefert den Betrieb, woher kommen Materialien usw.),
- Grafiken über Ausbildungswege (Berufsberater/innen oder betriebliche Betreuer/innen können helfen).

Videofilm
- Technik planen und ausprobieren
- mit dem Betrieb absprechen, was aufgenommen werden darf,
- Erstellen eines Drehbuches, festlegen der Inhalte der einzelnen Szenen,
- überlegen, wie die Vorteile eines Videos, die Darstellung von Bewegungsabläufen wirkungsvoll genutzt werden können,
- vorbereiten von Texten, die zu den Szenen gesprochen werden,
- Probeszenen drehen,
- Schnitt einplanen.

Arbeitstechniken

Arbeitstechniken sind wichtig

In diesem Kapitel geht es darum, wie wir uns das Lernen erleichtern können und wie wir das Gelernte besser behalten können. Außerdem ist es erforderlich, sich die Arbeits- und Wirtschaftswelt auch außerhalb der Schule, direkt „vor Ort", anzusehen: z. B. einen Arbeitsplatz in einem Betrieb oder einer Behörde. Dabei werdet ihr Abläufe oder Vorgänge beobachten, Gespräche mit Experten führen, Materialien sammeln und vieles mehr. Dazu müsst ihr beispielsweise lernen, wie man ein Gespräch vorbereitet und protokolliert, wie man genau beobachtet und wie man die erhaltenen Informationen und das sonstige gesammelte Material auswertet.

Auch für schulisches Lernen benötigt man Handwerkszeug

Um eine Arbeitsaufgabe des Unterrichts bewältigen zu können, werden Arbeitsmittel, Arbeitstechniken und Wege für ein erfolgreiches Vorgehen benötigt. Ihr werdet mit Methoden arbeiten, die für einige von euch vielleicht bis jetzt noch neu sind, z. B. die Projektmethode, die Betriebserkundung, das Rollenspiel.

Methoden sind wie Werkzeuge, mit denen eine bestimmte Aufgabe bewältigt werden soll. Nicht alle Werkzeuge sind aber gleich gut für eine Aufgabe geeignet: Wer einen Nagel in die Wand schlagen will, nimmt dazu besser den Hammer und nicht eine Zange. Wer eine Person bei der Arbeit beobachten will, kann dies besser am Arbeitsplatz in einem Betrieb tun als sich im Schulbuch lediglich ein Foto anzuschauen. Das heißt: Die Werkzeuge, mit denen gearbeitet werden soll, sind daraufhin zu prüfen, ob sie für eine Aufgabe auch geeignet sind.

Diese Methoden sind manchmal auch mithilfe von vereinfachten Bildern (Piktogrammen) dargestellt. Solche Piktogramme sieht man z. B. in der Sportschau im Fernsehen. Mit ihrer Hilfe lässt sich schnell erkennen, um welche Sportart es sich handelt. Die Methoden-Piktogramme in diesem Buch sind etwas Ähnliches. Sie zeigen, welche wesentlichen Schritte eine Methode umfasst und was bei einem bestimmten Schritt getan werden kann. Natürlich kann man davon auch einmal abweichen, wenn es erforderlich ist.

Die Lernkartei

„Übung macht den Meister" – wie oft muss man diese Erfahrung machen. Das, was man neu gelernt hat, muss gelegentlich wiederholt und geübt werden, sonst ist es meistens schnell vergessen. Die Lernkartei ist eine Möglichkeit, die das verhindern soll. Sie kann für die Klasse erstellt werden, aber jeder kann sie auch für sich selbst anfertigen. Sie ist so etwas wie ein kleines Lexikon auf Karteikarten, das Schritt für Schritt ergänzt werden kann.

Wie lässt sich eine Lernkartei erstellen?

Schritt ❶
Begriffe sammeln

Ihr überlegt am Beispiel eines Kapitels im Schülerband, welche Begriffe und Sachzusammenhänge wichtig sind, und verfasst dazu einen kurzen Text für eine Karteikarte.

Schritt ❷
Karteikarten erstellen

Ihr schreibt auf die Vorderseite einer DIN-A7-Karte (halbe Postkartengröße) den Begriff und setzt auf die Rückseite die Begriffserklärung.

Schritt ❸
Begriffe besprechen

Besprecht eure selbst erstellten Begriffserläuterungen im Unterricht.

Schritt ❹
Begriffe ordnen

Um die Karteikarten immer wiederfinden zu können, gibt es zwei Ordnungsmöglichkeiten:

– Ihr ordnet eure Begriffe alphabetisch, wie z. B. Namen in einem Telefonbuch oder
– ihr nehmt die Themen dieses Schülerbandes als Gliederungspunkte.

Wie kann man mit einer Lernkartei arbeiten?

– Ihr könnt für euch allein bestimmte Begriffe einüben und mit Beispielen versehen.
– Im Unterricht fragt ein/e Schüler/in die Klasse drei Begriffe ab und lässt sie sich durch ein Beispiel erklären.
– Ihr könnt die Lernkartei bei den Hausarbeiten verwenden oder für die Vorbereitung eines Tests zur Übung und Wiederholung.

Wie werte ich Texte aus?

In diesem Buch werden euch viele Texte und Abbildungen aus Zeitschriften, Büchern usw. vorgestellt, die Informationen zum jeweiligen Thema enthalten. Wie müsst ihr vorgehen, um die nötigen Informationen herauszulesen?

Als Grundregel gilt: Lest den Text und die Aufgabe gründlich und schrittweise durch. Voraussetzung ist, dass ihr wisst, welche Fragen an den Text oder die Abbildung zu stellen sind. Das heißt, ihr müsst die Aufgaben oder Fragen genauso gründlich lesen wie den Text.

Schritt ❶
Was wird von euch gefordert?

Werdet euch über die Aufgaben-/Fragestellung klar.

Schritt ❹
Text in eigenen Worten formulieren

Fragt euch: Wie würde ich den Text einem anderen erzählen?

Schritt ❷
Klärung unklarer Begriffe

In manchen Texten tauchen Wörter auf, mit denen ihr nicht unbedingt vertraut seid. Wenn ihr einen Begriff nicht kennt, könnt ihr in einem Lexikon nachschlagen oder im Internet suchen. Einige wichtige Fachbegriffe werden auch im Glossar dieses Buches erläutert.

Schritt ❺
Lösung kontrollieren

Kontrolliert in der Klasse, ob der Text nachvollziehbar ausgewertet wurde.

Schritt ❸
Text erschließen

Lest den Text und stellt Fragen an den Text. Leitfragen, die nicht immer alle beantwortet werden können, sind:
– Wer berichtet?
– Worüber wird berichtet?
– Von wann ist der Text?
– Wo ist der Text erschienen?
– Was ist das Problem?
– Welche Lösung gibt es?

Die Internetrecherche

Das Internet bietet viele Möglichkeiten, schnell Informationen zu allen denkbaren Themen aus allen Teilen der Welt zu bekommen. Allerdings führt die unglaubliche Menge an Informationen auch dazu, dass das Internet als Dschungel erscheint, in dem man sich schnell verirren kann. Was sollte man beachten?

Schritt ❶
Vorbereitung

Bevor man startet, muss man sich darüber im Klaren sein, was man überhaupt genau sucht. Folgende Fragen helfen dabei:
– Zu welchem Schwerpunktthema sollen Informationen beschafft werden?
– In welche einzelnen Aspekte kann das Thema unterteilt werden?
– Wofür werden die Rechercheergebnisse benötigt?
– Welche Informationsquellen erscheinen für das angestrebte Ziel sinnvoll?

Gerade die letzten beiden Fragen sind wichtig, denn abhängig davon, was man am Ende mit der Information machen will (z. B. Nutzung in einem Referat, zur Vorbereitung einer Klausur, zur Erstellung eines Schülerzeitungsartikels), ist mal eher ein fachlicher Text, mal ein aktueller Zeitungsartikel, mal eine grafisch dargestellte Statistik usw. sinnvoll.

Schritt ❷
Durchführung

Sofern man die genaue Internetadresse des gesuchten Informationsanbieters nicht kennt, helfen Suchmaschinen, Übersicht im Internet zu erhalten. Mit ihnen kann man die vielen Millionen Seiten des Internets nach bestimmten Begriffen durchsuchen lassen und bekommt die Treffer übersichtlich angezeigt. Neben Suchmaschinen wie google, yahoo oder Bing gibt es auch Webseiten wie StartPage, die ein Maximum an Datenschutz beim Surfen versprechen. Keine von ihnen ist in der Lage, alle Seiten im Netz nach den gewünschten Inhalten zu durchsuchen.

Schritt ❸
Auswertung

Ganz wichtig ist es, dass man die im Internet gefundenen Informationen kritisch bewertet. Folgende Fragen sollte man klären, bevor man die gefundenen Informationen verwendet:
– Von wem kommt die Information und wie ist diese Quelle zu bewerten?
– Um welche Form der Information handelt es sich (z. B. Nachricht, Stellungnahme einer Institution, persönliche Bewertung)?
– Welche Interessen vertritt der Anbieter der Information allgemein?
– Glaubt nicht dem ersten Treffer!

Die Darstellung von Zahlen in Schaubildern, Diagrammen und Grafiken

In diesem Schulbuch werden viele Daten und Entwicklungen durch Zahlen vermittelt. Zahlen sind meist unanschaulich und unübersichtlich. Werden die Zahlen jedoch in Bilder, zum Beispiel in Diagramme, umgesetzt, sind Unterschiede und Entwicklungen sofort zu erkennen. Solche Schaubilder, Diagramme und Grafiken könnt ihr auch in den Tageszeitungen finden. Wichtig ist jedoch, sie richtig lesen zu können.

Beispiel 1:

Wie hat sich der durchschnittliche Jahresurlaub der Arbeitnehmer in den letzten 100 Jahren verändert?

Jahr	1903	1930	1945	1981	1988	2015
Urlaubstage	3	9	12	26	29	31

1903 gab es nur in der Metallbranche und in Brauereien Urlaub. 1930 dauerte der Urlaub je nach Branche und Betriebszugehörigkeit zwischen 3 und 15 Tagen.

1945 wurde der gesetzliche Mindesturlaub von 12 Tagen eingeführt. Die weitere Verlängerung des Jahresurlaubs wurde durch Tarifverhandlungen der Gewerkschaften mit den Arbeitgebern erreicht.

Diese Zahlen werden nun in ein Säulendiagramm umgesetzt. Auf der x-Achse sind die Jahreszahlen, auf der y-Achse die Urlaubstage eingetragen.

Welche Informationen können wir dem Säulendiagramm entnehmen?

1. Was zeigt das Diagramm?
   In 6 bestimmten Jahren betrug der Urlaub x Arbeitstage.

2. Was kann man für die nicht genannten Jahre vermuten?
   Zwischen zwei Jahresangaben wird die Zahl der Urlaubstage in etwa gleich sein.

3. Was zeigt das Diagramm nicht?
   Es können auch Daten fehlen, zum Beispiel wie viele Urlaubstage es in den einzelnen Branchen gab, denn es handelt sich um Durchschnittszahlen.

4. Für 1903 und 1945 werden wichtige Informationen nicht gezeigt. Welche sind es?
   1903 gab es nur in zwei Bereichen Urlaub. 1945 wurde der Mindesturlaub gesetzlich eingeführt.

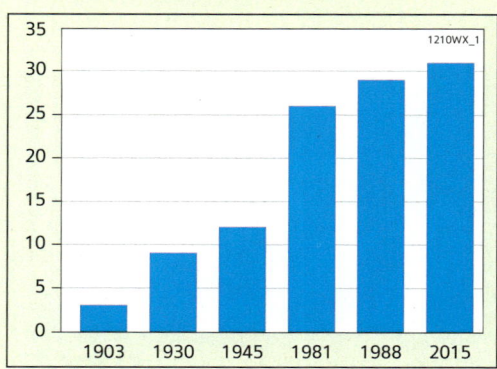

▶ Durchschnittlicher Jahresurlaub

Beispiel 2:

Wie war die durchschnittliche Arbeitslosenquote in Deutschland von 1956 bis 2015? (Bis 1990 galten die Werte für die Bundesrepublik Deutschland, danach für Gesamtdeutschland; prozentualer Anteil der registrierten Arbeitslosen an der Gesamtzahl der Erwerbspersonen):

Jahr	1956	1962	1968	1974	1980	1986	1991	2005	2011	2015
Quote	4,4	0,7	1,5	2,6	3,8	9,0	6,7	11,1	7,1	6,4

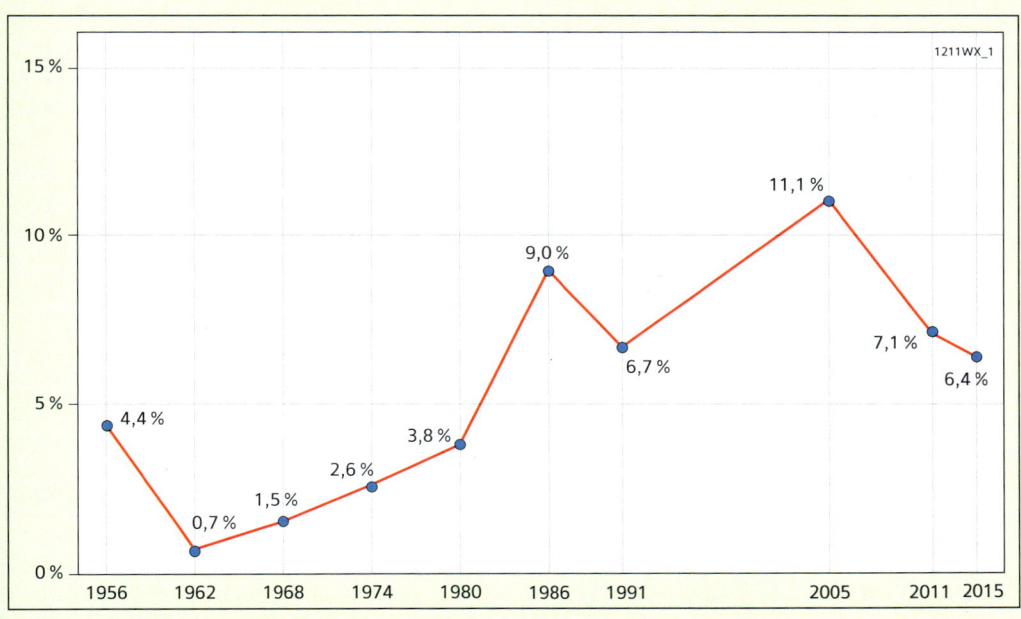

▶ Arbeitslosigkeit in Deutschland 1956 bis 2015

1. Was zeigt das Liniendiagramm?

Es zeigt die Entwicklung der durchschnittlichen Arbeitslosenquote in Deutschland von 1956 bis 2015. Anders ausgedrückt: Es wird grafisch veranschaulicht, wie viel Prozent der erwerbsfähigen Bevölkerung zum jeweiligen Zeitpunkt arbeitslos waren. Die Jahre, für die keine Zahlen angegeben sind, werden durch die Linien überbrückt. Das Diagramm verschafft damit einen Eindruck über die generelle Entwicklungsrichtung der Arbeitslosigkeit in Deutschland im genannten Zeitraum. Deutlich wird, dass offensichtlich seit Anfang der Sechzigerjahre, mit nur geringen Abweichungen, ein beständiger Anstieg der Arbeitslosenzahlen in Deutschland zu verzeichnen war. In den letzten Jahren ist die Arbeitslosigkeit wieder gesunken.

2. Was wird nicht gezeigt?

Durch die Wahl der abgebildeten Zeiträume ist nur eine grobe Darstellung der Entwicklung der Arbeitslosenquote möglich. Schwankungen zwischen den genannten Zeitpunkten werden nicht abgebildet und eventuelle deutliche Abweichungen vom Trend in einzelnen Jahren können verloren gehen. Zu einer genauen Analyse der Entwicklungen wären deshalb kleinere Zeiträume oder die Daten aller Jahre zu wählen; zur Darstellung grober Entwicklungslinien dürfte die Grafik ausreichen.

Deutung einer Karikatur

Eine Karikatur hat das Ziel, den Betrachter zum Nachdenken über ein bestimmtes Thema anzuregen, oder sie will auf witzige Weise Kritik an einem Sachverhalt üben. Mit einer Karikatur wird häufig auf ein Problem aufmerksam gemacht und die Wirklichkeit dazu übertrieben dargestellt. Ohne Hintergrundwissen kann sie häufig nicht verstanden und gedeutet werden. Um die Aussage einer Karikatur zu erfassen, müsst ihr sie Schritt für Schritt „entschlüsseln".

Schritt ❶
Beschreibung der Karikatur – Was sieht man?

Zunächst beschreibt ihr genau, was ihr seht. Dabei können alle Einzelheiten für die spätere Deutung wichtig sein.
– Gibt es Informationen über den Zeichner, den Zeitpunkt und den Erscheinungsort der Karikatur?
– Werden bekannte Personen, Figuren oder Gegenstände dargestellt, und wenn ja, wie? (Körperhaltung, Gesichtsausdruck, besondere Merkmale)
– Wie sind die Bildinhalte angeordnet (Vorder- und Hintergrund, Größenverhältnis)?
– Was „sagen" die Personen oder Figuren?

B Auf dem Bild sieht man eine große Schülergruppe, die demonstriert. Die Kinder halten Schilder in die Höhe, auf denen verschiedene Forderungen zu lesen sind wie „Gleiche Zensuren für Alle!" oder „Wir wollen Kurzarbeit". Gegenüber den Kindern stehen zwei Erwachsene auf einer Treppenstufe, ein Mann im Anzug und eine Frau, die die Schüler mit ihren Schildern verdutzt und nicht erfreut betrachten. Die Karikatur ist untertitelt mit der Aussage „Irgendwas ist schief gelaufen im Fach Wirtschaftspolitik ..." ◼

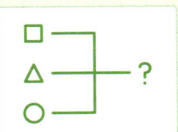

Schritt ❷
Deutung der Karikatur – Was will uns der Zeichner sagen?

Auf der Grundlage der Beschreibung müsst ihr nun die Bedeutung der benutzten Elemente und Symbole der Karikatur erklären.
– Um welches Thema geht es?
– In welcher Situation werden die Personen, Figuren oder Gegenstände dargestellt?
– Welchen Zusammenhang gibt es zwischen Bild und Text?

– Wer oder was soll durch die Karikatur kritisiert werden?
– Was ist die Botschaft des Zeichners?

B In der Karikatur geht es um das Themenfeld Wirtschaftspolitik in der Schule, in dem die Schüler wirtschaftliche und politische Zusammenhänge lernen sollen. Dazu gehören beispielsweise auch das Recht zur freien Meinungsäußerung und Mittel im Arbeitskampf wie Warnstreiks (vgl. auch S. 95). Letzteren praktizieren die Kinder in der Karikatur offensichtlich, vermutlich hätten sie eigentlich gerade Unterricht. Bei den beiden Erwachsenen scheint es sich um den Direktor der Schule und eine Lehrerin zu handeln, die verblüfft die „Früchte" des wirtschaftspolitischen Unterrichts betrachten. Die Aussage „etwas ist schief gelaufen" deutet darauf hin, dass die Kinder tatsächlich zum Thema Wirtschaftspolitik viel gelernt haben – nur bei der Übertragung auf die eigene Lebenssituation offensichtlich noch einiges missverstanden haben. ◼

Schritt ❸
Einordnung und Bewertung der Karikatur

Erst wenn ihr die Aussage einer Karikatur in einen übergeordneten Zusammenhang einordnet, könnt ihr euch mit der Meinung des Zeichners auseinandersetzen und eure eigene Meinung dazu darstellen.
– Welche Absicht verfolgt der Zeichner?
– Welche Meinung vertritt er zu dem Thema?
– Wie beurteilst du selbst die Position des Zeichners?

B Das noch relativ junge Themenfeld Wirtschaftspolitik will Kinder dazu befähigen, sich als aufgeklärte und mündige Bürger am Wirtschaftsprozess zu beteiligen. Der Zeichner entwirft hier eine Szene, in der dies offenbar (zu) gut gelungen ist. ◼

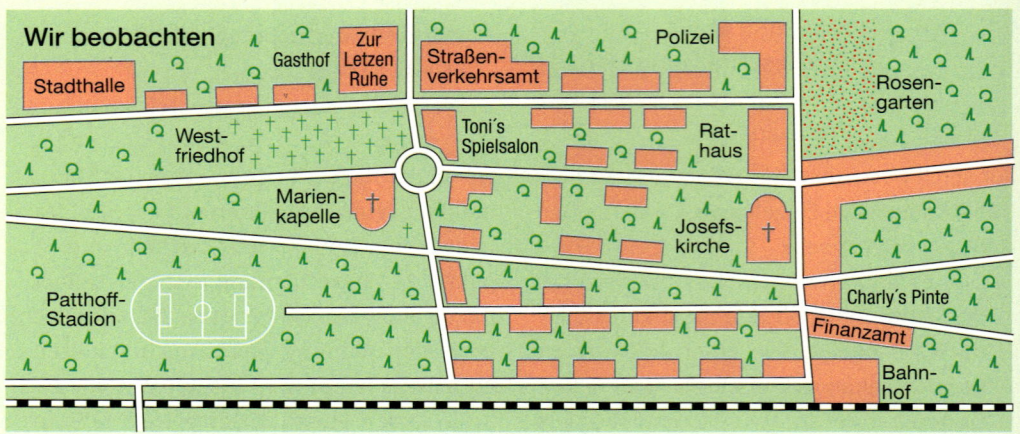

Beobachten will gelernt sein

Bei den meisten Arbeiten ist eine genaue Beobachtung von großer Bedeutung. Dieses Beobachten muss gelernt werden.

B   DIE WEGBESCHREIBUNG

Auf dem Hauptbahnhof einer Großstadt kommen viele Reisende an, die zu der Automobilausstellung in der Stadthalle wollen. Einige Besucher kennen den Weg zur Stadthalle nicht und fragen deshalb nach dem Weg. Drei Gesprächen wollen wir zuhören:

1. Reisender: „Können Sie mir sagen, wie ich zur Automobilausstellung in der Stadthalle komme?"
Polizist: „Sie finden die Stadthalle ganz leicht. Gehen Sie geradeaus dort am Finanzamt vorbei. Nach etwa 600 Metern kommen Sie am Rathaus vorbei. Biegen Sie an der nächsten Kreuzung links ab. Gegenüber sehen Sie übrigens die Polizeiwache. Gehen Sie die Straße geradeaus weiter und überqueren Sie die nächste Kreuzung, an der das Straßenverkehrsamt liegt. Nach etwa 200 Metern finden Sie die Stadthalle."

2. Reisender: „Können Sie mir sagen ..."
Pfarrer: „Ganz einfach. Gehen Sie bis zur Kirche dahinten und halten Sie sich dann links, bis Sie auf die Marienkapelle stoßen. Biegen

Sie rechts ab und gehen Sie geradeaus, bis Sie auf den Friedhof stoßen. Gehen Sie an ihm entlang bis zur Kreuzung, da biegen Sie dann links ab und stoßen bald auf die Stadthalle."

3. Reisender: „Können Sie mir sagen ..."
Henner, ein Kneipenfreund, der vor dem Bahnhof sitzt: „Oh, Mann, das ist nicht ganz einfach. Wie gehn wir da am besten? Schauen Sie, da vorne ist Charlys Pinte, da gehen Sie dran vorbei, bis..." ■

Vom Sehen

„Das habe ich gar nicht gesehen" oder: Jeder sieht, was er sehen will.

Die kleine Geschichte zeigt:
Ein Mensch sieht, was er sehen will. Was er wahrnimmt, wird sehr beeinflusst von seinen täglichen Lebenserfahrungen, von seiner Arbeit, von seiner Freizeitgestaltung. Unser Polizist nimmt z. B. die Behördengebäude als Hilfe um den Weg zu erklären. Der Pfarrer orientiert sich an kirchlichen Gebäuden, weil das eng mit seiner beruflichen Tätigkeit zusammenhängt. Und für Henner hat „Charlys

Pinte" offensichtlich eine größere Bedeutung als das direkt dem Bahnhof gegenüberliegende Finanzamt.

Jeder kann an sich selbst beobachten, dass er vor allem das wahrnimmt, was er gerne wahrnehmen möchte.

Beobachtungen auf einer Baustelle

Wenn ihr euch fragt, was dies mit dem Fach Wirtschaft/Berufs- und Studienorientierung zu tun hat, dann lest die folgenden drei Berichte von Jörn, Susanne und Julia, die Herrn Thöle bei seiner Arbeit als Maurer beobachtet haben.

B JÖRN

Herr Thöle hatte eine graue Cordhose und ein blaues Hemd an. Auf dem Kopf trug er eine leichte helle Mütze. An den Füßen hatte er derbe Arbeitsschuhe. Herr Thöle machte mit seinen Arbeitskollegen Witze und rief immer nach dem Handlanger, dass er ihm endlich Steine und Mörtel bringen sollte. Er arbeitete auf einem Gerüst. Zu seinen Füßen lag noch ein Hammer und eine Wasserwaage. ■

B JULIA

Herr Thöle ist sehr mürrisch. Immer schrie er nach dem Arbeitskollegen, dass er noch Steine und Mörtel bringen soll. Mit so einem unfreundlichen Kollegen möchte ich nicht zusammenarbeiten. Das ist ja richtig stressig. Seine Mütze, die er auf dem Kopf hatte, war schon ziemlich verschmutzt. Sie müsste mal wieder gewaschen werden. Aus Sicherheitsgründen müsste er eigentlich einen Helm tragen. ■

B SUSANNE

Herr Thöle ist Maurer und arbeitet in dem Neubaugebiet an der Wiesenstraße. Zu seiner Kolonne gehören noch drei andere Maurer und ein Hilfsarbeiter, der die Maurer mit Mörtel und Steinen versorgt. Sie arbeiten an dem Rohbau eines Einfamilienhauses. Herr Thöle

steht auf einem Gerüst in einer Reihe mit den anderen Arbeitskollegen. Sie ziehen einen Giebel hoch. Zuerst legt Herr Thöle Mörtel mit der Maurerkelle auf die Steinschicht und glättet ihn ein wenig. Dann nimmt er vom Gerüstboden einen neuen großen Betonstein und legt ihn vorsichtig in das Mörtelbett. Er klopft mit dem Maurerhammer auf den Stein und prüft, ob er in Flucht mit den anderen Steinen liegt. Den Mörtel, der aus den Fugen herausgequollen ist, kratzt er mit der Maurerkelle ab und wirft ihn wieder oben auf den Stein. Und so geht es Steinschicht um Steinschicht. Ich habe den Eindruck, dass die Arbeit ziemlich anstrengend ist und sehr sorgfältig gemacht werden muss. Bei den großen Steinen muss man auch ganz schön kräftig sein. Sein Hemd ist durchgeschwitzt und vor der Sonne schützt er sich mit einer Mütze. ■

Mit Beobachtungsaufgaben habt ihr es im Fach Wirtschaft/Berufs- und Studienorientierung häufig zu tun, z. B. bei einer Arbeitsplatzerkundung oder bei der umfangreicheren Betriebserkundung. Aber auch wenn es darum geht, das Verhalten eurer Mitschüler bei einem Rollenspiel zu beobachten.

INFO

Was müssen wir tun, um nicht ganz so subjektv zu beschreiben?

1. Festlegen, was beobachtet werden soll und was für den Unterricht wichtig ist.

2. Darüber sprechen, was sich vermutlich nicht beobachten lässt.

3. Vereinbaren, wie die Beobachtungen festgehalten werden sollen (z.B. Stichworte notieren, eine Skizze anfertigen usw.)

4. Überlegen, welche Fragen ihr noch stellen wollt.

5. Festlegen, ob alle dieselben oder unterschiedliche Beobachtungsaufgaben bekommen.

Erkundung: Computer und Internet verändern die Arbeitswelt

Der Einsatz von neuen Technologien hat die Arbeitswelt in den letzten Jahrzehnten drastisch verändert. Vor allem Informations- und Kommunikationstechnologien wie Computer, Internet und E-Mail haben dazu geführt, dass sich Arbeitsabläufe bis hin zu kompletten Berufsbildern entscheidend gewandelt haben.

Um dem Wandel in einzelnen Berufen auf die Spur zu kommen, bietet sich die Methode der Erkundung an. Wie hat sich zum Beispiel die Arbeit in einem Kfz-Betrieb durch Computer, Internet und E-Mail verändert? Welche Auswirkungen haben die Technologien auf das Geschäft und die Menschen im Betrieb? Wo werden neue Technologien eingesetzt? Was hat sich in den letzten Jahrzehnten verändert? In der Buchhaltung? In der Werkstatt? Was hat sich in der Ausbildung der Fachleute geändert? Warum kann das Unternehmen nicht auf den Einsatz von Computern und Internet verzichten?

Schritt ❶
Vorbereitung

Mit eurer Lehrkraft zusammen wählt ihr einen Betrieb aus, der für eine Erkundung infrage kommt und fragt dort wegen eines Termins an. Wichtig ist es dann, im Unterricht die Erkundungsschwerpunkte zu diskutieren, festzulegen und Fragen zu entwickeln. Diese solltet ihr aufschreiben und dem Ansprechpartner im Betrieb zukommen lassen, damit man sich dort auf euren Besuch vorbereiten kann.

Vor der Durchführung müsst ihr klären, wer welche Aufgaben übernimmt.

Schritt ❷
Durchführung

Während der Durchführung solltet ihr euch in Gruppen aufteilen und die Erkundungsaufgaben ausführen. Die Ergebnisse haltet ihr schon während der Erkundung schriftlich fest, damit ihr sie später besser auswerten könnt.

Schritt ❸
Auswertung

Nach der Erkundung erfolgt die Auswertung der gesammelten Informationen. Orientiert euch hierbei an euren zu Beginn festgelegten Erkundungsschwerpunkten. Die Ergebnisse könnt ihr z. B. in Form eines Plakats oder einer Wandzeitung präsentieren. Die Präsentation sollte die wichtigsten Antworten auf eure Fragen enthalten.

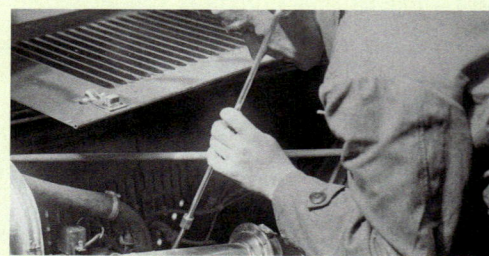

▶ Motorenüberprüfung früher...

▶ ... und heute

Ein Interview führen

Ein Interview kann dazu dienen, Informationen zu einem bestimmten Thema oder auch über eine Person zu bekommen. Häufig interviewt man Experten, die spezielles Sachwissen haben und so tiefer gehende Informationen zu einem Thema liefern können. Insbesondere bei Praxiskontakten außerhalb der Schule kann ein Interview eine wichtige Informationsquelle sein. Ein Interview muss gut vorbereitet sein, damit die Durchführung reibungslos ablaufen kann und du an das gewünschte Ziel kommst.

Schritt ❶
Vorbereitung

Ziel überlegen
Zunächst musst du dir überlegen, was du mit deinem Interview erreichen möchtest, welches Ziel du damit verfolgst.

Information
Arbeite dich gründlich in das Thema ein, damit du sinnvolle Fragen formulieren kannst. Dann kannst du dir überlegen, wer für dich als Interviewpartner infrage kommen könnte, z. B. Eltern, Mitschüler, Experten für bestimmte Themen, Vertreter bestimmter Berufe usw.

Gesprächstermin vereinbaren
Wenn du einen passenden Interviewpartner gefunden hast, solltest du dich zunächst telefonisch oder persönlich vorstellen und dein Anliegen erklären. Wenn die Person bereit ist, dir einen Interviewtermin zu geben, solltest du auch gleich abklären, ob du das Interview aufnehmen darfst.

Fragen vorbereiten
Für die Durchführung des Interviews musst du einen Fragenkatalog erarbeiten. Inhaltlich sollten die Fragen so gestaltet sein, dass du die Informationen bekommst, die du brauchst, und dass dein Gesprächspartner sie auch beantworten kann. Überlege dir auch eine sinnvolle Reihenfolge der Fragen, sodass du nicht im Thema hin und her springst, und auch mögliche Zusatzfragen.

Schritt ❷
Durchführung

Sei pünktlich zum vereinbarten Termin da, besser 5–10 Minuten vorher. Begrüße zunächst deinen Interviewpartner und bedanke dich für den Termin. Stelle dann erst deine Fragen. Wenn du das Gespräch nicht aufzeichnen darfst, musst du währenddessen die Antworten in Stichworten mitschreiben. Am Schluss solltest du dich noch einmal für das Interview bedanken.

Schritt ❸
Auswertung

Beginne möglichst gleich mit der Auswertung des Interviews, damit die Eindrücke noch frisch sind. Du fasst die Ergebnisse nun in schriftlicher Form zusammen. Achte dabei darauf, das Wichtige hervorzuheben und die Wiederholungen oder das Überflüssige zu streichen. Auch solltest du hier noch einmal überprüfen, ob die Inhalte des Interviews in der Reihenfolge bleiben können oder ob eine andere Reihenfolge sinnvoller wäre.

Ganz zum Schluss solltest du das Interview in seiner schriftlichen Form noch deinem Gesprächspartner übermitteln, sodass er die Möglichkeit hat, Fehler zu korrigieren bzw. Verbesserungen vorzunehmen. Erst dann kann das Interview präsentiert werden.

Die Umfrage

Mithilfe einer Umfrage kannst du Informationen zu einem bestimmten Thema sammeln, sie dann auswerten und daraus neue Erkenntnisse ableiten. Im Kapitel „Konsument" beschäftigen wir uns z. B. mit dem Einkommen von Kindern und Jugendlichen. Schauen wir uns an diesem Beispiel einmal an, wie eine Umfrage durchgeführt werden kann.

anonym
geheim, ohne Namensnennung

Eine Umfrage zum Thema Taschengeld sollte <u>anonym</u> durchgeführt werden, da Ergebnisse gewonnen werden, die eine persönliche Betroffenheit bei einzelnen Schülerinnen und Schülern bewirken können. Sie sollte außerdem sorgfältig geplant werden. Die Umfrage lässt sich in drei Phasen einteilen:

Schritt ❶
Vorbereitung

In dieser ersten Phase legt ihr fest, welchen Zweck die Umfrage haben soll und was ihr herausfinden möchtet. Dazu formuliert ihr eine Leitfrage, die das Thema der Umfrage darstellt: „Wie setzt sich die Höhe des Taschengelds zusammen und wie viel Taschengeld steht Jugendlichen zur Verfügung?"

Im gezeigten Beispiel sollen dazu die folgenden Punkte herausgefunden werden:
– Höhe des Taschengelds nach Altersstufen und Geschlecht,
– Höhe des zusätzlichen Einkommens durch sogenannte „Nebenjobs",
– Höhe der einmaligen Zuwendung, wie z. B. Geldgeschenke zum Geburtstag.

In der Vorbereitungsphase bestimmt ihr ebenfalls, wer befragt werden soll, also die Zielgruppe der Umfrage.

In diesem Fall könnte man unterschiedliche Altersgruppen von Jungen und Mädchen befragen (6–9 Jahre, 10–13 Jahre und 14–17 Jahre).

Als Nächstes formuliert ihr Fragen und auch die Antwortmöglichkeiten, die sich danach richten, was ihr herausfinden wollt.

Wie alt bist du?

☐ 6-9 J.   ☐ 10-13 J.   ☐ 14-17 J.

Ich bin ein...

☐ Mädchen   ☐ Junge

– Wie viel Taschengeld bekommst du im Monat?

– Verdienst du zusätzlich Geld mit einem Nebenjob?

☐ ja   ☐ nein

– Wenn ja, wie viel Geld verdienst du?

– Wie hoch sind die zusätzlichen Geldgeschenke, die du im Durchschnitt erhältst?

INFO

Die Fragebogensoftware GrafStat bietet eine Hilfe bei der Fragebogenerstellung bis zur Auswertung einer Umfrage und kann für die Anwendung im Unterricht kostenlos unter www.grafstat.de heruntergeladen werden.

Danach müsst ihr festlegen, ob ihr die Umfrage schriftlich, in Form eines Fragebogens, oder mündlich, in Form eines Interviews, durchführen wollt. Bei einer anonymen Befragung müsst ihr die schriftliche Form wählen.

Erkundigt euch, wo ihr die Umfrage durchführen könnt. Eine Möglichkeit ist der Schulhof, in den Pausen. Oder ihr fragt im Lehrerkollegium, ob ihr in einigen Klassen zehn Minuten der Unterrichtszeit erhaltet.

Überlegt dann noch, wie viele Personen zur Durchführung der Umfrage zur Verfügung stehen.

Ihr solltet vorab eventuell auch die Verständlichkeit eurer Fragen mit einigen Personen testen.

Schritt ❷
Durchführung

Sind alle Vorbereitungen abgeschlossen, könnt ihr die Umfrage wie geplant durchführen. Wichtig ist, dass ihr die Personen, die ihr befragt, vorher über euer Ziel und den Zweck der Umfrage informiert. Interessant ist für die Befragten sicherlich auch, wo bzw. wie ihr die Ergebnisse präsentiert.

Schritt ❸
Auswertung und Präsentation

Die Auswertung erfolgt meist durch einfaches Auszählen der Antworten. Dazu legt ihr euch am besten eine Tabelle an, in der ihr die Ergebnisse als Strichliste eintragen könnt. Diese Ergebnisse solltet ihr anschließend in Form einer Tabelle oder eines Diagramms präsentieren (siehe Infokasten S. 226).

Als letzten Schritt müsst ihr nun die Ergebnisse eurer Umfrage im Hinblick auf eure Fragestellung näher betrachten und überlegen, was die Ergebnisse für die eingangs gestellte Leitfrage bedeuten und wie man mit diesen Ergebnissen weiterarbeiten kann.

In unserem Beispiel könntet ihr eure Ergebnisse mit den Angaben im Buch auf Seite 15 vergleichen.

▶ Beispiel für einen Fragebogen

Projekt: Planung und Durchführung einer Ausstellung zum Thema „Verbraucherschutz"

Mit der Projektmethode könnt ihr euch gemeinsam im Klassenverband umfangreicheren Themenbereichen und Aufgaben widmen, um entweder ein Produkt oder eine Dienstleistung zu erstellen. Ihr müsst für diese Methode weitere Arbeitstechniken beherrschen und anwenden. Für die hier vorgestellte Projektidee sind das z. B. eine Internetrecherche durchführen, ein Interview führen (z. B. mit einem Mitarbeiter einer Verbraucherberatungsstelle), Informationen ordnen und auswerten, Präsentationstechniken anwenden usw. Inhaltliche Anregungen für eine Ausstellung zum Thema „Verbraucherschutz" findet ihr im Kapitel „Der Konsument"..

Ein Projekt läuft immer in vier Schritten ab: Zielsetzung, Planung, Durchführung, Auswertung.

Schritt ❶
Zielsetzung

Lehrer/innen und Schüler/innen setzen sich gemeinsam Ziele, die zu einem Produkt oder einer Dienstleistung führen sollen. Dafür diskutieren Lehrer und Schüler die Projektidee und erarbeiten sich die Ziele, die mit der Projektarbeit umgesetzt werden sollen.

B   Ziele für diese Projektidee könnten zum Beispiel sein:
Die Besucher unserer Ausstellung sollen ...
– ... erfahren, welche Rechte sie beim Kauf von Konsumgütern oder der Nutzung von Dienstleistungen haben.
– ... wissen, wo sie sich vor dem Kauf eines Gutes oder der Nutzung einer Dienstleistung informieren können.
– ... lernen, wie und mit welchen Mitteln der Staat Konsumenten schützt. ■

B   Die folgenden Fragen können als Anregung für die hier vorgestellte Projektidee dienen:
– Welche Themenschwerpunkte setzen wir?
– Welche Informationen benötigen wir dafür und woher bekommen wir sie?
– Wer übernimmt welche Aufgaben?
– Welche Hilfen können wir zusätzlich in Anspruch nehmen (andere Fächer, weitere Lehrkräfte, außerschulische Institutionen, Eltern)?
– Wo kann die Ausstellung aufgebaut werden (Pausenhalle, Schulbücherei, Klassenzimmer: Anfrage bei der Schulleitung)?
– Welche Materialien und Werkzeuge benötigen wir und wie können wir diese beschaffen?
– Welche Probleme/Konflikte könnten entstehen und können wir ihnen begegnen?
– Wie muss unser Zeitplan aussehen? ■

Schritt ❷
Planung

Lehrer und Schüler planen gemeinsam, wie im Projekt vorgegangen werden soll und erstellen einen ausführlichen Projektplan für ein Produkt oder eine Dienstleistung.

▶ Vorbereitung im Klassengespräch

Schritt ❸
Durchführung

Ihr erledigt die zuvor geplanten Arbeitsschritte gemeinsam oder in Gruppen. Die Grundlage dafür bildet der von euch erarbeitete Projektplan. Dabei könnt ihr auf die evtl. zuvor angefragte Hilfe von Lehrer/innen, Eltern usw. zurückgreifen.

Schritt ❹
Auswertung

Bewertet gemeinsam den Projektverlauf und eure Ergebnisse. Prüft, ob alle Ziele, die ihr euch zu Beginn der Projektarbeit gesetzt habt, erreicht wurden.
– Was ist gut gelungen?
– Wo gab es Probleme? Wo lagen die Gründe für die Probleme?
– Was könnte das nächste Mal besser gemacht werden?

B PROJEKTIDEEN (VORSCHLÄGE)
Schul- oder Sportfest
Planung und Durchführung eines Schulfestes. Ihr könnt dafür auch ein bestimmtes Motto wählen und beispielsweise ein Spiel- und Sportfest organisieren oder eines zu den vielfältigen Kulturen an eurer Schule.

Wandzeitung
Ihr erstellt eine Wandzeitung zum Thema „nachhaltig konsumieren" und präsentiert und diskutiert eure Ergebnisse auf einem Elternabend.

Informationsfilm
Produktion eines kleinen Informationsfilms zu einem Thema, das euch und vor allem eure Mitschüler und Mitschülerinnen interessiert, etwa „Der Markenmacke auf der Spur" oder „Entlarvt! Mit welchen Mitteln die Werbung uns ködern will". ◼

▶ Gruppenarbeit der Schülerinnen

Konfliktanalyse: Ein Konflikt im Unternehmen

B DER KONFLIKTFALL

Unter den Auszubildenden der Autowerkstatt Meyer GmbH herrscht schlechte Stimmung. Da die Auftragslage in den vergangenen Monaten sehr gut war, haben einige der Auszubildenden regelmäßig mehr Stunden gearbeitet als in ihren Ausbildungsverträgen festgelegt ist.

Nach Beginn der Sommerferien pendelt sich die Arbeitszeit zwar wieder auf das übliche Maß ein, aber der Ausgleich der Überstunden in Form von Freizeit steht noch aus.

Mit der Personalleiterin Frau Schmitt gibt es die Vereinbarung, dass die geleisteten Überstunden erfasst und in Urlaubstage umgerechnet werden. Diese sollen die Auszubildenden dann kurzfristig nehmen können.

Da für die nächste Woche eine Schönwetterperiode angekündigt ist, will der Auszubildende Timo Kunze seinen wohlverdienten Sonderurlaub dann auch gleich nehmen. Er reicht einen Urlaubsantrag ein.

Die Überraschung ist groß: Frau Schmitt lehnt den Antrag ab. Die Begründung lautet, dass der Urlaub im Moment nicht genommen werden kann, da aufgrund der Ferienzeit die Belegschaft in der Werkstatt sowieso unterbesetzt ist. Kurzfristige Urlaubsanträge können deshalb nicht berücksichtigt werden. Timo ist sauer, dass die vereinbarte Regelung nicht eingehalten wird. Die anderen Auszubildenden möchten ebenfalls Urlaub nehmen und wissen nicht, wie sie sich verhalten sollen. Ihren Ärger einfach „runterschlucken" wollen sie nicht, zugleich sind sie aber auch unsicher, ob eine Auseinandersetzung mit Frau Schmitt den gewünschten Erfolg haben würde. ■

Überall, wo Menschen zusammenleben oder zusammenarbeiten, können Konflikte entstehen, ob zu Hause, in der Schule oder bei der Arbeit. „Konflikt" bedeutet dabei erst einmal, dass unterschiedliche Personen oder Gruppen unterschiedliche Interessen haben und diese sich auf den ersten Blick nicht miteinander vereinbaren lassen. So möchte Timo kurzfristig Urlaub nehmen, um das schöne Sommerwetter zu genießen, Frau Schmitt möchte, dass der Betriebsablauf sichergestellt ist und in der Werkstatt ausreichend Mitarbeiter anwesend sind, um einen guten Kundenservice zu gewährleisten.

Da Frau Schmitt als Personalleiterin „am längeren Hebel sitzt", kann sie mit ihrer Entscheidung, den Urlaubsantrag abzulehnen, ihre Interessen ohne Weiteres durchsetzen. Als Ergebnis sind allerdings sowohl Timo als auch die anderen Auszubildenden nicht gut auf sie zu sprechen und überlegen schon, ob sie beim nächsten Engpass wieder bereit wären, Mehrarbeit zu leisten. Wie kann dieser Konflikt also gelöst werden?

B LÖSUNGSSUCHE UND LÖSUNG

Timo entscheidet sich, zusammen mit der Jugendvertreterin Svenja auf Frau Schmitt zuzugehen und ein klärendes Gespräch zu suchen.

Da Frau Schmitt über den „Flurfunk" bereits mitbekommen hat, dass Timos abgelehnter Urlaubsantrag Unmut bei den Auszubildenden verursacht hat, hat sie sofort Zeit für Timo und Svenja. Gemeinsam erläutern die beiden die Sicht der Auszubildenden und zeigen sich enttäuscht, dass die vereinbarte Urlaubsregelung nicht eingehalten werden soll. Frau Schmitt erläutert ihnen ihre Entscheidung und wirbt für Verständnis: Trotz der Sommerferien ist der Auftragsbestand unerwartet gut. Der Betrieb kann es sich nicht erlauben, den Kunden lange Wartezeiten zuzumuten.

Sie diskutieren das Problem und überlegen, wie sie eine Lösung finden können. Nach verschiedenen Vorschlägen von beiden Seiten schließen sie einen Kompromiss: Timo nimmt statt der gewünschten fünf Tage zwei Tage Urlaub. Unter der Voraussetzung, dass immer mindestens zwei Auszubildende im Betrieb anwesend sind, können auch die anderen Auszubildenden jeweils kurzfristig zwei Tage Urlaub nehmen.

Für die Zukunft vereinbaren sie, dass im Fall von Mehrarbeit die gewünschte Urlaubszeit von vornherein geplant wird. Ob der Urlaub dann genehmigt wird, wird aber im Einzelfall entschieden – das Geschäft geht in diesem Fall vor.

Timo ist zwar einerseits mit dieser Lösung nicht vollends glücklich, andererseits versteht er die Argumente von Frau Schmitt. Er teilt den gefundenen Kompromiss den anderen Auszubildenden mit, die sich angesichts zweier bevorstehender sonniger Urlaubstage freuen. ■

Zur Konfliktbewältigung werden in der Regel folgende Phasen der Problemlösung durchlaufen:

Schritt ❶
Problem erkennen und analysieren

Welche Probleme gibt es?
Zunächst wird gemeinsam überlegt, wodurch der Konflikt entstanden ist. Dabei kommen beide Seiten zu Wort, ohne dass ihre Aussagen gleich von der anderen Seite kommentiert oder beurteilt werden.

Schritt ❷
Bedürfnisse erkennen

Welche Interessen und Ziele gibt es? Die Beteiligten formulieren ihre konkreten Wünsche.

Schritt ❸
Sammeln von Lösungsmöglichkeiten

Welche Lösungsmöglichkeiten bestehen? Gemeinsam wird überlegt, welche Lösungsmöglichkeiten es geben kann. Diese werden zunächst nicht bewertet.

Schritt ❹
Diskussion der Lösungsmöglichkeiten

Welche Argumente sprechen für/gegen die Lösungsmöglichkeiten? Jeder einzelne Lösungsvorschlag wird auf seine Umsetzungsmöglichkeit geprüft und das Für und Wider diskutiert.

INFO

Die Diskussion ist die schwierigste Phase bei der Konfliktbewältigung. Will man eine von allen Seiten getragene Lösung finden, müssen alle kompromissbereit sein.

Schritt ❺
Konfliktlösung

Welche Entscheidung wird getroffen? Die Beteiligten einigen sich auf eine von allen akzeptierte Lösung. Diese muss klar formuliert und bindend für alle sein.

Das Sammeln von Informationen

In diesem Buch findet ihr eine Fülle von statistischem Material, meistens in Form von Schaubildern. Diese Daten sind, wenn ihr das Buch in den Händen haltet, meistens schon einige Jahre alt. Das liegt nicht daran, dass Autoren und Verlag Schlafmützen sind, sondern daran, dass es häufig lange dauert, bis statistisches Material aufbereitet und veröffentlicht wird. Das gilt besonders für Zahlen, die mit hohem Aufwand berechnet werden müssen. Außerdem werden viele Schaubilder aus einem aktuellen Anlass heraus angefertigt und später nicht mehr überarbeitet.

Darum kann es leicht geschehen, dass selbst die aktuellsten Daten, die zur Verfügung stehen, zwei Jahre alt sind, vielleicht noch älter. Wenn ein Buch 2017 gedruckt wird, ist es möglich, dass selbst die „neuesten" Zahlen aus dem Jahre 2014 stammen. Haltet ihr das Buch 2017 in den Händen, dann sind die Zahlen schon drei Jahre alt.

Wenn ihr mit aktuelleren Statistiken, Schaubildern und anderen Informationen arbeiten wollt, dann gibt es nur einen Weg: Ihr müsst sie selbst suchen. Hier gibt es einige Hinweise auf Internetseiten mit aktuellem Material:

Berufsorientierung:
Bundesarbeitsagentur: www.arbeitsagentur.de
http://berufenet.arbeitsagentur.de
http://jobboerse.arbeitsagentur.de
www.planet-beruf.de
http://portal.berufe-universum.de
http://regionalinfo.ba-medianet.de/region.jsp

Umwelt:
Bundesministerium für Umwelt, Naturschutz und Reaktorsicherheit: www.bmu.de
Ministerium für Umwelt, Klima und Energiewirtschaft Baden-Württemberg: http://um.baden-wuerttemberg.de
Greenpeace: www.greenpeace.de

Verbraucherschutz:
Verbraucherzentralen Deutschland:
www.verbraucherzentrale.de
Stiftung Warentest: www.test.de

Wirtschaft:
Bundesministerium für Wirtschaft und Technologie: www.bmwi.de
Bundesministerium für Gesundheit: www.bmg.bund.de

Industrie- und Handelskammern Baden-Württemberg:
Baden-Württembergischer Industrie- und Handelskammertag: www.bw.ihk.de
IHK Bodensee-Oberschwaben: www.weingarten.ihk.de
IHK Ostwürttemberg: www.ostwuerttemberg.ihk.de
IHK Hochrhein-Bodensee: www.konstanz.ihk.de
IHK Karlsruhe: www.karlsruhe.ihk.de
IHK Nordschwarzwald: www.nordschwarzwald.ihk24.de
IHK Heilbronn-Franken: www.heilbronn.ihk.de
IHK Ulm: www.ulm.ihk24.de
IHK Reutlingen: www.reutlingen.ihk.de
IHK Rhein-Neckar: www.rhein-neckar.ihk24.de
IHK Schwarzwald-Baar-Heuberg: www.schwarzwald-baar-heuberg.ihk.de
IHK Südlicher Oberrhein: www.suedlicher-oberrhein.ihk.de
IHK Region Stuttgart: www.stuttgart.ihk.de

Begriffserklärungen:
Duden Schülerlexikon: www.schuelerlexikon.de
Freies Lexikon: www.wikipedia.org
www.wissen.de

Zeitungen/Zeitschriften:
Spiegel: www.spiegel.de
Süddeutsche Zeitung: www.sueddeutsche.de
Handelsblatt: www.handelsblatt.de

Statistiken und Schaubilder:
Bundesamt für Statistik: www.destatis.de
Landesbetrieb für Statistik und Kommunikationstechnologie Niedersachsen: www.nls.niedersachsen.de
Hans-Böckler-Stiftung: www.boeckler.de
Institut der deutschen Wirtschaft: www.iwkoeln.de
www.globus-infografik.de

Suchmaschinen:
Google: www.google.de
Yahoo: http://de.yahoo.com
Metager: www.metager.de

Ablauforganisation: Versucht, den Ablauf der betrieblichen Tätigkeiten optimal zu regeln. Arbeitsabläufe sollen so durchgeführt werden, dass Betriebsaufgaben reibungslos und mit geringstmöglichem Aufwand erfüllt werden können.

Absatz: Menge der in einem bestimmten Zeitraum verkauften Sachgüter und Dienstleistungen

Akteur: Handelnder; Akteure im Wirtschaftskreislauf sind Unternehmen, private Haushalte, Banken und der Staat.

Angebot: Die auf einem Markt angebotene Menge an Sachgütern und Dienstleistungen für den Kauf oder Tausch

Arbeitslosenquote: Zeigt den Anteil der Arbeitslosen an der Gesamtzahl der Erwerbspersonen in Prozent an.

Ausbildungsberuf: Wer eine Ausbildung machen will, kann dies nur in einem staatlich anerkannten Ausbildungsberuf. Staatlich anerkannt ist ein Ausbildungsberuf, wenn für ihn eine Ausbildungsverordnung vorliegt.

Ausbildungsvertrag: Vertrag zwischen Auszubildende/r und Ausbildungsbetrieb. Darin sind die Rechte und Pflichten beider Vertragsparteien genau festgehalten.

Aufbauorganisation: Legt die Betriebsstruktur durch die Aufgliederung der Tätigkeitsbereiche und Festlegung von Stellen und Abteilungen fest.

Bedürfnis: Es gibt materielle Bedürfnisse z. B. nach Nahrung, Kleidung usw., für die man Geld benötigt. Immaterielle Bedürfnisse wie Zuneigung, Erfolg usw. kann man nicht mit Geld erreichen.

Bedarf: Ein → Bedürfnis, das man mit dem Kauf eines → Gutes befriedigen möchte, wird zum Bedarf.

Betrieb: Technische und organisatorische Einheit, die Sachgüter und Dienstleistungen für andere Betriebe oder die → privaten Haushalte herstellt. Im Gegensatz zum → Unternehmen muss der Betrieb rechtlich nicht selbstständig und auch nicht im privaten Besitz („öffentlicher Betrieb") sein.

Betriebsrat: Gesetzliches Organ zur Vertretung der Arbeitnehmerinteressen in Betrieben des privaten Rechts. Hauptaufgabe ist die Wahrnehmung der im → Betriebsverfassungsgesetz festgelegten Rechte.

Betriebsverfassungsgesetz: Es regelt die betriebliche Mitwirkung und Mitbestimmung der Arbeitnehmer durch die → Betriebsräte. Die Beteiligungsrechte des Betriebsrats an den unternehmerischen Entscheidungen sind unterschiedlich stark ausgeprägt. Die Mitbestimmungsrechte beziehen sich auf soziale, personelle und wirtschaftliche Angelegenheiten.

Beschaffung: Damit ein Unternehmen → Güter produzieren kann, müssen die → Produktionsfaktoren beschafft werden.

Binnenmarkt: Markt innerhalb eines Landes oder innerhalb eines Wirtschaftsgebietes wie der EU

Brainstorming: Methode zur Ideenfindung, mit der eine Gruppe zunächst ungeordnet Gedanken zu einem Thema sammelt und diese dann in eine Ordnung bringt.

Dienstleistung: → Güter

Duales System: Die Berufsausbildung wird meistens im dualen System absolviert. Das bedeutet, dass die Auszubildenden im Betrieb und in der Berufsschule lernen.

Einkommen: Wer an der Produktion von → Gütern beteiligt ist, erhält als Gegenleistung ein Arbeitseinkommen. Weitere Formen: Gewinn (für Kapital, z. B. Aktien), Besitzeinkommen (z. B. Häuser) und Transfereinkommen (z. B. Kindergeld).

Erwerbstätigkeit: Für die meisten Menschen in Industriegesellschaften die Sicherung des Lebensunterhalts. Als erwerbstätig gelten alle Personen, die eine haupt- oder nebenberufliche Tätigkeit ausüben, für die sie ein Entgelt erhalten.

Existenzbedürfnis: → Bedürfnis, das zum Leben unbedingt befriedigt werden muss, z. B. das Bedürfnis nach Nahrung, Kleidung usw.

Export: Ausfuhr von → Gütern ins Ausland.

Formale Organisation: Die formale Organisation eines Unternehmens umfasst die → Ablauforganisation und → Aufbauorganisation.

Fortbildung: Qualifikationen, die bereits in einem → Ausbildungsberuf erworben wurden, sollen erhalten, erweitert, der technischen Entwicklung angepasst oder so ausgebaut werden, dass ein beruflicher Aufstieg möglich wird.

Gehalt: Entgelt, das vom Arbeitgeber als Gegenleistung für die von einem Angestellten erbrachte Arbeit gezahlt wird. Im Gegensatz zum → Lohn wird i. d. R. monatlich ein fest vereinbarter Betrag gezahlt, unabhängig von der erbrachten Leistung.

Gemeinde: Kleinste Verwaltungseinheit in unserem Staat, anderer Begriff für → Kommune.

Gewährleistung: Recht, das dem Käufer durch einen Kaufvertrag zusteht, z. B. bei mangelhafter Ware.

Gewerkschaft: Vereinigung von Arbeitnehmern, die damit gemeinsam ihre wirtschaftlichen Interessen vertreten.

Gewinn: Sind die Aufwendungen geringer als die Einnahmen durch den Verkauf von → Gütern, so hat man einen Gewinn gemacht. Die Höhe des Gewinns zeigt den wirtschaftlichen Erfolg des → Unternehmens.

Globalisierung: Zunehmende internationale Arbeitsteilung, deren Folge eine weltweite Vernetzung der Märkte ist. Begünstigt wird diese Entwicklung durch verbesserte Informations- und Transportsysteme.

Gut/Güter: Alle Mittel, die der Bedürfnisbefriedigung dienen. Wirtschaftliche Güter sind knapp, haben einen Preis und erfordern einen Aufwand bei der Herstellung. Güter werden eingeteilt in Sachgüter (Getreide, Fahrräder usw.), Dienstleistungen (Transport oder Verkauf von Sachgütern) und Rechte (z. B. Patente und Lizenzen). Sachgüter lassen sich einteilen in Gebrauchs- und Verbrauchsgüter. Verbrauchsgüter sind solche, die nach dem → Konsum nicht mehr vorhanden sind, z. B. Lebensmittel. Gebrauchsgüter nutzt man über einen längeren Zeitraum (Haushaltsgeräte, Musikgeräte usw.).

Haushaltsplan: Hierin werden die Einnahmen und Ausgaben eines Haushalts zusammengefasst und ein Überblick erstellt.

Import: Die Einfuhr von → Gütern aus dem Ausland in das Inland.

Industrialisierung: Der Übergang von der Agrargesellschaft, in der rund 80 % der Bevölkerung von landwirtschaftlichen Tätigkeiten lebten, zur Industriegesellschaft. In Deutschland fand dieser Prozess etwa zwischen 1830 und 1900 statt.

Inflation: Allgemeine Erhöhung der Güterpreise, das hat eine Abwertung des Geldes zur Folge. Das bedeutet, dass man für dieselbe Menge Geld weniger → Güter erhält als vorher.

Informale Organisation: Als informale Organisation bezeichnet man die Gesamtheit der informellen Beziehungen in einem → Unternehmen, also Betriebsklima, Zusammenarbeit der Mitarbeiter usw.

Internationaler Handel: Ein- und Ausfuhr von Sachgütern und Dienstleistungen zwischen unterschiedlichen Ländern.

Knappheit: Missverhältnis zwischen den → Bedürfnissen der Menschen und den zu ihrer Befriedigung benötigten → Gütern.

Kommune: kleinste Verwaltungseinheit in unserem Staat, anderer Begriff für → Gemeinde.

Kompetenzprofil: Überblick über die eigenen Fähigkeiten, Interessen und Schlüsselqualifikationen. Es erleichtert die Berufswahl.

Konjunktur: Schwankungen in der Wirtschaft (Produktion, Beschäftigung, Preise, ...), die mehr oder weniger regelmäßig auftreten.

Konkurrenz: Mehrere → Unternehmen bieten gleiche → Güter an. Die Anbieter versuchen z. B. durch Preisnachlässe oder bessere Qualität/Service den Kunden zum Kauf ihres Produktes zu bewegen: Sie liegen also in intensivem → Wettbewerb miteinander um jeden einzelnen Kunden.

Konsum: Menschen verbrauchen Waren und Dienstleistungen, um die eigenen → Bedürfnisse zu befriedigen. Sie müssen dabei stets entscheiden, ob sie ihr → Einkommen für Konsum verwenden oder es sparen wollen.

Konsument: Verbraucher; Personen, die Sachgüter oder Dienstleistungen in Anspruch nehmen, um ihre → Bedürfnisse zu befriedigen.

Kosten: fallen bei der Produktion von Sachgütern oder Dienstleistungen an, z. B. → Löhne, → Gehälter.

Kulturbedürfnis: Dieses → Bedürfnis ist aufschiebbar und austauschbar, z. B. das Bedürfnis nach Literatur, Musik, Theater, Reisen.

Logistik: Allgemein: Bewegung von Waren, also deren Transport, ihren Umschlag und ihre Lagerung.

Lohn: Entgelt, dass einem Arbeiter vom Arbeitgeber als Gegenleistung für die von ihm erbrachte Arbeit gezahlt wird. Dabei richtet sich die Zahlung im Gegensatz zum → Gehalt in den meisten Fällen nach der tatsächlich erbrachten Leistung und kann schwanken.

Luxusbedürfnis: → Bedürfnis, das aufschiebbar und austauschbar ist, z. B. nach teurem Schmuck.

Manipulation: Verdeckte Einflussnahme durch die Werbung, die der Konsument nicht bemerkt.

Markt: Ort, an dem sich die Anbieter und Nachfrager treffen, um → Güter zu tauschen. Der „Ort" kann dabei ein Geschäft, ein Platz, aber auch ein Internetportal sein.

Marketing: Konzept von → Unternehmen, alle betrieblichen Aktivitäten auf den → Markt auszurichten. Der Grundgedanke ist, dass die → Produkte eines Unternehmens auf dem Markt verkauft werden müssen und dass es deshalb z. B. wichtig ist, nicht nur die Produkte zu verkaufen, sondern auch als Unternehmen von den Kunden positiv bewertet zu werden.

Marktwirtschaft: Wirtschaftsordnung mit den Merkmalen Privateigentum, dezentrale Planung und Lenkung, Preisbildung auf Märkten und betriebliche Ergebnisrechnung nach dem Gewinnprinzip.

Maximalprinzip: → Ökonomisches Prinzip, bei dem mit begrenzten Mitteln ein größtmöglicher Nutzen erzielt werden soll.

Meinungsführer: Menschen, die andere in ihrem Konsumverhalten beeinflussen.

Minimalprinzip: → ökonomisches Prinzip, bei dem ein festgelegtes Ziel mit den geringsten Kosten erreicht werden soll.

Nachfrage: Der Wunsch von Konsumenten oder Unternehmen nach → Gütern zur Befriedigung von → Bedürfnissen.

Nachhaltigkeit: Nutzung eines regenerierbaren Systems in einer Weise, dass es in seinen wesentlichen Eigenschaften erhalten bleibt und sein Bestand auf natürliche Weise gesichert werden kann.

Ökologie: Lehre von den Beziehungen der Lebewesen zu ihrer Umwelt, alle Bemühungen um Umweltschutz.

Ökonomie: Bezeichnung für die Wirtschaft, ökonomisch: wirtschaftlich.

ökonomisches Prinzip: Konflikt zwischen den unbegrenzten → Bedürfnissen und den begrenzten Mitteln, die man dafür zur Verfügung hat. Dieser Konflikt wird nach dem ökonomischen Prinzip gelöst: → Minimalprinzip und → Maximalprinzip.

Peergroup: Gruppe der Gleichaltrigen. Diese hat auf Kinder und Jugendliche einen größeren Einfluss als Eltern und Lehrer/innen.

privater Haushalt: Hier leben Personen zusammen, die mit einem → Einkommen gemeinsam wirtschaften; oder Einzelpersonen, die alleine wohnen und wirtschaften.

Produkt: Angebot eines Unternehmens an Sachgütern oder Dienstleistungen.

Produktion: Herstellungsprozess für ein → Produkt.

Produktionsfaktoren: Arbeit, Boden, Betriebsmittel und Werkstoffe. Betriebsmittel sind Maschinen und Werkzeuge, die bei der → Produktion genutzt werden. Werkstoffe gehen in die → Produkte ein, z. B. Mehl als Bestandteil von Brot, oder werden als Hilfsmittel gebraucht, wie z. B. Energie oder Schmierstoffe.

Region: Ein geografischer Abschnitt, ein Gebiet. Zu einer Wirtschaftsregion werden → Gemeinden, die gemeinsame wirtschaftliche Ziele haben. Sie stellen sich z. B. gemeinsam als guten Standort für → Unternehmen vor.

Ressourcen: Mittel, die für die Herstellung von → Gütern gebraucht werden; Arbeit, Kapital, Boden, Wissen.

Rohstoffe: Werkstoffe, die bei der → Produktion von → Gütern eingesetzt werden. Sie sind Hauptbestandteile des → Produkts.

Soziale Marktwirtschaft: Wirtschaftsordnung der BRD seit 1949. Sie verbindet wirtschaftliche Freiheit und sozialen Ausgleich.

Standortfaktoren: Diese beeinflussen die Entscheidung eines Unternehmens, sich an einem bestimmten Ort niederzulassen. Dazu zählen z. B. Steuern, Abgaben, Subventionen, Absatzmarkt, Arbeitskräftepotenzial, Ressourcenverfügbarkeit.

Stufenausbildung: Die Berufsausbildung wird meist in zwei Stufen absolviert. Nach der ersten Stufe ist die Grundbildung erreicht, nach der zweiten Stufe die Fachbildung. Nach jeder Stufe kann ein anerkannter Abschluss erreicht werden. Die Stufenausbildung findet man z. B. im Bauwesen und im Einzelhandel.

Strukturpolitik: Sie umfasst alle wirtschaftspolitischen Maßnahmen, bei denen die Gestaltung der Struktur einer → Volkswirtschaft im Zentrum steht. Sie wird z. B. durch die Zusammensetzung der Erwerbsbevölkerung, der vorhandenen natürlichen → Ressourcen eines Landes und der Verteilung von Einkommen und Vermögen beeinflusst.

Tauschprozess: → Unternehmen, → private Haushalte, Banken und der Staat tauschen im Wirtschaftsprozess Waren und Geld.

Transfereinkommen: Wird vom Staat auf die Bürger übertragen, z. B. Renten, Kindergeld, Sozialleistungen.

Unternehmen: Eine wirtschaftlich selbstständige Produktionseinheit, die durch finanzielle Eigenständigkeit und unternehmerische Entscheidungsfreiheit gekennzeichnet ist (→ vgl. Betrieb).

Volkswirtschaft: Bezeichnung für alle Prozesse, die sich in einem Land zwischen und in den → Unternehmen, den → privaten Haushalten und den staatlichen Einrichtungen sowie zwischen diesen und dem Ausland vollziehen.

Weiterbildung: Notwendig, um die erworbenen Kenntnisse zu aktualisieren und auszuweiten.

Werbebotschaft: Soll ein bestimmtes Gefühl oder eine Nachricht vermitteln.

Werbeträger: Transporteure für die Werbung, z. B. Fernsehen, Radio, Zeitungen.

Werbung: Ziel ist es, das Nachfrageverhalten von Personen so zu steuern, dass bestimmte Produkte bevorzugt gekauft werden. Es wird zwischen informierender und manipulierender Werbung unterschieden.

Wettbewerb: Mindestens zwei Anbieter konkurrieren mit ihren Leistungen um Nachfrager. Die Nachfrager bzw. Konsumenten haben durch ihre Kaufentscheidungen Einfluss auf die wirtschaftliche Lage eines Unternehmens (Gewinne, Verluste). In der Marktwirtschaft soll der Wettbewerb eine wichtige Steuerungsfunktion auf den Märkten übernehmen.

Wirtschaftskreislauf: Ein vereinfachtes Modell einer → Volkswirtschaft, in dem die wesentlichen Tauschvorgänge zwischen den Wirtschaftsakteuren (→ Akteure) dargestellt werden.

Wirtschaftsordnung: Umfasst alle (Rechts-)Normen und Institutionen, die das wirtschaftliche Geschehen in einer → Volkswirtschaft regeln. Die Wirtschaftsordnung legt die Spielregeln fest, nach denen die → Akteure eines Landes im Wirtschaftsgeschehen handeln können und sollen. Sie beeinflusst im Wesentlichen die Form, den Umfang und die Entwicklung einer Volkswirtschaft.

Wirtschaftsprozess: → Unternehmen produzieren Waren, die von den → privaten Haushalten konsumiert werden. Dieser immer wiederkehrende Ablauf wird Wirtschaftsprozess genannt. Unternehmen und Haushalte tauschen Waren und Geld.

Wirtschaftssektor: Eine → Volkswirtschaft wird meistens in drei Sektoren eingeteilt: Urproduktion (Primärsektor), industrieller Sektor (Sekundärsektor) und Dienstleistungssektor (Tertiärsektor).

Operatoren und Anforderungsbereiche

Die Operatoren werden nach drei Anforderungsbereichen (AFB) gegliedert:
- Anforderungsbereich I umfasst das Wiedergeben und Beschreiben von Inhalten und Materialien (Reproduktionsleistungen).
- Anforderungsbereich II umfasst das selbstständige Erklären, Bearbeiten und Ordnen bekannter Sachverhalte sowie das angemessene Anwenden gelernter Inhalte und Methoden auf andere Sachverhalte (Reorganisations- und Transferleistungen).
- Anforderungsbereich III umfasst den reflexiven Umgang mit neuen Problemstellungen, eingesetzten Methoden und gewonnenen Erkenntnissen, um zu Begründungen, Urteilen und Handlungsoptionen zu gelangen (Reflexion und Problemlösung).

Operatoren	Beschreibung	AFB
analysieren	Materialien oder Sachverhalte systematisch untersuchen und auswerten	II
begründen	Aussagen (zum Beispiel eine Behauptung, eine Position) durch Argumente stützen, die durch Beispiele oder andere Belege untermauert werden	II
beschreiben	Sachverhalte schlüssig wiedergeben	I
beurteilen	Aussagen, Vorschläge oder Maßnahmen untersuchen, die dabei zugrunde gelegten Kriterien benennen und ein begründetes Sachurteil formulieren	III
bewerten	Aussagen, Vorschläge oder Maßnahmen beurteilen, ein begründetes Werturteil formulieren und die dabei zugrunde gelegten Wertmaßstäbe offenlegen	III
bezeichnen	Sachverhalte (insbesondere bei nichtlinearen Texten wie zum Beispiel Tabellen, Schaubildern, Diagrammen oder Karten) begrifflich präzise formulieren	I
charakterisieren	Sachverhalte mit ihren typischen Merkmalen und in ihren Grundzügen bestimmen	II
darstellen	Sachverhalte strukturiert und zusammenhängend verdeutlichen	II
ein-, zuordnen	Sachverhalte schlüssig in einen vorgegebenen Zusammenhang stellen	II
entwickeln	zu einer vorgegebenen oder selbst entworfenen Problemstellung einen begründeten Lösungsvorschlag entwerfen	III
erklären	Sachverhalte schlüssig aus Kenntnissen in einen Zusammenhang stellen (zum Beispiel Theorie, Modell, Gesetz, Regel, Funktions-, Entwicklungs- und/oder Kausalzusammenhang)	II
erläutern	Sachverhalte mit Beispielen oder Belegen veranschaulichen	II
erörtern	zu einer vorgegebenen These oder Problemstellung durch Abwägen von Pro- und Contra-Argumenten ein begründetes Ergebnis formulieren	III
erstellen	Sachverhalte (insbesondere in grafischer Form) unter Verwendung fachsprachlicher Begriffe strukturiert aufzeigen	II
gestalten	zu einer vorgegebenen oder selbst entworfenen Problemstellung ein Produkt rollen- beziehungsweise adressatenorientiert herstellen	III
herausarbeiten	Sachverhalte unter bestimmten Gesichtspunkten aus vorgegebenem Material entnehmen, wiedergeben und/oder gegebenenfalls berechnen	II
nennen	Sachverhalte in knapper Form anführen	I
überprüfen	Aussagen, Vorschläge oder Maßnahmen an Sachverhalten auf ihre sachliche Richtigkeit hin untersuchen und ein begründetes Ergebnis formulieren	III
vergleichen	Vergleichskriterien festlegen, Gemeinsamkeiten und Unterschiede gewichtend einander gegenüberstellen sowie ein Ergebnis formulieren	II

Quelle: Gemeinsamer Bildungsplan der Sekundarstufe I, Wirtschaft / Berufs- und Studienorientierung (WBS), Kultusministerium Baden-Württemberg 2016

|A1PIX - Your Photo Today, Ottobrunn: ajp22164 216. |adpic Bildagentur, Köln: Dora, H. 190 re. |Ahr-Foto, Bad Neuenahr-Ahrweiler: Vollrath 82 li. |alamy images, Abingdon/Oxfordshire: Juice Images 134 li. |alimdi.net, Deisenhofen: Luhr, Anton 75 re.; Schoefmann, Karl F. 42 Mi. |allesalltag, Hamburg: 152 li. |argum Fotojournalismus, München: Heller, Falk 147 li. |Avenue Images GmbH, Hamburg: agestock/Pearce, Stuart 15 re. |Baaske Cartoons, Müllheim: Felmy, K. 194, 194 1; Rauschenbach, Erich 220; Schwalme, Rainer 93. |Bankenfachverband e.V., Berlin: 173 li. |Bergmoser + Höller Verlag AG, Aachen: 180, 189; Zahlenbilder 243 513 91. |Beteiligungsportal Baden-Württemberg, Stuttgart: 129 1. |Bildarchiv Werner Bachmeier, Ebersberg: FREELENS Pool 52 u.li. |Blickwinkel, Witten: Henning, M. 58 li. |bpk-Bildagentur, Berlin: 154 o. |Bundesagentur für Arbeit, BERUFENET / www.berufe-net.arbeitsagentur.de, Nürnberg: 198, 198 1, 198 2, 198 3, 198 4, 198 5. |Bundesverband Deutscher Inkasso-Unternehmen e.V., Berlin: 192, 192 1. |Caro Fotoagentur, Berlin: Hoffmann 224 u.; Teich 75 Mi. |Clipdealer GmbH, München: Monkey 47 Mi. |Dägling, Andreas, Wardenburg: 108 li., 130 2. v.li., 130 2. v.re., 130 li., 130 re., 211 o.li., 215. |ddp images GmbH, Hamburg: Bilan, Clemens 99. |Deiseroth, Dieter, Niederaula: 170 o.li. |Deutsche Post AG, Bonn: Entwurf: Johannes Graf, Dortmund 61 re. |Deutscher Bundestag, Berlin: 128 re. |Doering, Olaf, Düsseldorf: 203 o.li. |dreamstime.com, Brentwood: Kurhan 81 li.u. |Druwe & Polastri, Cremlingen/

Weddel: 107 li., 212 u. |Entsorgungsbetrieb der Stadt Mainz, Mainz: 135 re.o. |F1online, Frankfurt/M.: Fstoß 35 li.; Imagebroker/J. Thomande Titel re.o.; moodboard 20 re.; Ojo Images 202 re. |Fabian, Michael, Hannover: 50, 66 li. |Fischer Kinder- und Jugendbuch Verlag GmbH, Frankfurt/Main: Jörg Müller, Anita Siegfried, Jürg E. Schneider, Auf der Gasse und hinter dem Ofen. Eine Stadt im Spätmittelalter. © Fischer Kinder- und Jugendbuch Verlag, Frankfurt am Main 2019. Erstmals erschienen 1995 im Sauerländer Verlag. 40. |Forschungsinstitut Hohenstein, Bönningheim: 52 u.re. |Fotex Medien Agentur GmbH, Hamburg: Melanie 32 o.re. |fotolia.com, New York: Aita, Giordano 142 o.re.; Annas, Uwe 160 u., 203 Mi.re., 203 u.re.; Arcurs, Yuri 161 Mi.; Armstrong, Cello 124 li.; Bartussek, Ingo 3, 10, 161 re.; Becker, Ralf 124 re.; blende11.photo 109; branex 86 li.; Caito 46 re.; CandyBox Images 6, 196; cirquedesprit 227 li.; Colourespic 87 o.li.; contrastwerkstatt 60 o.li., 76 li., 77 re., 82 Mi., 135 re.u., 142 o.li.; Dierks, Janina 81 re. 2. v.u., 170 u.li.; Dietl, Jeanette 81 li. 2. v.u., 81 re.o., 124 Mi.; dmitimaruta 118 li.; DragonImages 105; eak8dda 214 Mi.; eccolo 59, 144 Mi.; Edelweiss 4, 64; Eisenhans 111, 152 Mi.; farbkombinat 170 u.re.; fotomek 55; Franjo 59 re.; fux 13 Mi.; Geller, Bernd 208 o.Mi., 210 li.; goodluz 193 re.; Griessel, Scott 119; industrieblick 5, 142; jas 16 li.; Jrgen Flchle 60 Mi.; Kadmy 66 re.; Kaesler Media 60 u.; kagemusha 165; Kahlmann, Eva 89 re.; KamikazeKatze 38 o.li.; Kara 24 li.; Karramba Pruduction 21;

Kitty 202 li., 203 u.li.; klickerminth 140 u.; Kneschke, Robert 139 o., 141, 196 o.re., 199 li., 199 re., 227 re.; Koehler, Kai 81 re.u.; Kzenon 36 re., 76 re., 77 li.; lawcain 80 re.; Leitner, Bernd 146; lightpoet 153; lumen-digital 168 li.u.; Mainka, Markud 206 li.; mankale 144 li.; Marco2811 39 o.re.; Menzl, Günter 75 li.; michaeljayberlin 71 re.; Minerva Studio 136 o.Mi.; Monkey Business 217; Nerlich Images 184 Mi.; Ott, D. 24 Mi.; Patryssia 39 u.li.; pepmiba 39 o.li.; Peredniankina 170 o.re.; Pfluegl, Franz 81 re. 2. v.o., 136 u.li.; Photographee.eu 52 Mi.re.; PhotographyByMK 108 re.; PhotoSG 25 o.Mi.; Picture-Factory 30, 71 li., 208 o.re.; playstuff 42 li.; pressmaster 72 re.; PRILL Mediendesign 199 Mi.; Race, Dan 57 o.; rdnzl 98 o.; runzelkorn 160 o.Mi., 160 o.re.; Sanders, Gina 52 o.li.; snowwhiteimages 147 Mi.; st-fotograf 213; sumnersgraphicsinc 196 o.li.; tom_nulens 106 o.li.; Trueffelpix 29, 29, 29, 29, 97, 97, 97, 97, 115, 115 2, 187, 187, 187, 187, 214 o.; vege 120; Vibe Images 165 li.; Vrola, Guido 39 u.re.; W-FOTO 176 li.; Wendler, Joachim 136 o.re.; Wolfisch 67 re.; Woodapple 86 re.; wrangler 161 li. |Future Mindset 2050 GmbH, Gehrden: 107 re. |Getty Images, München: Buena Vista Images Titel li.u. |Giersberg, S., Hannover: 168 li.o. |Giribas, Jose, Berlin: 19. |Hammersen-Schiffner, Bettina, Braunschweig: 228. |Holst, D., Köln: 32 o.li. |Image & Design - Agentur für Kommunikation, Braunschweig: 38 u. |imagetrust GmbH & Co. KG, Koblenz: Arslan, Yavuz 14 Mi. |Imago, Berlin: Peters, Ralph 15 li.; UPI Photo 176 re. |ING DiBa AG, Frankfurt: 173 re. |iStockphoto.com, Calgary: Titel re., 192 re.; Abejon, Ana 212 o.; Mansi, René 34; t_kimura 3, 3, 4, 4, 6, 9, 29, 97, 115, 187; vladru 14 re. |JOKER: Fotojournalismus, Bonn: Haefele, Erich 10 o.li.; Petersen, Gudrun 168 re. |Keystone Pressedienst, Hamburg: Knackfuss, Mai-Inken 13 re.; Schulz, Volkmar 52 Mi.li.; Zick, Jochen 125 re., 210 re. |Klüppel, Ulrike, Gechingen: 52 o.re. |Kompetenzzentrum Technik-Diversity-Chancengleichheit e.V., Bielefeld: Girls'Day - Mädchen-Zukunftstag 209 li. |laif, Köln: Bischof, Franz 147 re. |Langner & Partner Werbeagentur GmbH, Hemmingen: 101. |Lüdecke, Matthias, Berlin: 113. |Marckwort, Ulf, Kassel: 63. |mauritius images GmbH, Mittenwald: Fergusson, Fiona 15 Mi.; Gilsdorf, Marc 53 u.; Haag + Kropp 137 li.o.; Pigneter 104 o. |Michalke, Norbert, Berlin: 136 Mi.re. |Ministerium für Kultus, Jugend und Sport Baden-Württemberg, Stuttgart: 204. |Neuhaus, Friedemann, Osnabrück: 25 o.re. |ODAV AG - Gesellschaft für Informatik und Telekommunikation, Straubing: 208 u. |PantherMedia GmbH (panthermedia.net), München: Kuchinke, Toni Anett 190 li.; Maier, Simone 53 o. |Pelch, Clara Corinna, Luckau: 154 u. |Picture-Alliance GmbH, Frankfurt/M.: Alker, J. W. 169 re.; AP/Drew, Richard 104 u.; Arco Images/B. Bönsch 169 li.o.; Arco Images/Rudolf 69; Bildagenturonline 64 o.li.; CHROMORANGE/ Hapke, Rolf W. 110 re.; CHROMORANGE/R. Märzinger 80 li.; CHROMORANGE / Tipiimages / M. Dallglio 136 o.li.; Cultura RM 90; dap/Zinken, Paul 10 o.re.; dpa 57 u.; dpa-infografik 16 4, 20 li., 24 u., 32 u., 33, 72 1, 98 u., 118 2, 126 1, 149 li., 183, 188; dpa-infografik (Globus 5406) 114 u.; dpa/B. Thissen 137 re.; dpa/Berg, Oliver 136 u.re.; dpa/ Büttner, Jens 23 li.; dpa/Carstensen, Jörg 16 re.; dpa/Deck, Uli 24 re.; dpa/Gambarini, Federico 156 li.; dpa/Gebhard, Andreas 87 o.re.; dpa/Hager, Christian 152 re.; dpa/ Horsten, Christina 201 re.; dpa/Kasper, Jan-Peter 208; dpa/Mittenzwei, Karl 47 re.; dpa/Pilick, Stephanie 51 re.; dpa/Schulte 89 li.; dpa/Seidel, Caroline 95; dpa/Wagner, Ingo 206 re.; dpa/Wüstenhagen, Monique 35 re.; dpa/XAMAX 22; dpa/Zinken, Paul 70 li.; dpa/Zucchi, Uwe 169 li.u.; Eibner-Pressefoto 135 li.u.; Fishman, Robert B. 106 u.; Food-Photography Eising 43 o.; Haas, Robert/ SZ Photo 58 re.; Hackenberg, Rainer 203 o.re.; HB-Verlag/R. Lueger 46 li.; ITAR-TASS/V. Matytsin 136 Mi.li.; landov/Specker, Francis 74 re.; PhotoAlto/Audras, Eric 64 o.re.; Pleul, Patrick 209 Mi.; reality/ Haas, Jan 211 u.li.; Simon, Sven 106 o.re.; SVEN SIMON/Hoermann, Frank 23 re., 74 li.; SZ Photo/Bardehle, Angelika 47 li.; Thissen, Bernd/dpa 193 li.; Volkswagen/ Gentsch, Friso 74 Mi.; ZB//Link, Hubert 209 re.; ZB/Bachmann, Nestor 201 li.; ZB/Förster, Peter 176 Mi.; ZB/Grubitzsch, Waltraud 51 Mi.; ZB/Kasper, Jan-Peter 37; ZB/Kluge, Wolfgang 70 re.; ZB/Pleul, Patrick 125 li.; ZB/Reichel, Michael 32 o.Mi.; ZB/Sauer, Stefan 135 li.o.; ZB/ Schulze, Thomas 156 Mi.; ZB/ Thieme, Wolfgang 137 li.u., 203 Mi.li.; ZB/Wolf, Jens 144 re. |PictureNews, Frankfurt: Mario Vedder 184 li. |plainpicture, Hamburg: Birdsall, John 165 re.; Nšlke, U. 134 re. |Schaadt, H., Oldenburg: 84. |Schwarzbach, Hartmut /argus, Hamburg: 128 li. |Shutterstock.com, New York: Carey, Rich 25 u.; Csehak Szabolcs 25 o.li.; Minerva Studio 81 li. 2. v.o.; Savan, Cheryl 81 li.o. |sinopictures, Berlin: Oberhaeuser/Caro Fotoagentur GmbH 14 li. |Stiftung Warentest, Berlin: 181. |Studio Schmidt-Lohmann, Gießen: 82 re. |Stuttmann, Klaus, Berlin: 127. |Tonn, Dieter, Bovenden-Lenglern: 38 Mi., 38 re. |toonpool.com, Berlin, Castrop-Rauxel: Rodrigo 133. |ullstein bild, Berlin: 224 o.; CARO/ Oberhäuser 211 o.re.; CARO/Ruffer 156 re.; CARO/Schmigelski, Marcus 28, 96, 114, 186; Schöning 106 Mi.; wolterfoto 184 re. |USK, Berlin: 110, 110, 110, 110, 110. |vario images, Bonn: 51 li., 61 li.; R. Unkel 211 u.re. |version-foto, Köln: C. Ditsch 175. |Visum Foto GmbH, München: Hackenberg, Rainer 13 li.; Langreder, Thomas 139 Mi.; M. Staudt 16; Mueller, Joerg 193 Mi.; Saglietti/Zeitenspiegel 60 o.re.; Staudt, Michael 160 o.li. |Wefringhaus, Klaus, Braunschweig: 7, 7, 7 li., 8, 36 li., 66 Mi., 67 Mi., 67 li., 157. |Weinhold, Sven, Lich: 229. |Werbefotografie Weiss GmbH, Gersthofen: 31. |www.martinstollberg.de, Stuttgart: 46 Mi.

Wir arbeiten sehr sorgfältig daran, für alle verwendeten Abbildungen die Rechteinhaberinnen und Rechteinhaber zu ermitteln. Sollte uns dies im Einzelfall nicht vollständig gelungen sein, werden berechtigte Ansprüche selbstverständlich im Rahmen der üblichen Vereinbarungen abgegolten.